한국의 단군 자료

단군학총서 03

한국의 단군 자료

초판 1쇄 발행 _ 2019년 10월 3일

저자_ 임채우·박미라

펴낸이_ 이연숙
펴낸곳_ 도서출판 덕주(德周)
출판신고_ 제2018-000137호(2018년 12월 13일)
주소_ 서울시 종로구 삼일대로 457(경운동 88) 801호
전화 02-733-1470 팩스 02-6280-7331
전자우편 duckjubooks@gmail.com
홈페이지 www.duckjubooks.co.kr

ISBN 979-11-963795-3-7 (93910)
ISBN 979-11-963795-0-6 (세트)

한국의 단군 자료

단군학총서
03

임채우·박미라 저

덕주

단군학총서를 엮으며

작은 글들이지만 한곳에 모이니 일단 4권의 총서 형태를 갖추었다. 국조 단군의 영정·사묘·자료·문헌이란 4주제로 분류하고, 그에 관해 국내외의 자료들을 가능한 한 전수조사를 해서 정리하였다.

우리는 단군을 알리고자 하나, 있는 그대로 객관적으로 알리고자 하였을 뿐 우리 자신이 국수주의에 흐르거나 우리가 감히 국혼(國魂)을 말하려 하지는 않았다. 모화사상과 사대주의에 찌든 민족허무주의를 극복하고 진실의 빛을 찾으려 노력했으나, 오직 있는 그대로를 기록해 두고 묻혀 있던 자료들을 발굴해서 체계적으로 펴내고자 하였다.

예를 들면 『환단고기』는 그 원자료가 1979년에 출간되었으므로 우리는 기본적으로 1979년에 출현한 사료로 보았다. 그 범례에서 계연수가 1911년 간행했다는 내용이 나오지만, 그를 증거할 다른 자료가 없으므로 1911년 간행했다고 '전(傳)'한다고 기록한다. 또 그 내용에서 고려 말 이암(1297~ 1364)이 지었다고 나오지만 다른 곳에서 확인되지 않으므로, 전(傳) 이암 작으로 기술한다. 만일 그 진실성이 의심스러운 점이 있다면 '의심(疑心)스럽다'고 기록해 둔다는 것이다. 부분적으로 의문점이 있다고 해서 전체를 위작(僞作)이라고 단정하지도 않거니와, 의심스런 점을 모른 척하거나 민족주의적 감정에 호소하지도 않을 뿐더러 일부를 가지고 확대 해석하지도 않았다. 단군을 찬양하는 견해도 반대하는 견해도 모두 가감없이 사실 그대로를 기록해 두었다. 앞으로 열정을 가진 애호가와 안목을 가진 전문가의 해석을 기다리며, 옥석을 가리는 비판을 바랄 따름이다.

이렇게 나름대로 원칙을 가지고 노력했지만, 여러 현실적 제약으로 부족한 점을 감출 수 없다. 일본 가고시마 옥산궁이나 도쿄의 고려신사도 가 보았고 중국 산동성의 무씨사당도 답사를 했으나, 정작 단군의 고향이라고 할 수 있는 구월산이나 묘향산 등 북한 유적을 답사하지 못한 점은 아쉬움을 금할 수 없다.

그러나 그동안 남북한이 개천절 공동 행사를 진행하는 등 단군을 중심으로 남북의 형제들이 서로 만나서 화합의 장을 보인 것은 매우 뜻깊은 일이다. 일제강점기 동안 단군이 독립운동의 상징이었다면, 앞으로 단군은 통일의 상징으로 남북의 화합을 이끄는 등대가 될 것이라 생각한다.

이 소편(小篇)들은 단군학의 완성이나 결정판이 아니고, 단군학 연구를 위한 자료 모음집으로서 공구서나 안내서일 뿐이다. 그동안 많은 선현과 선배들의 연구와 헌신의 결과물이 있었기에, 이를 토대로 작은 자료집을 꾸밀 수 있었다.

고려시대의 일연선사와 이승휴 선생을 비롯해서 조선시대의 수많은 학자와 선각자들이 세차게 밀어닥치던 사대주의의 흐름 속에서 의 연히 지주(砥柱)가 되었기에 단군의 전승이 그치지 않을 수 있었다. 특히 단군 연구가 본격화한 일제강점기에는 신채호, 박은식, 최남선, 정인보, 신규식, 권덕규, 장도빈, 김교헌, 서일, 윤세복 등의 여러 선현을 비롯해서 광복 직후 김재원, 안호상 박사의 선도적 연구가 길을 열었고, 그 뒤에 이용태, 강수원, 최인, 최동, 이유립, 정명악, 강무학, 이상시, 서희건, 손경식, 송호수 선생 등 여러 학자들의 헌신과 임승국, 임균택, 박성수, 이강오, 박용숙, 정호완, 한영우, 윤내현, 김상일, 정영훈, 박창범, 서영대, 윤명철, 이형구 교수 등의 학문적 열정으로 단군학은 커다란 성과를 일굴 수 있었다. 일일이 거명할 수 없지만 이런 여러 선배들의 노력으로 이제 엄밀한 학적 체계와 고증을 통한 새로운 연구 단계에 들어설 수 있었다.

현재 학계와 사계에서 활발하게 연구를 하고 있는 여러 학자들의 이름은 이 자리에서 하나하나 거론하지는 않지만, 이 책의 내용과 참고문헌 편을 보면 그분들의 학문적 열정과 뜨거운 마음을 단박에 알 수 있을 것이다.

이런 많은 분들의 노력으로 전통시대에 호랑이 담배 피던 시절의 이야기로 치부되었던 단군이 일제강점기 희망의 등대가 되어 후손들의 슬픈 가슴을 쓰다듬어 주었고, 이제는 다시 통일의 상징으로 우리의 미래를 다시 한 번 비추고 있다. 앞으로도《단군학총서》는 더 수정 보완할 것이고, 또 새로운 주제를 발굴하고, 그동안 묻혀 있던 귀중한 자료들을 잘 다듬어 펴낼 것이다.

나름대로 정성을 들인다고 했지만, 이 소책자가 갖고 있는 여러 한계와 미비한 점들에 대해선 가차 없는 질책과 질정을 청한다. 다만 한

가지 바라는 것은, 이 소편들이 그동안 단군을 둘러싸고 갈라졌던 흑백의 진영 논리를 벗어나 통일과 화합의 상징으로서 합리적 단군관이 마련되는 작은 디딤돌이 되기를 바라는 마음뿐이다.

단기 4352년 개천절을 맞이하며

〈단군학자료원〉에서 엮은이 대표 임채우 삼가 쓰다.

책을 펴내며

이 책은《단군학총서》의 하나로, 단군에 관한 유적·유물 및 기타 단군에 관한 중요 참고 자료들을 도판 사진과 함께 수록한 것이다. 원칙적으로 광복 이전의 자료들은 전수 조사해서 게재했고 광복 이후는 주로 1980년대 이전 자료를 중심으로 수집했으며, 최근 나온 자료는 특별한 의미를 가진 것으로 제한했다.

전통시대의 단군 유적으로는 평양의 숭령전과 구월산의 삼성사 및 묘향산 단굴군 등도 대표적인 유적지라고 할 수 있다. 이들에 대해서는『한국의 단군 영정』에서 조선시대의 단군 숭배 유적지로서 그 내력과 현황을 소개했으므로 중복을 피하기 위해 다시 기술하지 않는다.

다만 평양 대박산의 단군릉에 대해서는 같은 곳에서 이미 1930년대의 사진과 함께 그 내력을 기술했으나, 북한에서 1994년 성역화 작업 이후의 단군릉은 이전의 모습과 크게 달라져 있으므로, 전통시대와 다른 점을 부각해서 설명했다.

단군 관련 유물은 북한에서 주장하는 단군릉의 유해나 부장품을 제외하고는, 단군시대로부터 직접 전해지는 것은 없다. 다만 조선시대에 어제(御製) 시문(詩文)이나, 과문(科文) 및 『규원사화(揆園史話)』 등을 위시한 전적류가 있고, 특히 대한제국 말에서부터 등장한 『삼일신고(三一神誥)』, 『천부경(天符經)』 등의 경전류와 단군 종교 운동가들의 필적 등을 소개해서 참고하도록 했다. 또 근자에 등장한 『환단고기(桓檀古記)』 같은 경우는 현재 전해지고 있는 3종의 판본을 모두 원본으로 발굴하여 소개했다.

또 대종교총본사에 소장되어 있는 유물들도 기존의 보고서에서 일부 발췌하여 게재했고, 강화군에서 개최한 단군 문헌 전시회 자료 목록도 게재해서 현재 단군 관련 문헌 및 유물 현황에 참고가 되도록 했다. 그리고 『단군자료집성』의 참고 문헌을 수록하고, 본서에서 인용된 추가목록을 더해서, 단군에 관한 전체적인 자료 목록이 될 수 있도록 했다.

1960년대부터 2000년대까지 우리 사회는 단군을 둘러싼 치열한 논쟁이 4차에 걸쳐 있었다. 그래서 이 책의 말미에는 당시의 찬성과 반대, 양 진영에서 발표한 성명서와 보도문 등을 수록했다. 이로써 어느 한 편의 일방적인 주장이 아니라, 논쟁 당시의 실상을 객관적으로 알 수 있게 하고자 했다. 끝으로 전국의 단군 사묘와 단군 관련 연구소 및 단체를 표로 정리하여 참고가 되도록 했다.

기해년 원소절

엮은이

차례

단군학총서를 엮으며 | 4

책을 펴내며 | 8

1장 국가 유적지

강화도 참성단 | 14

강화도 삼랑성 | 16

태백산 천제단 | 17

북한 평양 단군릉 | 19

2장 단군 관련 자료

1. 광복 이전 | 22

2. 광복 이후 | 63

1) 원전 | 63

2) 역사·철학 | 73

3) 문학·예술 | 115

4) 신문·엽서·간행물 등 | 141

5) 북한·외국 | 161

3장 기타 관련 유물

1. 국가 기관 및 단체 소장 자료 | 172
2. 대종교 총본사 소장 유물 | 180

부록

1. 단군 관련 계획서 · 성명서 · 요청서 · 보도문 | 199
1) 민족관 건립기념사업회 계획서(1967) | 199
2) 국사찾기협의회 국사개정 요청서(1978) | 207
3) 서울시 단군성전 건립 문제(1985) | 215
4) 한문화운동연합 단군상 건립 문제(1999~2003) | 226
5) 남북 역사학자들의 공동보도문(2002) | 248
2. 단군 관련 참고 문헌 목록 | 250
1) 『단군문헌』 수록 문헌 자료 목록 | 250
2) 『단군 자료 집성』 참고 문헌 자료 목록 | 294
3) 본서 참고 자료 | 319
3. 단군 사묘와 단군 관련 단체 목록 | 327
1) 단군 사묘 분류별 목록 | 328
2) 단군 학술연구단체 목록 | 335

1

국가 유적지

(윤한주 사진 제공)

강화도 참성단

강화도 마니산(摩利山, 472.1m) 참성단(塹星壇)은 단군이 쌓았다고 하며 하늘에 제사를 지내던 제단이라고 전해지는 유적이다. 조선 숙종 초에 나온 『규원사화(揆園史話)』에서 단군이 재위 10년에 갑비고차(甲比古次=강화)에서 남이(南夷)의 반란을 진압하고 참성단을 건립했다고 하고, 1905년 최경환(崔景煥)의 『대동역사(大東歷史)』와 1979년 공개된 『환단고기(桓檀古記)』에도 단군이 참성단을 축조한 것으로 나온다. 조선시대 승려 명찰과 영조 때 강화유수를 지낸 조관빈이 참성단을 단군대(檀君臺)라고 부른 기록이 전해진다.

고려시대 때부터 매년 봄과 가을에 대언(大言)을 보내 하늘의 별들에 초제(醮祭)를 지냈고, 조선 세종 12년(1430년)부터는 2품 이상의 관원을 보내 제사지내게 했다.

인조 17년(1639년)과 숙종 26년(1700년)에도 고쳐 쌓았다는 기록이 있으며, 숙종 42년(1716년) 강화유수 최석항(崔錫恒)이 참성단을 중수하고 세운 참성단 중수비가 현재 남아 있다.

1946년 개천절 행사로 대종교 총본사의 천진전에서 채화한 성화(聖火)를 강화도 참성단까지 옮기는 행사를 거행했다. 1956년부터는 여기에서 매년 전국체육대회의 성화를 채화하게 되었다. 국가에서는 1964년 7월 11일 참성단을 사적 제136호로 지정해서 보호하고 있다.

참성단의 이름은 성(城)을 파서(塹) 단(壇)을 쌓았다는 데서 유래하였다. 자연석으로 기초를 둥글게 쌓고, 단은 그 위에 네모로 쌓아 상방하원(上方下圓)으로 되어 있다. 아래 둥근 부분의 지름은 4.5m이며, 위 네모의 1변 길이는 1.98m이다. 동서에 돌층계가 있으며 단의 높이는 약 5.1m이다. 면적은 5,593㎡이다. 개천절에 지내는 개천대제의 의례는 대종교의 선의식을 따르고 있다.

(강화군청 제공)

강화도 삼랑성

삼랑성(三郎城)은 인천광역시 강화군 길상면 정족산에 있는 성이다. 일명 정족산성(鼎足山城)이라고도 불린다. 『고려사』에는 "세상에는 단군이 세 아들을 시켜 쌓은 것이라 전한다"라고 기록되었다. 성의 길이는 2,300m이며 자연할석을 이용하여 축조했다. 성 내에는 고구려 소수림왕 11년(381년)에 창건된 전등사가 있으며 고려 고종 46년(1259년)에는 성안에 궁궐을 지었으나 현재는 무너지고 터만 남아 있다. 1964년 6월 10일 대한민국의 사적 제130호 삼랑성으로 지정되었고, 2011년 강화 삼랑성으로 명칭이 변경되었다

(윤한주 사진 제공)

태백산 천제단

강원도 태백산(太白山, 1,560m) 정상에 있는 천제단(天祭壇)은 천왕단(天王壇)이라고도 하며, 돌을 쌓아 만든 제단이다. 한다. 높이 2.4m, 둘레 27.5m, 좌우너비 7.36m, 전후너비 8.26m인 타원형의 거대한 석단이다. 남쪽으로 나 있는 돌계단을 올라가면 단 상부에 제단이 있다.

태백산은 『삼국사기』 제사조에 신라의 삼산오악(三山五岳) 중 북악(北岳)으로서 나라에서 제사를 드린 기록이 전하고 있다. 『고려사』에도 무녀(巫女)가 참여하여 제의를 행한 기록이 전하고 있다. 그러나 일제강점기 이후에는 천제단은 제대로 관리가 되지 못했다. 한국전쟁 중에는 공비 토벌을 위해 헬기장이 건설되면서 한때 천제단이 헐리기도 했다.

전쟁이 끝난 뒤 경상북도 봉화군 물야초등학교장 우성조는 천제단이 무너져 돌무더기로 방치된 현장을 보고서, 물야·황지·장성 등 인근의 경북 강원 지역의 주민들을 설득하여 수백 명의 회원을 모집해서, 천제단을 다시 쌓고 천제를 봉행했다.

(윤한주 사진 제공)

1975년에는 전국의 불법종단, 성황단 등을 헐어 없애라는 대통령의 지시로 인해 천제단 제사가 중단되기도 했고, 한동안 경상도와 강원도로 갈라서 제사를 지내기도 했다. 그러다가 1990년부터 태백시 주관으로 천제를 치르게 되었고, 매년 개천절에 태백산 천제단에서 천제를 봉행하고 있다.

현재 천제단은 잘 정비되어 있고, 제단 위에는 단군을 뜻하는 '한배검' 비석이 세워져있다. 중요민속자료 제228호로 지정되어 있다.

북한 평양 단군릉

(출처_『민족의 원시조 단군』, 평양출판사, 1994)

평양 인근의 강동군 대박산에는 예로부터 전해 오던 단군묘가 있었다. 1993년 이 단군릉을 발굴하였는데, 남녀의 유골과 더불어 금동관 장식과 토기 조각 등의 부장품이 나오자, 이 능에서 발견된 유골을 전자상자성공명법을 사용해 연대를 측정해보니 출생 연대가 5천여 년전으로서, 고조선을 건국한 단군의 유해로 확인되었다고 하면서, "지금까지 단군은 신화의 인물로 전해져 왔으나, 이 발굴로 실제 존재하던 인물이라는 것이 명백하게 증명되었다"고 발표했다.

1994년 10월 11일에는 조선시대 단군묘가 있던 평양직할시 강동군 대박산 기슭에 22m 높이에 9층 피라미드 형태와 향로, 석등과 신하 8명 및 단군의 상을 세운 '단군릉'의 준공식을 개최하고, 국보 제174호로 지정하면서 단군릉을 성역화했다.

그리고 매년 10월 3일을 단군이 출생한 날이자 나라를 세운 날로 보고 민족의 원시조인 단군을 기리어 단군릉에서 매년 개천절에 단군제례를 드리고 있다. 단군릉이 '민족의 만년재보로 개건'되어 해마다 이곳에서 개천절 기념행사와 함께 단군제례가 진행되고 있다. 단군제례는 "단군릉의 제상에 제물을 차려놓고 그 앞에서 단군성황을 기리어 묵상한 후 단군성황께 제주를 올리고 조선 절을 세 번 한 다음 다시 단군성황을 기리어 묵상하는 순서로 진행한다"고 한다.

2

단군 관련 자료

1. 광복 이전

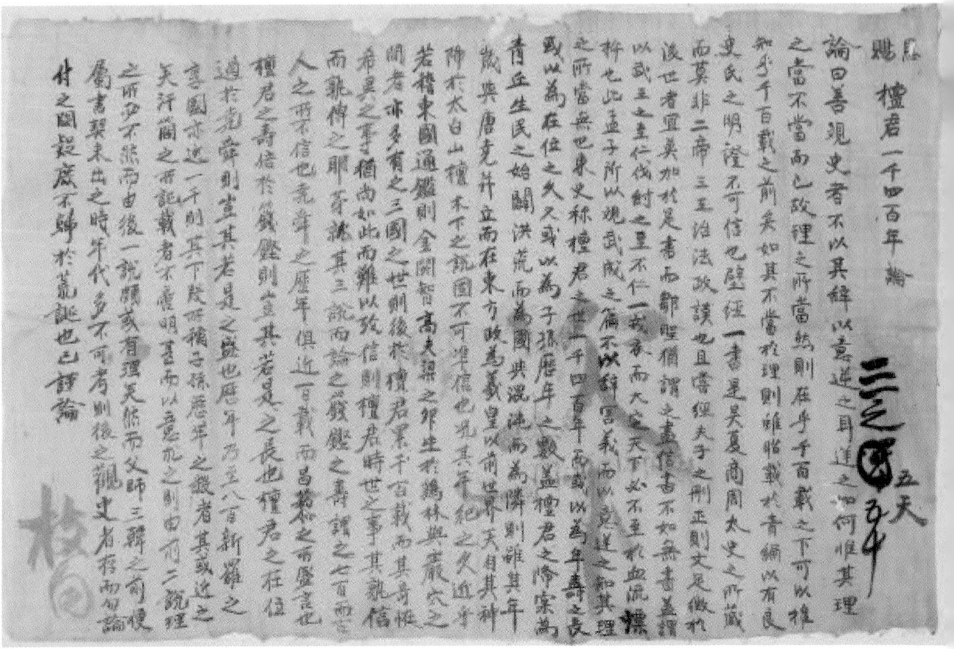
檀君一千四百年論

단군 글제 시권지(試卷紙)

조선시대에 치러진 과거시험에 차하(次下)의 성적으로 합격한 제술(製述) 시지(試紙). 합격한 과거 답안지는 급제자에게 돌려주어 각자 가문의 영광으로 보관하도록 했다. 시제가 단군이었으니, 당시에 단군에 대한 인식이 새롭게 대두되고 있었음을 알 수 있다. 62×94.5㎝.

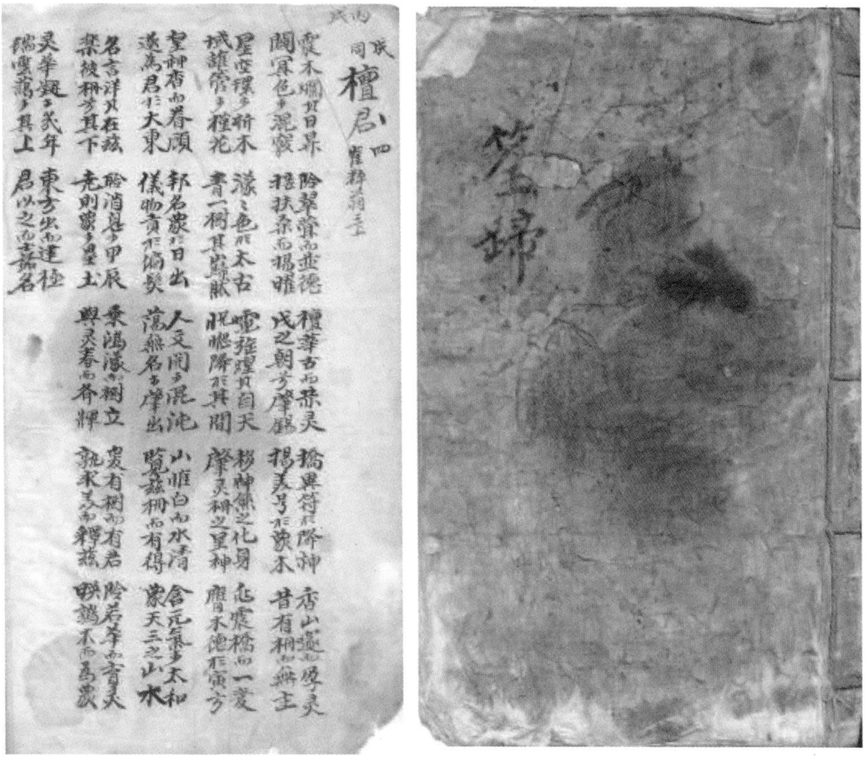

단군 시제 과거 모범 답안

과거 제술(製述) 시험을 준비하기 위한 모범 답안을 모아 놓은 책에 들어 있는 단군을 시제로 한 모범 답안. 이 책은 현대의 논술시험 준비용 기출문제집에 해당한다고 할 수 있다. 답안지의 우상단 '단군' 시제 아래를 보면 '최수옹(崔粹翁)'이 '삼상(三上)'의 성적으로 합격한 답안지였음을 알 수 있다.

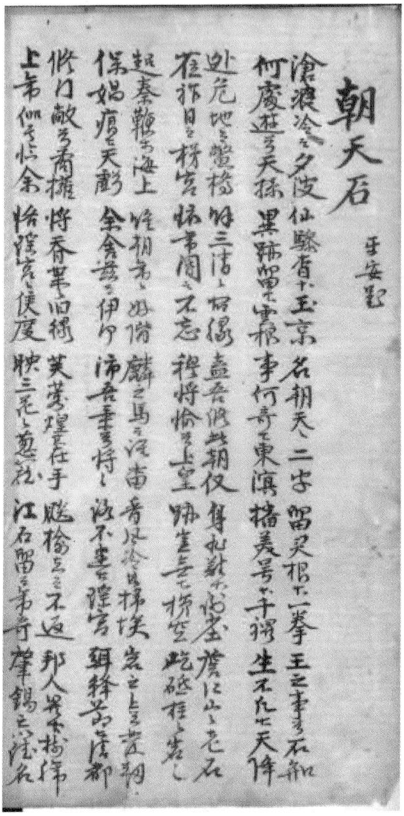

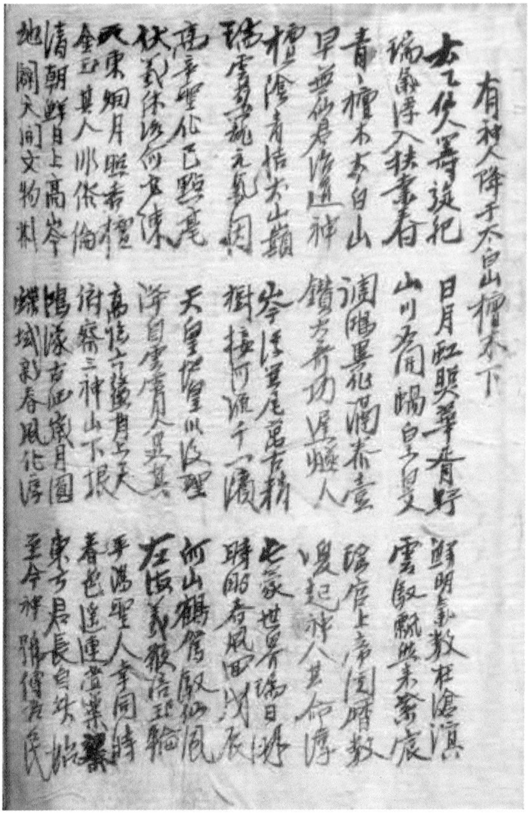

단군책문2

'태백산 단목 아래에 하강한 신인' 글제 과거 모범 답안. 태백산 단목 아래에 신인이 하강한 『삼국유사』와 동명성왕이 상제에게 올라갔다는 조천석(朝天石)의 내용을 물은 과거 시제에 대한 모범 답안. 조선 후기에 단군과 관련한 우리 고대사에 대한 관심이 높아졌음을 보여 준다.

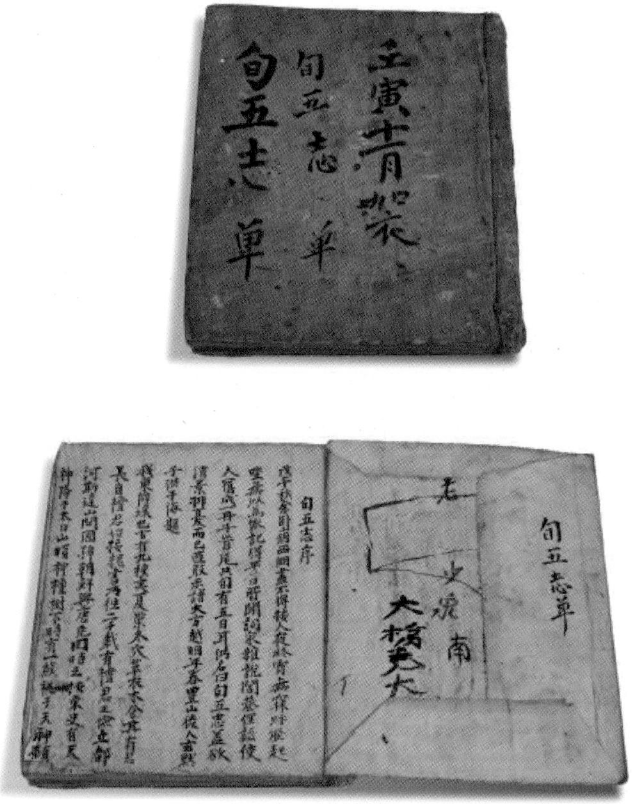

홍만종의 『순오지』

조선 중기의 학자 홍만종(洪萬宗, 1642~1725)이 1678년에 저술한 잡록. 서문에 바로 이어서 단군에 관해 기술하고 있음을 볼 수 있다.

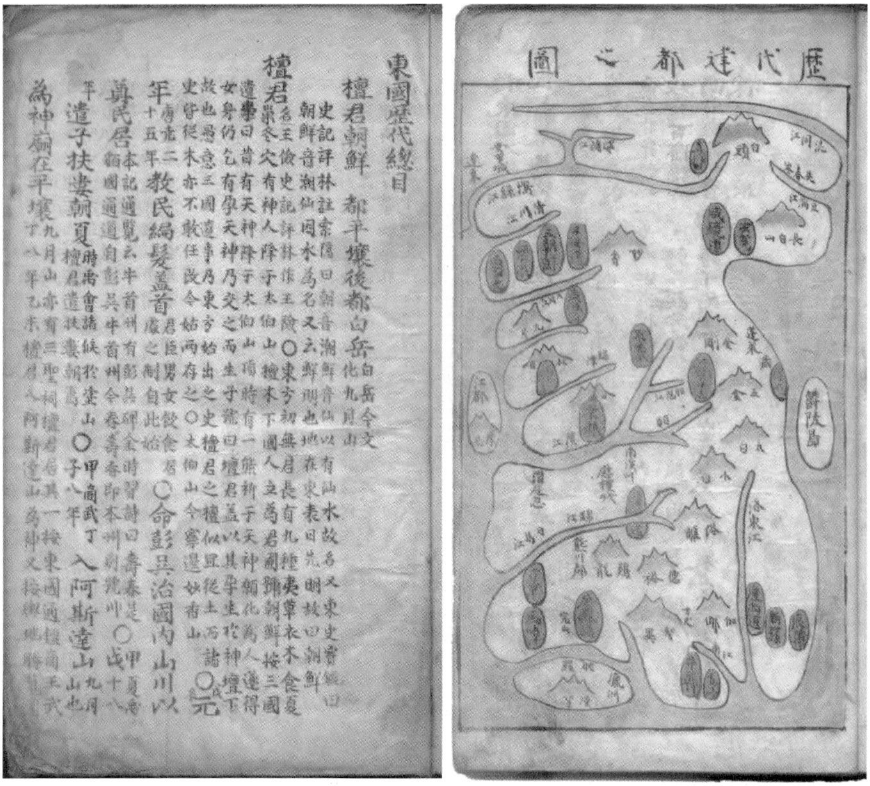

홍만종의 『동국역대총목』

1705년(숙종 31) 홍만종이 단군에서부터 조선에 이르기까지의 역사를 간단히 엮은 책. 일명 '역대총목(歷代總目)'이라고도 한다. 당시 학자들이 우리의 역사보다 중국의 역사는 잘 알고 우리나라 역사에는 어둔 것을 근심해, 홍만종에게 명나라 『역대총목 (歷代總目)』의 체재에 따라 우리나라의 총목 편찬을 위촉했다. 단군조선으로부터 기자·위만조선·삼한·한사군·이부(二府)·삼국·고려·조선의 사적을 편년체로 간결하게 서술하였다. 『삼국사기』·『삼국유사』·『고려사』·『동국통감』·『국조보감』·『고사촬요』 등의 사서에서 인용하였다. 또한 「역대건도지도(歷代建都之圖)」에는 단군조선 이래로 고도(古都)와 산천을 기록하고 있다.

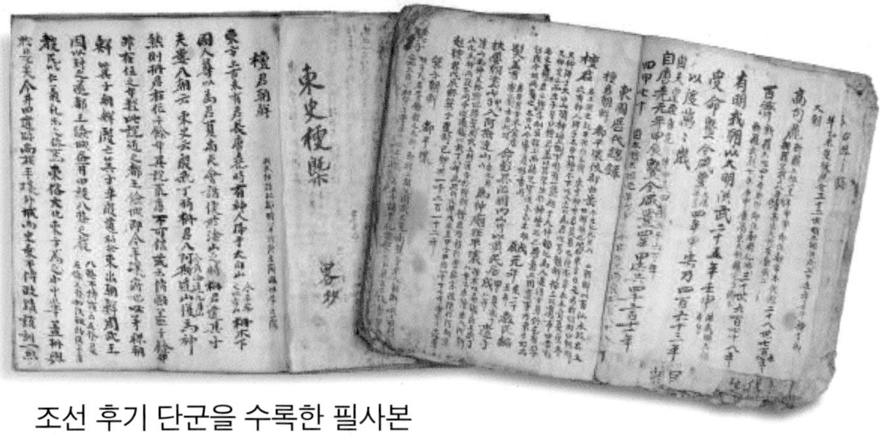

조선 후기 단군을 수록한 필사본

조선 후기의 혼란 속에서 우리 역사의 시원과 민족의 정체성을 단군 조선에서부터 찾으려는 경향이 대두되었음을 보여 준다.

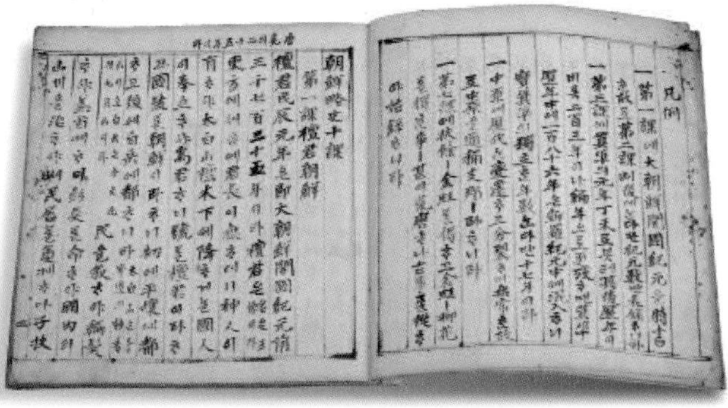

대한제국 시기 역사서

대한제국 시기 일제의 침략이 노골화하자, 단군을 조선의 근원으로 삼는 자주적 역사교과서가 제작되어 널리 보급되었다.

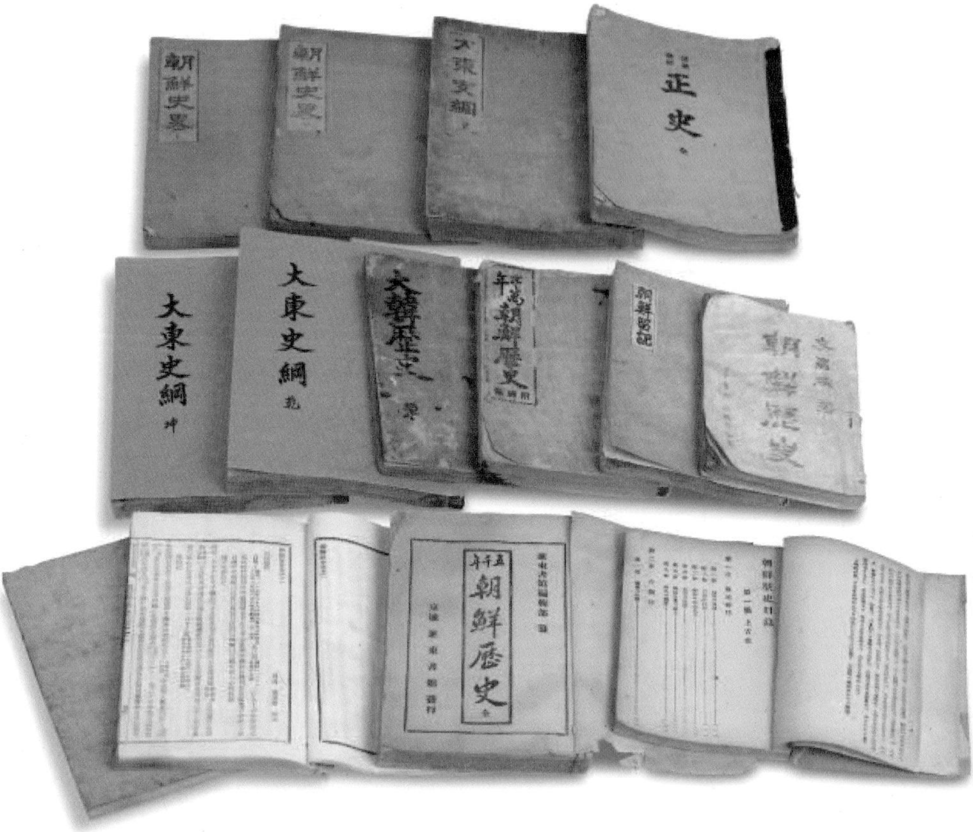

일제강점기 역사서

일제강점기 항일과 자주독립의 상징으로서의 단군에 대한 인식이 보편화되었음을 보여 준다. 대부분이 한문으로 쓰였지만 국한문혼용체도 나타나기 시작했다.

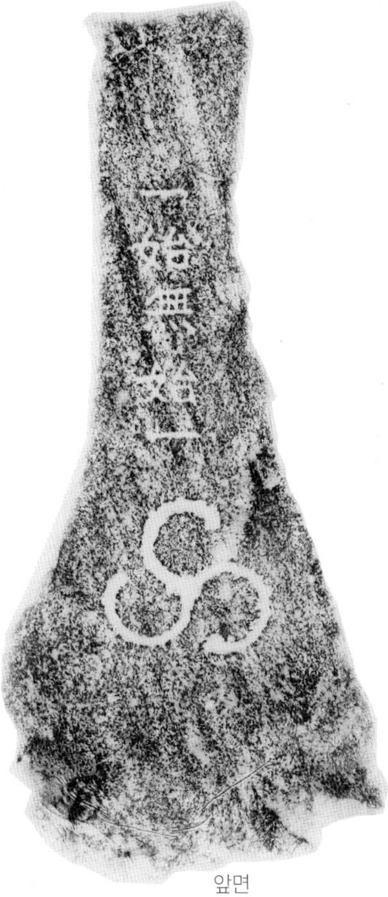

앞면

옆면

「천부경」을 새긴 바위

「천부경」의 구절을 따서, 앞면에 '일시무시일(一始無始一)'과 둥근 원 3개를 삼태극 형태로 새기고, 옆면에 '일적십거(一積十鉅)' 구절을 새긴 바윗돌. 특히 광무9년(光武九年)이란 명문이 있는데, 광무9년은 1905년으로, 현재까지 알려진 「천부경」에 관한 최초의 기록이며, 대종교 중광 이전에 천부경이 존재했음을 보여주는 증거라는 점에서 매우 중요한 의미를 지니는 유물이다.

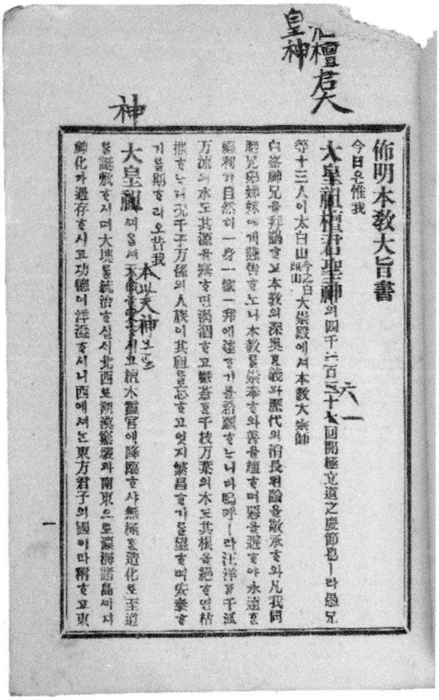

佈明本教大旨書

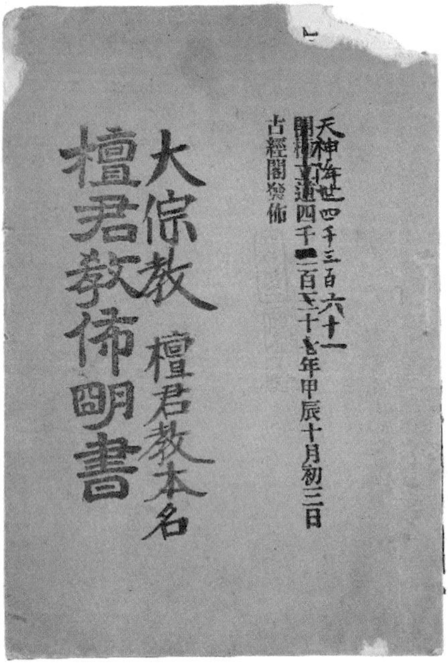

大倧教
檀君教佈明書
檀君教本名
天神降世四千三百六十一
開極立道四千二百三十七年甲辰十月初三日
古經閣發佈

『단군교포명서』

대종교총본사에서 발행된 『대종교요감』을 보면 "1908년 음 11월 12일 일본 동경 청광관에서 백봉 신사의 문하인 두옹 두일백으로부터 『단군교포명서(檀君教佈明書)』(古經閣, 1904)를 받으시고, 같은 해 12월 9일 일본 동경 개평관에서 다시 두옹을 만나 영계식을 거행했다"고 했다.

위 도판사진에서 『단군교포명서』의 표지와 본문에 적힌 글은 나철의 글씨로 추정된다.

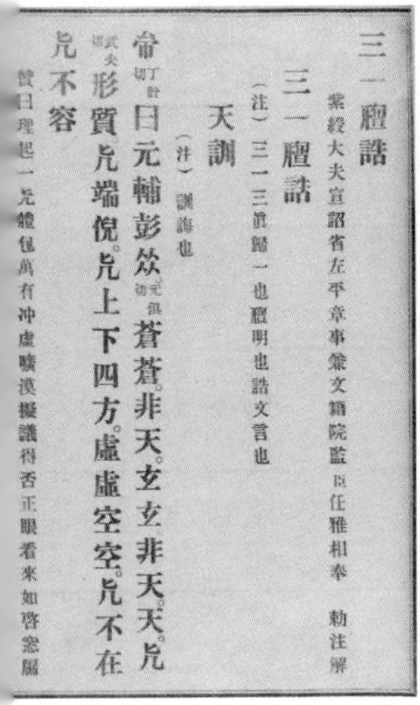
三一神誥 紫綬大夫宣詔省左平章事彙文籍院監 臣任雅相奉 勅注解
三一神誥
(注) 三一三眞歸一也 神明也 誥文言也
天訓
(注) 訓誨也
帝曰元輔彭虞 蒼蒼非天 玄玄非天 天无形質 无端倪 无上下四方 虛虛空空 无不在 无不容

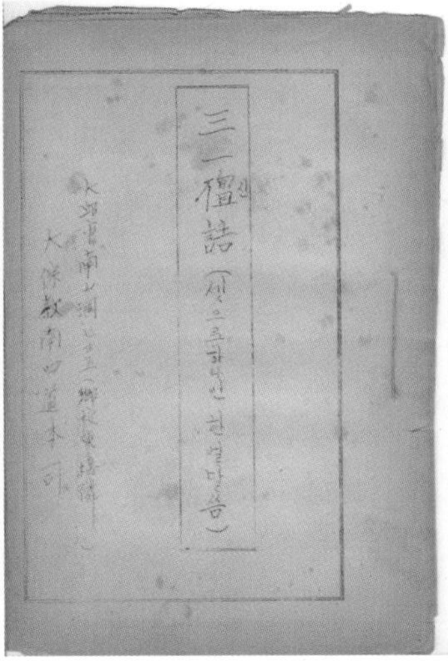

『삼일신고』

대종교총본사에서 1912년 처음으로 발행된 『삼일신고』(大倧敎本司, 1912) 원본과 본문 사진, 총본사가 만주로 이주한 뒤 대종교남도본사에서 발행한 등사본 『삼일신고』. 『삼일신고』는 구한말 나철(羅喆, 1863~1916)이 백두산에서 단군교를 신앙하고 있던 백봉으로부터 전해 받아 세상에 등장하게 되었다고 한다. 삼라만상의 시종과 만법귀일(萬法歸一)의 철학적 이치를 담은 경전으로, 366자로 이뤄진 짧은 글이다. 『삼일신고』는 「천부경」·『성경팔리』(『참전계경』)의 3대 경전 중 처음으로 간행되었으니, 1912년 발행된 『삼일신고』(가운데 사진)에 의해 그 내용이 세상에 처음으로 공개되었다.

단군 3대 경전 초간본

단군사상을 담은 3대 경전으로 일컬어지는 「천부경」·『삼일신고』·『성경팔리』(『참전계경』)를 세상에 처음으로 공개한 초간본. 366자로 이루어진 『삼일신고』는 1912년에, 366조목으로 이루어진 『성경팔리』는 1921년에 간행되었고, 81자로 이루어진 「천부경」은 1920년에 발간된 전병훈의 『정신철학통편』에 수록되어 공개되었다.

『단경』

1916년 5월 15일 단군교본부의 홍갑표가 간행한『단경(檀經)』. 이와 함께『단전(檀典)』도 발간하였다.

윤상훈『종교보감』

1915년 유교 계열의 신종교인 태극교 신도 윤상훈이 세계종교·한국종교에 대하여 기술한 종교 백과전서로, 근대 한국종교학 초기의 희귀문헌이다. 국한문혼용체로 최기룡방(崔基龍方)에서 간행하였다. 여기에서는 태극교를 위시하여 불교·야소교(耶蘇教)·회회교(回回教)·바라문교(婆羅門教) 등의 세계종교들의 본래 요지와 그 한국적 전개과정 및 천도교·시천교(侍天教)·대종교(大宗教)·대종교(大倧教) 등 한국 신종교 및 민간신앙을 귀신교(鬼神教)라고 명명해서 정리하고 있다. 백봉신형(白峰神兄)에서 비롯한 대종교(大倧教)를 소개하면서, 유사한 이름을 가진 대종교(大宗教)에 대해서도 김항(金恒)·하상역(河相易) 등의 행적을 중심으로 서술하고 있다.

장도빈의 『조선십대위인전』

1923년 장도빈(張道斌, 1888~1963)이 저술한 『조선십대위인전』. 여기에서 조선이 낳은 첫 번째 위인으로 단군 국조를 소개하고 있는데, 1925년에 발간한 『조선위인전』에서는 2분을 늘려 12대위인으로 기술했고, 나중에는 16대위인전을 발간하기도 했다. 장도빈은 해방 후 단군 사상을 계승한다는 취지로 단국대학을 설립했다.

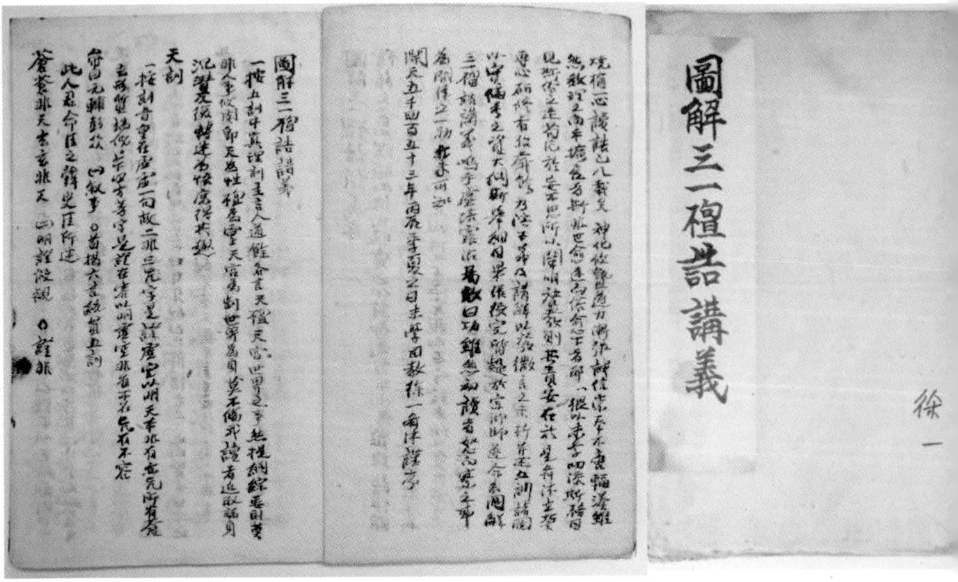

서일의 『도해삼일신고강의』

독립운동가이자 대종교의 교리를 철학화한 서일(徐一, 1881~1921)이 지은 삼일신고 교리 해설서. 서일의 호는 백포(白圃)이며 1911년 대종교의 산하단체인 중광단을 조직하였다. 1919년 서로군정서를 개편하여 총재에 취임하였고, 1920년에는 청산리전투를 승리로 이끌었다. 서일의 저서로는 『삼일신고강의』와 『회삼경』이 있다. 이 책은 서일의 친필본이거나, 혹은 서일 생존 당시의 필사본으로 추정된다.

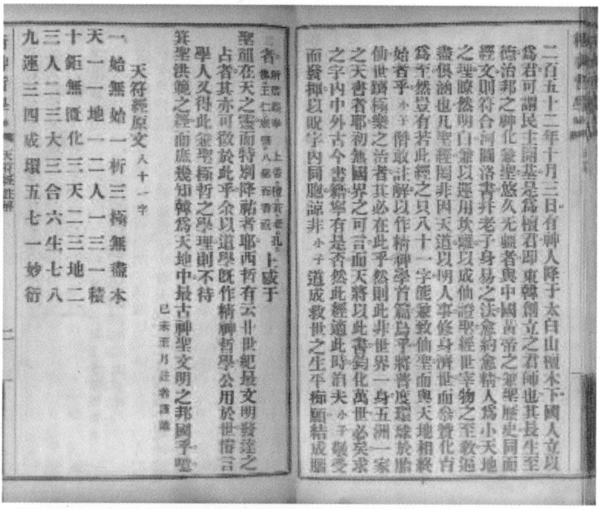

天符經原文 八十一字

一始無始一析三極無盡本天一一地一二人一三一積十鉅無匱化三天二三地二三人二三大三合六生七八九運三四成環五七一妙衍

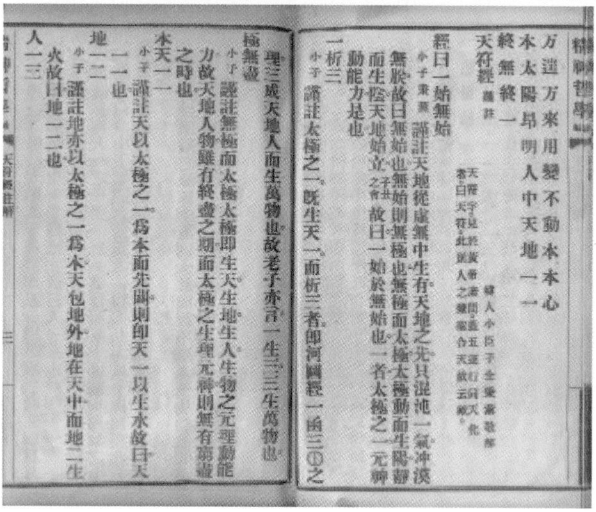

万迸万來用變不動本本心本太陽昂明人中天地一一終無終一

天符經

『정신철학통편』의

‘천부경’ 원문

화서학파의 유학자 출신으로 일제강점기 북경에서 활약하던 도사 전병훈(全秉薰, 1857~1927)의 저서 『정신철학통편』 첫머리에 수록된 「천부경」 원문과 주석서. 「천부경」은 1916년 9월 초순 묘향산에서 계연수가 발견하여 이듬해 단군교로 보내 왔다. 이를 다시 항일 애국지사이자 단군교의 간부였던 윤효정(1858~1939)이 북경에 피신해 있던 차에 북경에서 활동하던 전병훈에게 전해 주었고, 전병훈은 이를 연구하여 1920년 자신의 저서 『정신철학통편』에 수록하여 발간하였다. 이로써 「천부경」 전문이 1920년에 북경에서 발행한 『정신철학통편』에 실려서(위 사진도판) 처음으로 세상에 공개되었다.

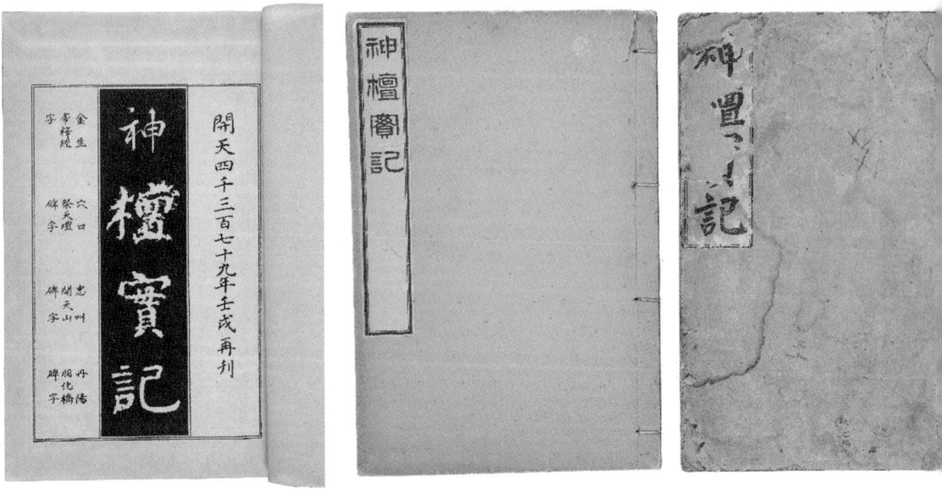

김교헌의『신단실기』

대종교 제2대 교주 김교헌이 단군에 관한 역사 기록과 고신도(古神道) 사상의 내용을 여러 문헌에서 뽑아 편찬한, 대종교 역사의 기본경전이다. 토를 단 한문체의 형식으로 1914년 2월 초판 발행되었고, 1923년 6월에 재판되었으며, 1952년에도 발행되었다.

1930년 무렵 대종교 3대 도사교 윤세복(1881~1960)에 의해 역해본이 발간되었고, 근자에는 1980년대 이후 이민수 등에 의해 번역본이 출간되었다.

김교헌의 『신단민사』

대종교 제2대 교주 김교헌이 쓴 단군에 관한 역사책. 환웅의 개천부터 조선 고종의 갑오개혁까지 이르는 우리의 역사가 단군의 시각으로 기술되었다. 1904년에 초판이 간행되었다고 하지만 전해지지 않고 있고, 1923년과 1946년에 출판된 국한문혼용 활자본이 전해지고 있다.

김용기의 『단전요의』

김용기가 1925년에 지은 단군의 역사와 사상 및 강역 등을 모아 편찬한 책. 서문은 지운영의 형인 지석영이 썼다. 1920년 전병훈의 『정신철학통편』에 「천부경」이 공개된 뒤에 1921년 『단탁』지에 한별의 「천부경 81자」가 수록되고, 1922년 중국에서 간행된 김택영의 『소호당전집』에 천부경 주석이 수록된 이래로, 1925년 『단전요의(檀典要義)』에도 전문이 수록되면서 「천부경」이 점차 확산되는 과정을 보여 준다.

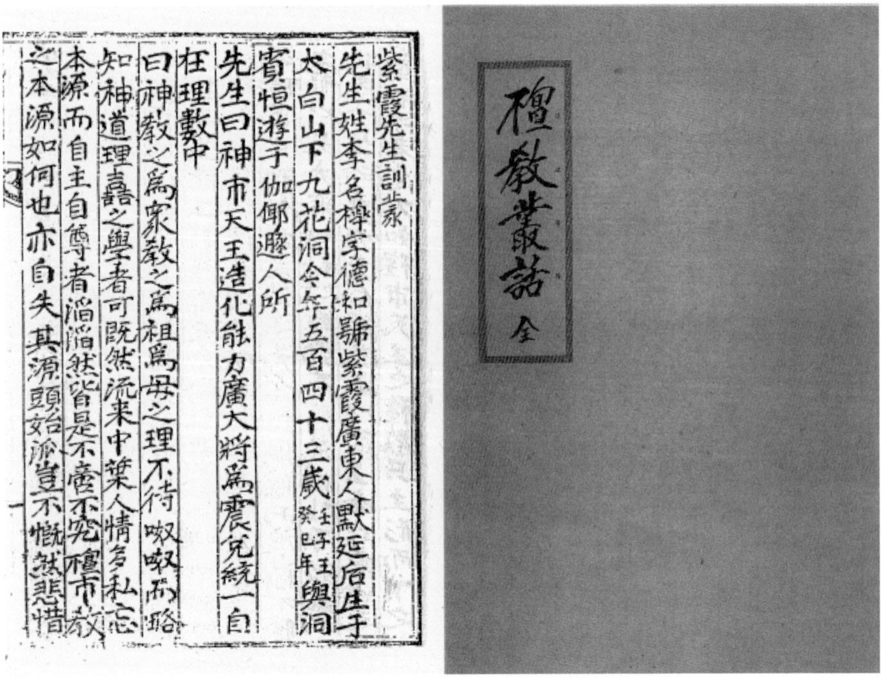

紫霞先生訓蒙
先生姓李名樺字德和號紫霞廣東人默延后生于
太白山下九花洞今年五百四十三歲 壬子王癸巳年 與洞
賓恒遊于伽倻避人所
先生曰神市天王造化能力廣大將爲震兌統一自
在理數中
曰神敎之爲家敎之爲祖爲母之理不待呶呶而略
知神道理之學者可旣然流來中葉人情多私忘
本源而自主自尊者滔滔然皆是不奢不究檀市敎
之本源如何也亦自失其源頭始派豈不慨然悲惜

檀敎叢話 全

『신교총화(神敎叢話)』 복사본

신교총화는 출현 시기와 전수과정이 다소 불분명한 점이 있으나, 일제강점기 정훈모(1868~1943)에 의해서 수집되어, 단군교에서 발간된 책으로 추정된다. 이 책에서는 환인을 천제 혹은 상제로 지칭하고, 환웅에 대해서는 신불(神市)과 천왕(天王)이라는 두 가지 호칭을 사용하고 있으며, 환웅의 도를 신교의 본질로 삼고 있다. 특히 왜란·호란의 발발에 대해 예언하면서 일본이 등장하고 서양이 몰락하면서 우리의 신교(神教)가 중심이 되는 후천세계가 도래한다는 미래예언을 수록하고 있는데, 백봉교단과 관련된 인물에 의해 만들어진 것으로 추정된다.

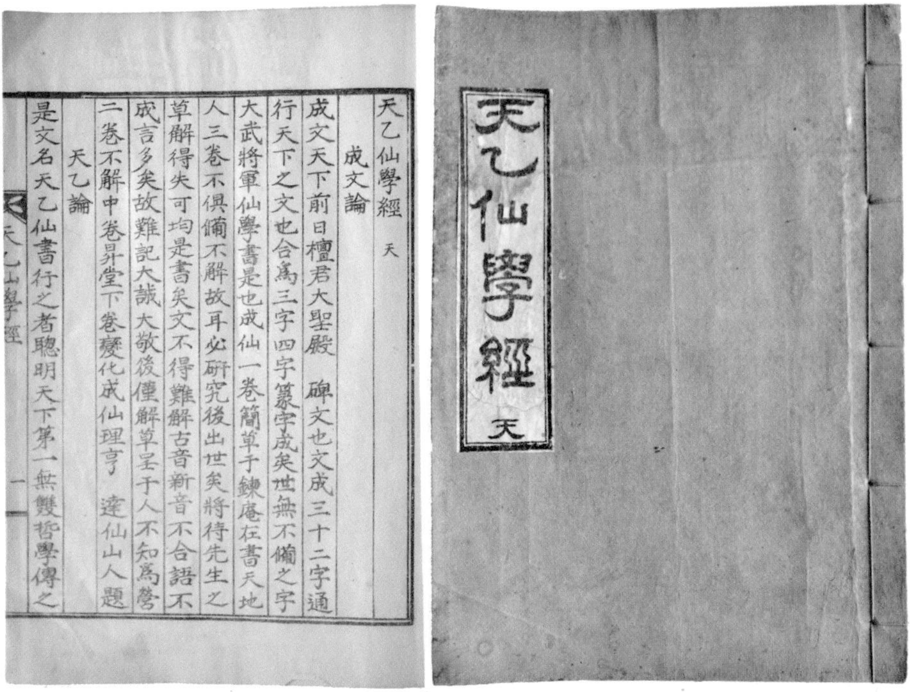
天乙仙學經 天
成文論
成文天下前日檀君大聖殿 碑文也文成三十二字通
行天下之文也合爲三字四字篆字成矣世無不備之字
大武將軍仙學書是也成仙一卷簡草于鍊庵在書天地
人三卷不俱備不解故耳必研究後出世矣將待先生之
草解得失可均是書矣文不得難解古音新音不合語不
成言多矣故難記大誠大敬後僅解草呈于人不知爲譽
二卷不解中卷昇堂下卷變化成仙理亨 達仙山人題
天乙論
是文名天乙仙書行之者聰明天下第一無雙哲學傳之
天乙仙學經 一

『천을선학경(天乙仙學經)』

정훈모가 1935년에 편찬한 단군 관련 서적이다. 정훈모의 저술은 아니고, 당시 민간에서 전수되던 것을 수집해서 책으로 발간한 것으로 보인다. 『천을선학경』의 내용은 신선이 되기 위한 방법에 대해 30장에 걸쳐 소개하고 있다. 이 책의 서두에 달선산인(達仙山人)의 「성문(成文)」론과 천을학습인(天乙學習人)의 「천을(天乙)」론이 있는데, 여기에 단군 때 대무(大武)장군이 선학서를 지었다는 유래가 적혀 있다. 「선학원시(仙學元始)」장에는 좀 더 구체적으로 단군 즉위 20년 봄 대무장군이 신인선학서를 쓰기 시작했다고 하여, 한국 선도가 단군시대에서부터 시원한다는 내용을 담고 있다. 『단군교부흥경략』에서 「천부경」·『삼일신고』와 함께 단군교 3대 경전으로 소개하고 있는 것을 보면, 당시 단군교에서 매우 중시했던 경전 중 하나였음을 알 수 있다.

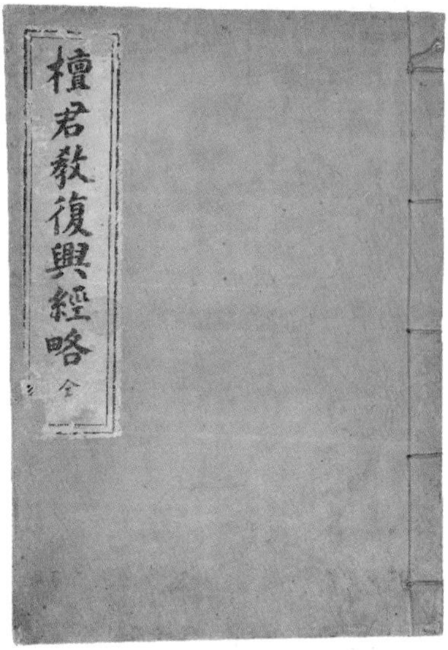

『단군교부흥경략』

나철과 함께 중광한 단군교를 계속 유지해 온 정훈모가 1936년 7월 일제의 유사종교 금지령에 의해 시흥 단군성전이 폐쇄될 때까지의 내력을 기록한 단군교의 역사서. 정훈모의 아들 정진홍이 1937년에 발간했다.

최남선의 『고사통』

1944년 최남선이 단군과 고대사에 관해 기술한 역사서. 해방 후에는 『국민조선역사』(동명사, 1949), 『우리나라역사』(동국문화사, 1955) 등으로 재편되었다.

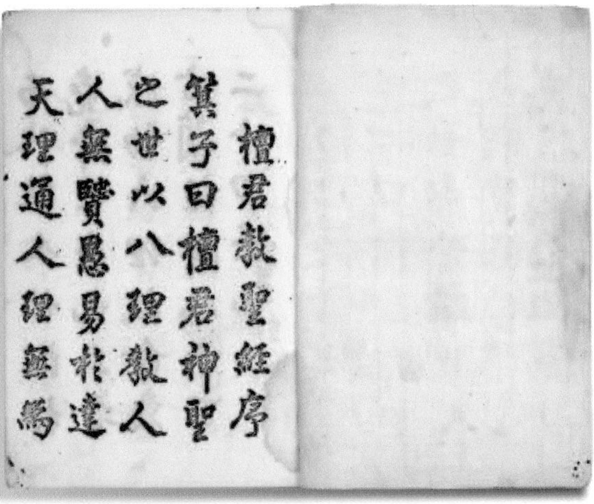

『성경팔리』

『성경팔리』는 1908년 일본에서 정훈모가 백봉이 보냈다는 두일백에게서 전해 받았다고 하며, 1921년에 정훈모가 처음으로 간행했다. 성(誠)·신(信)·애(愛)·제(濟)·화(禍)·복(福)·보(報)·응(應) 팔리(八理)를 근본으로 366조목에 달하는 체계적인 교리를 담고 있는 단군교의 교리서이다.

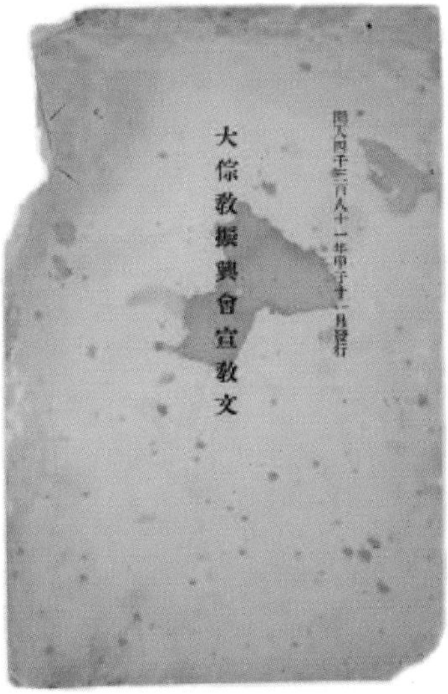

『대종교진흥회선교문』

1924년 대종교를 진흥시키고 선표를 펴기 위한 내용을 담아 발간한 책자.

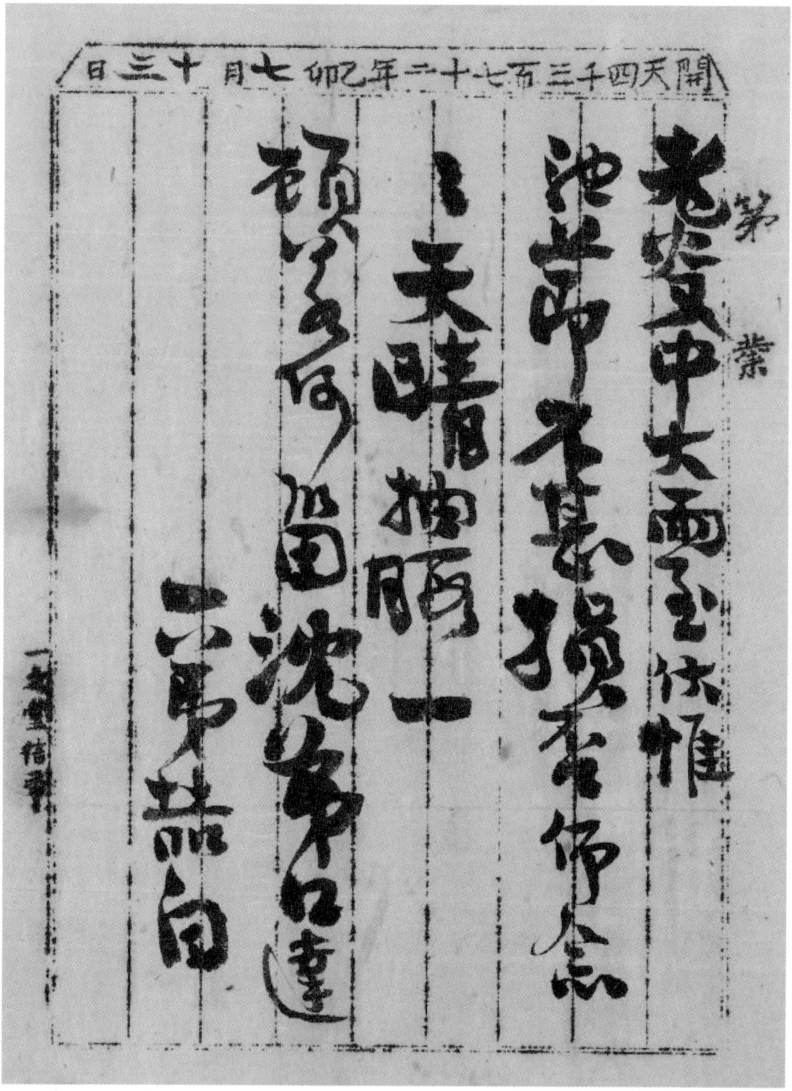
開天四千三百七十二年乙卯七月十三日

나철 간찰

단군 대종교를 중광한 나철(1863~1916)이 보낸 간찰. 대종교에서 사용하던 공문서를 사용했음을 알 수 있다. 편지 내용은 다음과 같다.

개천 4372년 을묘(1915년) 7월13일
늦더위 중에 큰 비가 내립니다. 엎드려 생각하건대 건강을 해치지나 않으셨는지요. 우러러 뵙고 싶은 마음 간절합니다. 날이 개이면 틈을 내서 한번 들려 주셨으면 합니다. 전달할 말은 아우 심군에게 맡겨 두었습니다.
아우 나철 올림

開天四千三百七十二年乙卯七月十三日
老炎中大雨至 伏惟
體節不甚損否 仰念
仰念 天晴抽暇 一
顧若何 留沈弟口達
一弟喆白

서찰은 규격이 있는 대종교의 공식적인 편지지를 사용한 것으로, 상단 난 속에 "개천(開天) 4372년 을묘(乙卯) 7월 13일"이라는 날짜가 기입되어 있다. 대종교에서는 단군 이전에 환검 신시씨라는 대황조의 상원 갑자 즉 BC 2457년을 개천 원년으로 보고 개천 125년을 바로 단군 원년(기원전 2333년)으로 본다. 나철이 조천하기 1년 전인 1915년 7월 13일에 보낸 편지이다. 심군은 나철 대종사가 조천할 때까지 가까이 모셨던 대종교인 심근(沈槿)으로 추정된다.

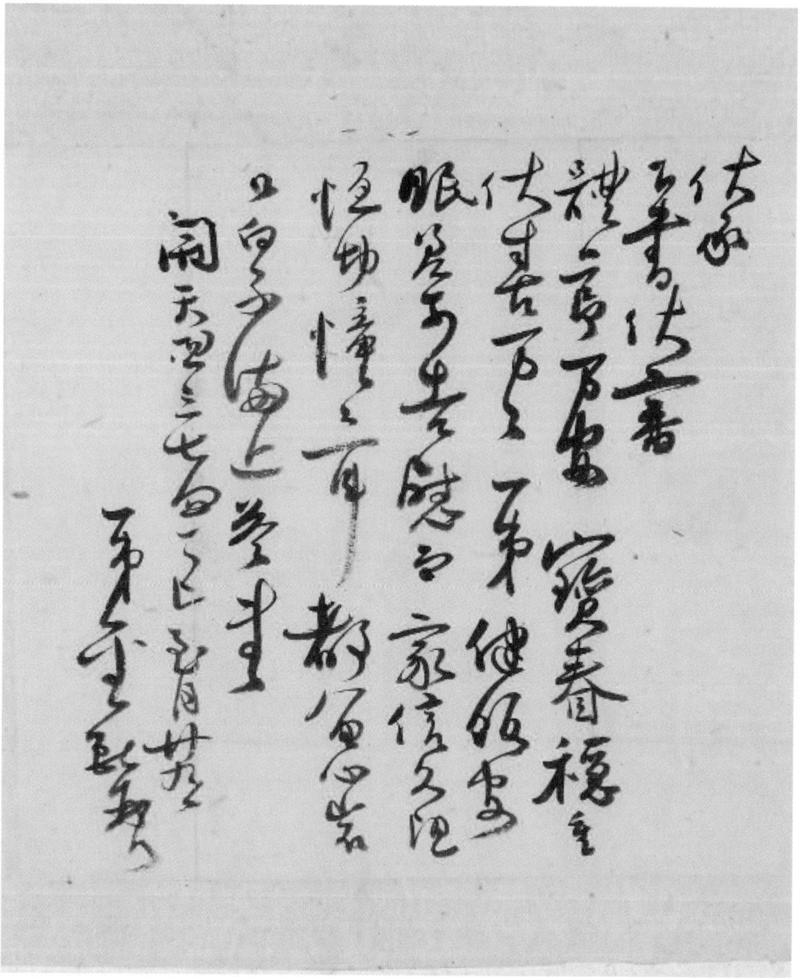

김교헌 간찰1

대종교 2대 교주이자 독립운동가 김교헌(1868~1923)이 보낸 간찰. 간찰의 내용은 다음과 같다.

> 엎드려 보내 주신 편지를 받고서, 건강이 모두 안녕하시고 가족들 모두 편안함을 알게 되었으니, 엎드려 기뻐 마지않았습니다. 아우 건석이 영면했으니 사람을 보내 위로를 보냅니다. 다만 집안의 편지가 오래 오지 않아서 항상 마음이 아주 답답했습니다. 모든 사정은 심암(心巖)이 말로 전해 줄 것입니다. 예를 갖추지 못하고 답장 올립니다.
> 개천 4374년 정사(1917년) 12월 29일
> 아우(一弟) 김교헌 재배

> 伏承
> 下書 伏審
> 體節萬安 寶眷穩重
> 伏喜萬萬 一弟健碩安眠差可告慰而 家信久阻
> 恒切憧憧耳 都留心岩
> 口白不備 上答書
> 開天4374年丁巳至月29日
> 一弟金獻再拜

1917년 12월 29일 김교헌이 보낸 편지. 서명 부분에 김헌(金獻)은 김교헌을 대종교에서 외자로 줄여 부른 이름이고, 대종교의 연호인 개천 연호를 사용하고 있다. 김교헌이 만주 총본사에 있을 때에 심암이란 호를 가진 분에게 인편으로 서울에 있던 가족에게 부친 편지인 듯하다. 여기에서 심암은 대종교 인물인 듯하지만 자세히 알 수 없다.

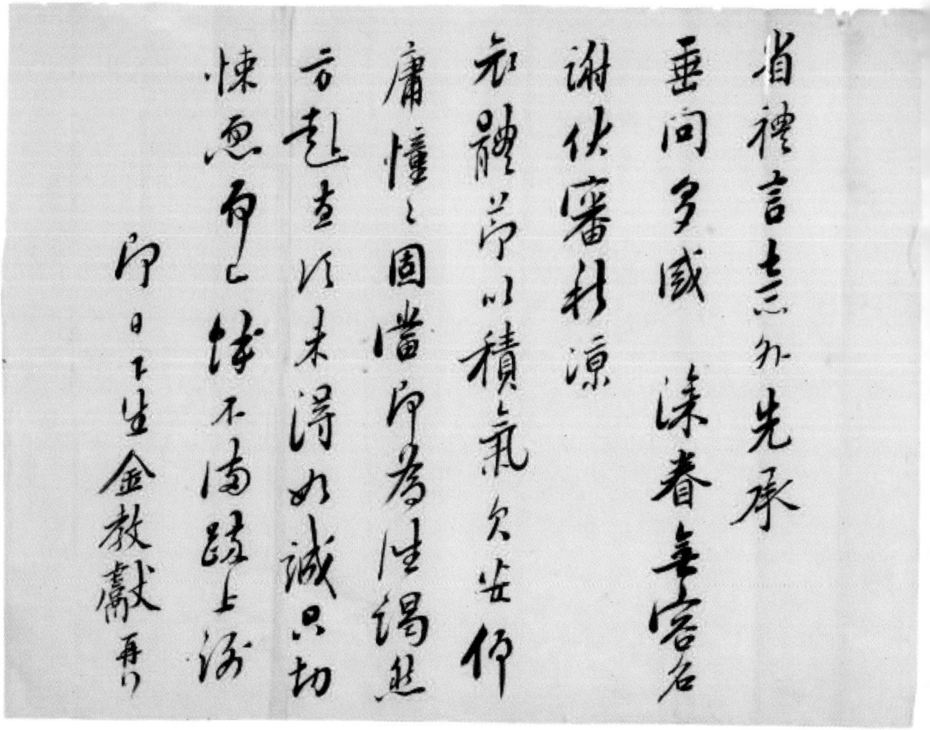

省禮言悉外 先承
垂問多感 滌春[illegible][illegible]
謝伏審秋涼
氣體節以積氣欠安 仰
[illegible]慬之固當 仰為[illegible][illegible]
方[illegible][illegible][illegible]未得如識只切
悚悵而已 餘不備 疏上
卯日 下生 金教獻 再拜

김교헌 간찰2

김교헌의 개인적인 간찰. 내용은 다음과 같다.

> 예를 차리는 말은 생략하옵고, 뜻밖에 안부를 물으신 편지를 먼저 받으니, 무척 감격스럽고, 깊이 돌봐주심에 감사할 말을 찾지 못하겠습니다. 엎드려 살피건대, 서늘한 가을 날씨에 상을 당하신 몸으로 쌓인 기운이 편안치 못하시다 하니, 우러러 답답한 마음뿐입니다. 참으로 마땅히 찾아뵈어야 하오나, 막 부임하러 가려던 차여서 마음처럼 되지 못하고 있으니, 다만 죄송하고 부끄러울 따름입니다. 나머지는 제대로 갖추지 못하오며 답장을 올립니다.
>
> 당일에 하생 김교헌 올림

省禮言 意外先承
垂問多感 深眷無容名
謝 伏審 秋凉
哀體節以積氣欠安 仰
庸憧憧 固當卽爲往謁 然
方赴直任次 未得如誠 只切
悚恧而已 餘不備 疏上謝
卽日下生金教獻再拜

개천 연호나 대종교식 외자 이름을 쓰지 않은 개인적인 편지로 추정된다.

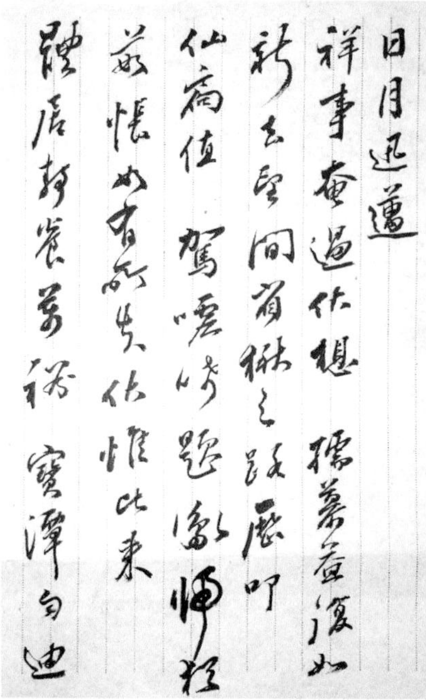

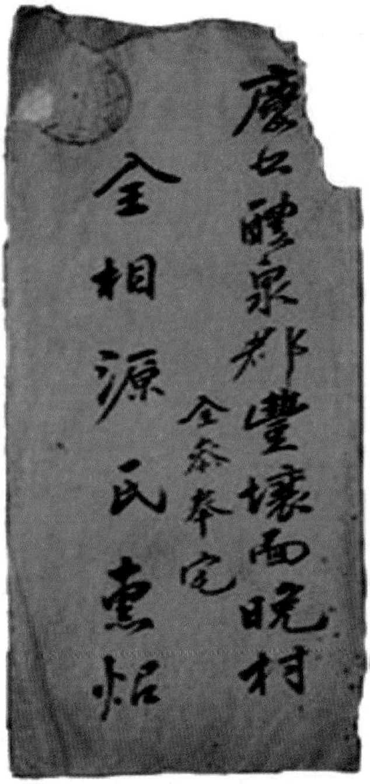

慶北醴泉郡豐壤面晚村
金叅奉宅
金相源 氏 惠炤

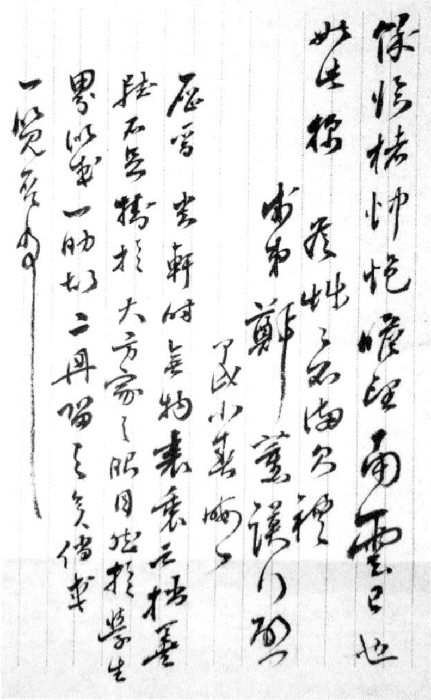

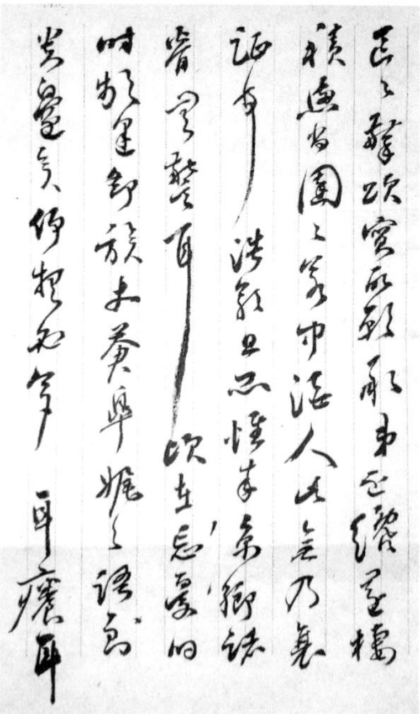

정훈모 간찰

나철과 함께 단군교를 창설한 정훈모(1868~1943)의 간찰과 피봉. 간찰의 내용은 다음과 같다.

세월이 쏜살같아 대상(大祥)도 문득 지나갔습니다. 엎드려 생각하니 어린아이처럼 부모를 그리워함이 더한 듯합니다. 지난 보름 무렵 성묘하는 길에 귀댁을 들렀으나, 출타중이라 못 뵙고 돌아서니 서운하고 잃은 듯 허전합니다. 엎드려 생각하건대 요즘 조용히 거처하고 계셔서 만 가지로 여유가 있으시고 가족들도 두루 편안하심은 제가 진심으로 원하는 바입니다.

저는 근자에 거처에 돌아왔으나 피로가 쌓여 아직 멍하니 술 취한 사람 같으니, 이것이 늙었다는 증거가 아닐까 하여 크게 한탄스럽고 민망합니다. 다만 경향(京鄕)의 친지들이 놀라지 않기를 바랍니다. 요즘 우환이 있어서 옛날 저희 집안어른 창고 선생님과 자주 만나셨던 것을 잊고 있었는데, 여러 말씀 중에 당신 이야기가 나왔습니다. 우러러 생각하건대 틀림없이 귀가 가려웠을 듯합니다.

나머지 이야기를 하려고 편지지를 대하고 있자니 근심으로 한숨 쉬다 남쪽의 구름을 바라볼 뿐입니다.

이만 대충 안부를 여쭈오며, 예를 다 갖추지 못합니다.

아우 정훈모 올림

갑술(1934년) 시월 그믐

지나다가 귀댁을 들렀을 때에 정성을 표할 것이 없었습니다. 제가 쓴 못난 글씨는

비록 대가들에게 보이기는 부족하오나 학생들 사이에서는 혹 보탬이 될 듯하여, 2책을 남겨두었습니다. 더러 한번 봐주실 수 없을는지요.

日月迅邁

祥事奄過. 伏想 孺慕益復如新. 去望間省楸之路 歷叩

仙扃 値駕噓唏 題鳳歸猶茹悵 如有所失. 伏惟比來

體居靜養萬裕 寶潭勻迪

區區擎頌 實所願承. 弟近纔還棲積憊尙圉圉 若中酒人 此無乃衰證耳

浩歎且悶 惟幸京鄕諸眷無警耳. 頃在憂忘舊時頻逢族丈蒼皐 娓之語到

貴邊矣 仰想必多耳癢耳

餘臨楮忡悒噓望南雲已也.

姑此稿探候艸艸 不備欠禮

戚弟 鄭薰謨 拜啓

甲戌小春晦日

歷晉 貴軒時 無納表衷而拙墨

雖不足掛於大方家之眼目 然於學生界似或一助 故二冊留之矣. 倘或一覽否耶.

정훈모 휘호

정훈모가 시를 써서 준 작품. 8폭의 대작이다. 각 31.5×130㎝ 한지.

지운영「일검도(一劍圖)」

구한말 다양하게 활동했던 서화가 지운영(1852~1935)이 74세에 그린 일검도. 지운영은 대종교에서 모셨던 단군 영정의 원본이며 부여박물관에 보관중인 단군 천진을 그린 화가이다. 기운차게 뻗은 한 자루의 칼날은 강인한 독립정신을 상징한다. 화제(畫題)와 서명(署名)은 아래와 같다.

金剛降魔一心寶劍

七十四翁 白蓮 池雲英

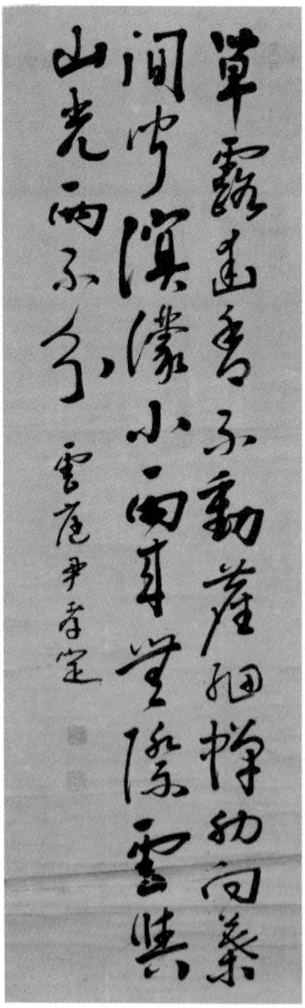

윤효정 휘호

국채보상운동을 벌인 애국지사 윤효정(尹孝定, 1858~1939)의 휘호. 윤효정은 단군교 간부로서 「천부경」을 중국에 있는 전병훈에게 전달했다. 40×130㎝ 한지.

전병훈 휘호

천부경에 주석을 달아 처음으로 공개한 전병훈의 서예작품. 전병훈은 유학자 출신으로 중국에 망명해서 도사가 되었고, 그가 평생 연구한 유불도 사상 및 서양철학을 종합 망라한 『정신철학통편』이란 거작을 남겼다. 35×180㎝ 비단.

이병헌 친필 원고

유교개혁사상가 이병헌(李炳憲, 1870~1940)이 우리 민족의 상고사에 관해 쓴 논문. "우리 민족이 중원을 네 번 점령했다"는 제목으로 단군의 역사가 주체적으로 기술되어 있음을 확인할 수 있다.

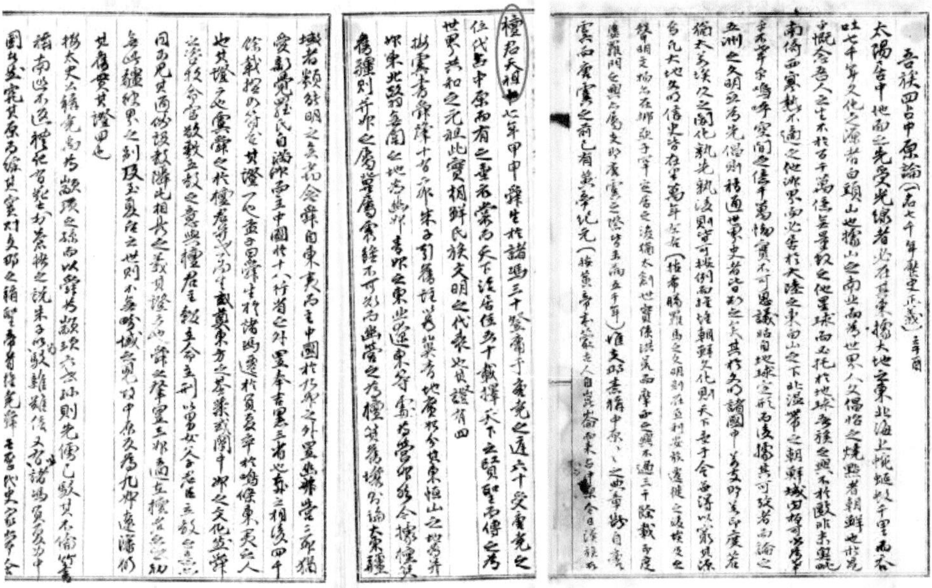

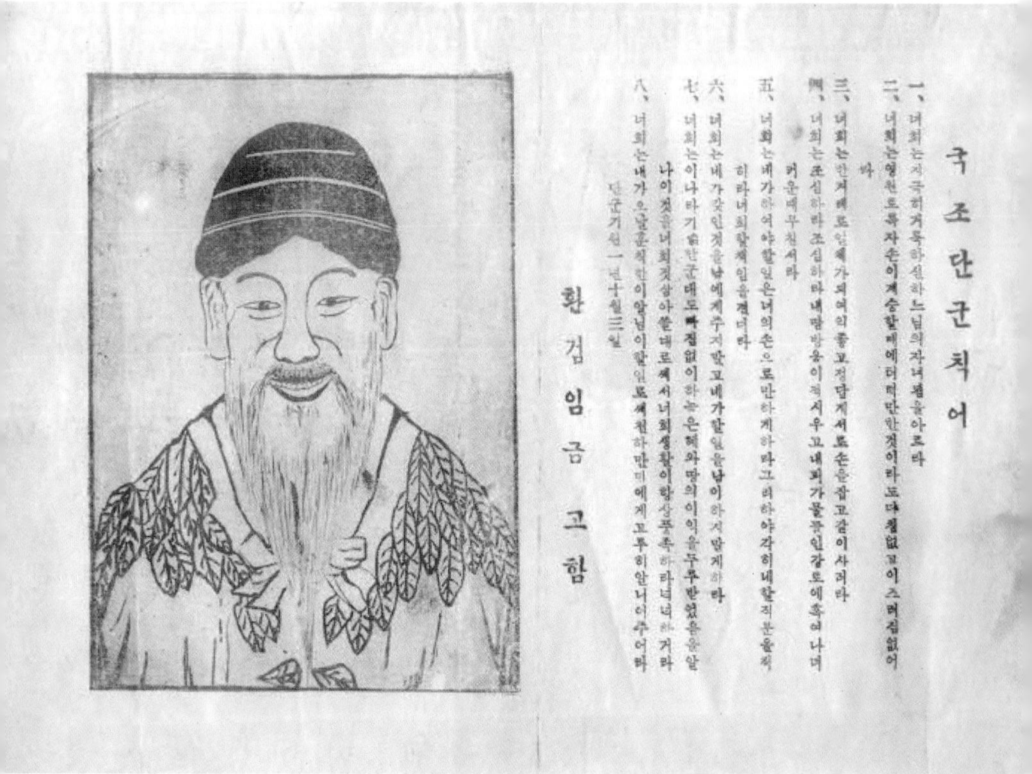

국조단군칙어

一、너희는지극히거룩하신하느님의자녀됨을아르라

二、너희는영원토록자손이계승할때에터럭만한것이라도다침없고이즈러짐없어
야

三、너희는한겨레로일체가되여의좋고정답게서로손을잡고같이사러라

四、너희는조심하라조심하라내땀방울이적시우고내피가물들인강토에속여나며
커운데무첨서라

五、너희는네가하여야할일은너의손으로만하게하라그러하야각히내할직분을직
히라너희할책임을견디라

六、너희는네가갖인것을남에게주지말고네가할일을남이하지말게하라

七、너희는이나라기슭한군데도빠짐없이하늘은혜와땅의이익을두루받었음을알
나이것을너희것삼아쓸대로써서너희생활이항상풍족하라너너하거라

八、너희는내가오날훈칙한이말넘이할일로새천하만미에게고루히알너어주어라

단군기원一년十월三일

환검임금 고함

「국조단군칙어」

국조 단군께서 후손들에게 주신 가르침 8조목을 인쇄한 전단지. 『단기고사』에도 같은 내용이 실려 있는데, 위 내용을 현대어법에 맞게 수정하면 아래와 같다.

「국조단군칙어」

1. 너희는 지극히 거룩하신 한얼님의 자녀임을 알아라.

2. 너희는 영원토록 자손이 계승할 때에 터럭만큼도 다침 없고 이지러짐 없어라.

3. 너희는 한 겨레로 일체가 되어 의좋고 정답게 서로 손을 잡고 같이 살아라.

4. 너희는 조심하라. 내 땀방울이 적시우고 내 피가 물들인 강토에 혹여나 더러운 때 묻힐세라.

5. 너희는 네가 할 일은 너희 손으로만 하게 하라. 그리하여 각기 너희 할 직분을 지켜라. 너희 할 책임을 견디라.

6. 네가 가질 것을 남에게 주지 말고 네 할 일을 남이 하지 말게 하라.

7. 너희는 이 나라 기슭 한 군데도 빠짐없이 하늘의 은혜와 땅의 이익을 두루 받았음을 알라. 이것을 너희 것 삼아 쓸 대로 써서 너희 생활이 항상 풍족하고 넉넉하거라.

8. 너희는 내가 오늘 훈칙(訓勅)한 이 알림을 할 일로써 천하 만민에게 고루 알려 주어라.

단군 기원 1년 10월 3일

한검 임금 고함

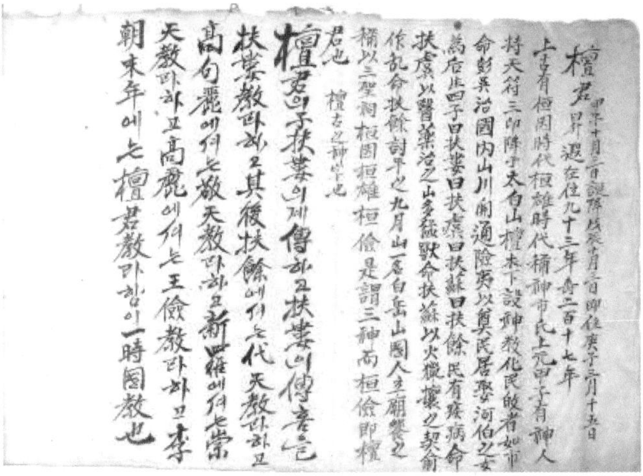

檀君의子扶婁의제傳하고扶婁의傳함은
扶婁敎라하고其後扶餘에서는代天敎라하고
高句麗에서는敬天敎라하고新羅에서는崇
天敎라하고高麗에서는王儉敎라하고李
朝末年에는檀君敎라함이一時國敎也

단군 문서

단군의 역사를 기록한 문서. 단군에 대한 관심이 발흥하던 조선 말이나 일제강점기 초기에 쓴 문서로 추정된다.

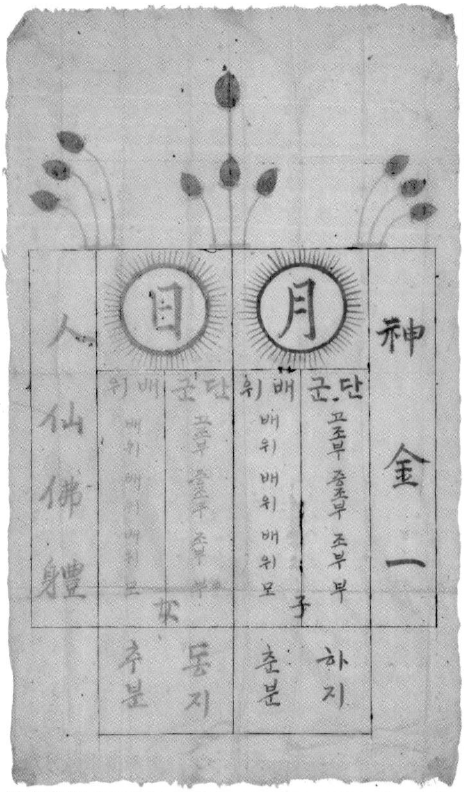

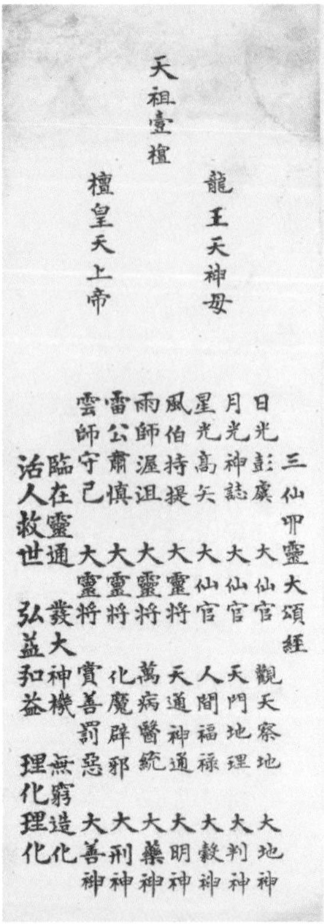

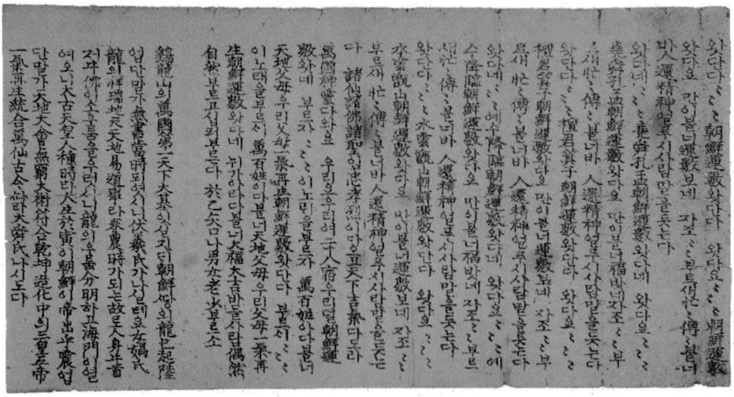

민족종교의 단군 관련 자료1

일제강점기 당시에 민족종교에서 단군을 신앙하던 자료 3점. 일월단군배위도 36×60㎝ 한지에 필사. 단황천상제 33×93㎝ 종이에 필사. 단군기자 왔단다 단군 43.5×22㎝ 종이에 등사본.

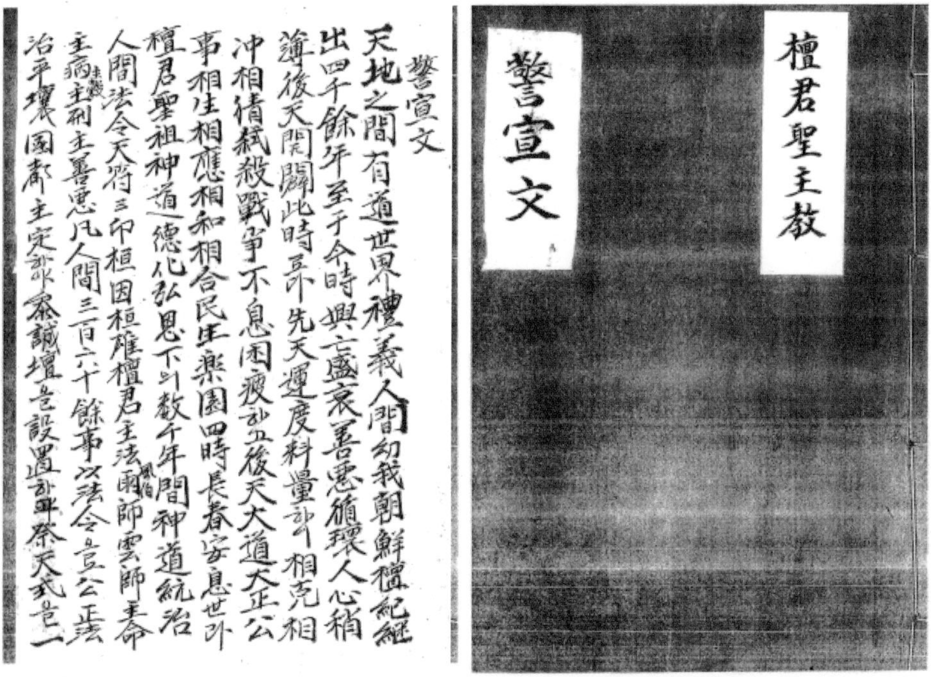

(출처_「단군성주교 경선문 원본」, 『한국종교』 Vol.39, 원광대학교 종교문제연구소, 2016)

단군성주교 경선문

단군성주교(檀君聖主敎)는 1936년 강승태(姜昇泰)가 제주도 서귀포에서 창립한 증산계 교파이다. 강승태는 1936년부터 도명을 무극대도(無極大道)라하고 포교를 시작했으나, 1937년 일황에 대해 불경(不敬)하였다 하여, 치안유지법 위반 혐의로 구속되었다가 해방 후에 풀려나왔다. 1953년 9월에 도명을 단군성주교로 고쳤고, 이때 많은 예언을 하며 교단을 이끌었다가, 1960년에 사망하였다. 신앙의 대상은 옥황상제와 단군인 증산이다. 증산을 단군성조의 성신(聖神)으로 보고 있다.

홍익인간 현판

추사(秋史)란 호를 가진 분이 쓴 홍익인간(弘益人間) 현판. 일제강점기 작품으로 당시에 홍익인간이란 단군의 사상이 널리 퍼졌음을 보여 준다. 35×135㎝ 나무.

「홍익인간」 휘호

죽파(竹坡)란 서예가가 쓴 홍익인간 휘호 28×73㎝ 한지.

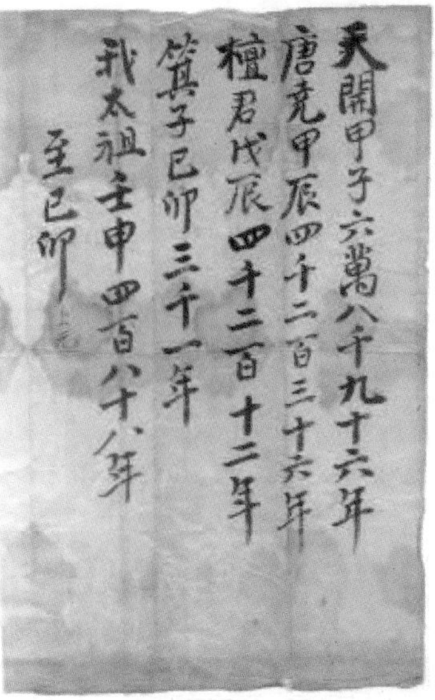

天開甲子六萬八千九十六年
唐堯甲辰四千二百三十六年
檀君戊辰四千二百十二年
箕子己卯三千一年
我太祖壬申四百八十八年
至己卯

「개원연대기」

천지개벽한 시점을 위시로 요임금, 단군 그리고 조선의 태조 개원연대가 적혀 있다. 마지막에 조선의 끝에 "至己卯"라고 표기되어 있어서, 1879년에 써졌음을 알 수 있다.

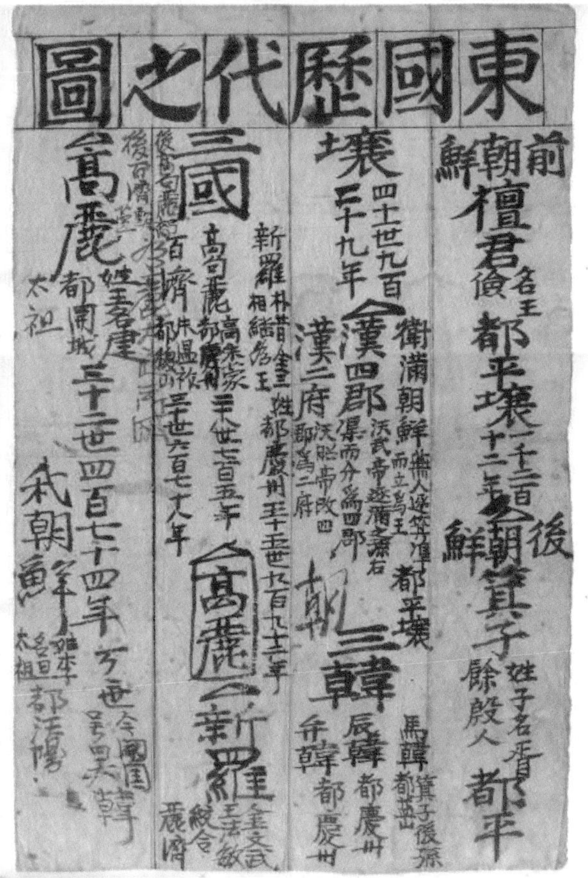

東國歷代之圖

「동국역대지도」

맨 마지막에 "今國號曰大韓"이라고 적혀 있어, 대한제국 시기에 그려졌음을 알 수 있다.

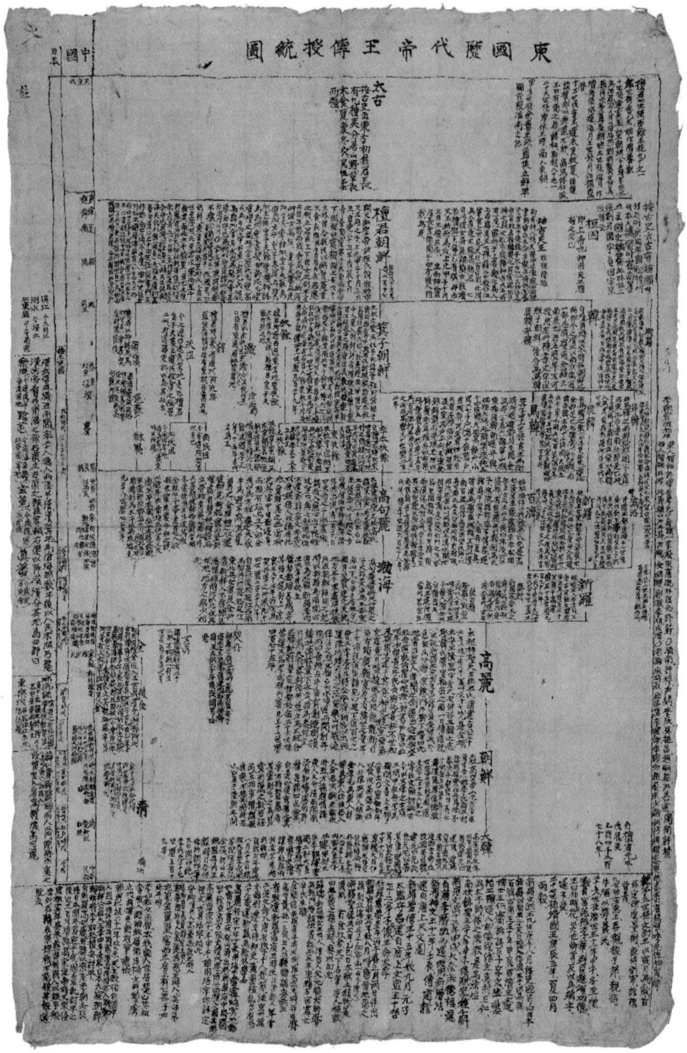

「동국역대제왕전수통도」

태고에서부터 시작해서 단군조선을 거쳐 대한제국까지의 역사를 간결하게 기록해서 도표화한「동국역대제왕전수도통도」.

환인과 환웅을 거쳐 단군조선 47대를 기록하고 있다. 단군은 재위 97년, 수명은 217세라고 기록하고 있다. 연표는 한국, 중국, 일본의 순으로 병기하고 있으며, 한국은 대한제국의 멸망까지, 중국은 만주국까지 기록되어 있어서 일제강점기에 작성된 것으로 추정된다. 크기는 42×62.5㎝, 한지에 필사.

2. 광복 이후

1) 원전

『환단고기』 최초본

1979년 이유립의 제자 조병윤에 의해 간행된 단군의 철학, 종교, 역사, 문화를 수록한 『환단고기』 최초본. 연두색 한지로 겉표지를 둘러싸고 마구리에도 붉은 천을 대서 장식한 호화선장본이다.

『환단고기』를 세상에 전한 이유립에 의하면, 1911년 묘향산 단굴암(檀窟庵)에서 계연수가 『삼성기(三聖記)』·『단군세기(檀君世紀)』·『북부여기(北夫餘紀)』·『태백일사(太白逸史)』라는 각기 다른 네 종류의 책을 하나로 묶어서 편찬했다고 한다.

표지와 책등에 모두 제첨(題籤)이 있고, 책등에 아교칠이 되어 있으며 양 끝단에는 붉은 천으로 장식했다. 본문 내용 구성은 사주쌍변(四周雙邊)이며, 판심은 중앙쌍어미이다. 맨앞에 범례가 있고, 『삼성기전』 상·하편, 『단군세기』, 『북부여기』 상·하, 『태백일사』, 발문(오형기), 재판후지(再版後識, 조병윤)의 순서로 되어 있는 4권 합책본이다.

판권지에는 "신시개천 5876년(서기 1979년) 8월 15일 인쇄, 신시개천 5876년(서기 1979년) 9월 10일 발행" "편집자 단단학회 대표 조병윤"이라 하고, 100부 한정판으로 표기했다. 이는 『환단고기』의 최초본으로, 100부 한정판으로 인쇄되었으나 발행하자마자 거의 폐기처분되었다고 전해지는 희귀본이다. 국배판(22×29.7㎝)

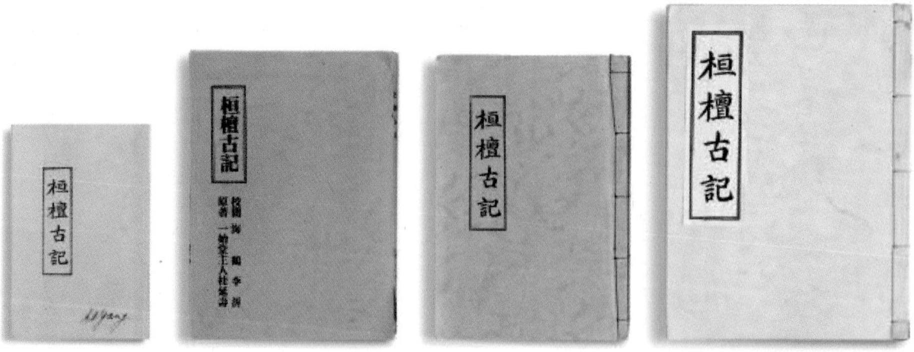

㉣ ㉢ ㉡ ㉠

1970년대, 1980년대 『환단고기』 4종

㉠ 1979년 단단학회 회장 조병윤 명의로 출간한 『환단고기』 최초 원본. 겹장 선장본 국배판(22×29.7㎝)

㉡ 1979년 보급본으로 출간한 『환단고기』. 겹장 선장본 크라운판(17.5×25.2㎝). 최초 원본인 ㉠의 규격은 ㉡보다 가로 세로 모두 4㎝ 이상씩 더 큰 국판으로(22×29.7㎝), 내지에도 사주쌍변(四周雙邊)으로 광곽(匡廓)을 했고, 표지도 이중으로 장정한 호화선장본이며, 판권지에 '100부 한정 비매품'이라고 명기되어 있다.

보급본 ㉡는 ㉠와 내용은 같으나 몇 가지 차이가 있다. 먼저 규격이 약간 작은 크라운판이며, 본문에 판심(版心)과 광곽이 없다. 그리고 판권지에 보면 100부 한정으로 되어있으며, 정가 18,000원이라고 적혀 있어서 판매용으로 발간되었음을 알 수 있다. 특히 여기에는 판권 소유난에 조병윤의 도장이 날인되어 있다. 별첨으로 정오표 3면이 별첨되어 있다.

㉢왼쪽 1983년 이유립에 의해 출간된 수정본 『환단고기』. ㉢는 이유립이 ㉠㉡의 일부 내용을 수정 보완한 판본으로, 특히 『북부여기』 중에서 『가섭원부여기』가 별도로 나누어 구성되어 있다.

㉣는 ㉡를 활자로 인쇄한 소형본인데 1980년대 것으로 추정된다.

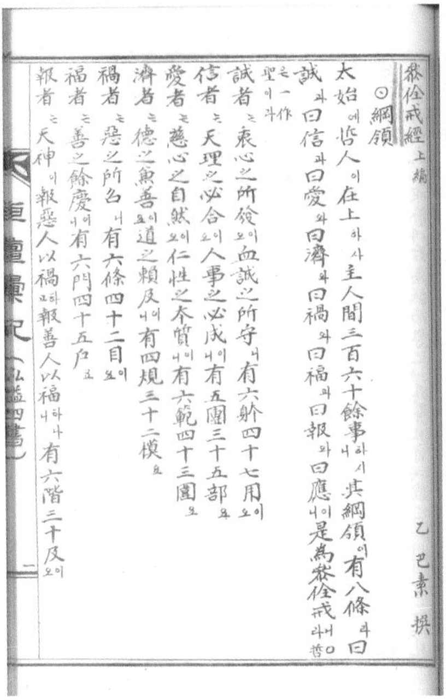

參佺戒經 上編　乙巳素 撰

⊙ 綱領

太始에 哲人이 在上하사 主人間三百六十餘事하시니 其綱領이 有八條라 曰誠과 曰信과 曰愛와 曰濟와 曰禍와 曰福과 曰報와 曰應이니 是爲參佺戒라니 哲○ 聖은 一作이라

誠者는 衷心之所發이오 血誠之所守니 有六躰四十七用이오

信者는 天理之必合이오 人事之必成이니 有五團三十五部요

愛者는 慈心之自然이오 仁性之本質이니 有六範四十三圍요

濟者는 德之兼善이오 道之賴及이니 有四規三十二模요

禍者는 惡之所召니 有六條四十二目이오

福者는 善之餘慶이니 有六門四十五戶요

報者는 天神이 報惡人以禍하고 報善人以福하나니 有六階三十及이오

桓檀彙記 (弘益四書)　一

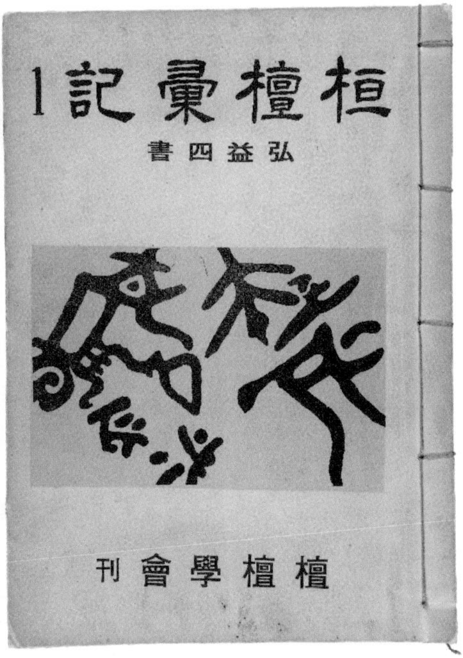

이유립 『환단휘기』

1971년 이유립이 「천부경」, 『삼일신고』, 『참전계경』, 『태백진훈』 등의 경전을 합본해서 편찬한 『환단휘기』. 부제는 홍익사서(弘益四書)로 되어 있으며, 내용은 「천부경 연해」, 「원본 삼일신고 집해」, 「참전계경」, 「태백진훈」의 4편으로 구성되어 있다. 이 책의 발문을 보면 이 4편은 이유립이 주창한 커발한(태백교)의 중요한 4대 경전으로 언급하고 있다. 「천부경 연해」와 「원본 삼일신고 집해」는 이유립의 찬(撰)으로 되어 있다. 「참전계경」은 『성경팔리』와 같은 내용이고, 「태백진훈」은 고려 이암(李嵒)의 작으로 소개되어 있다.

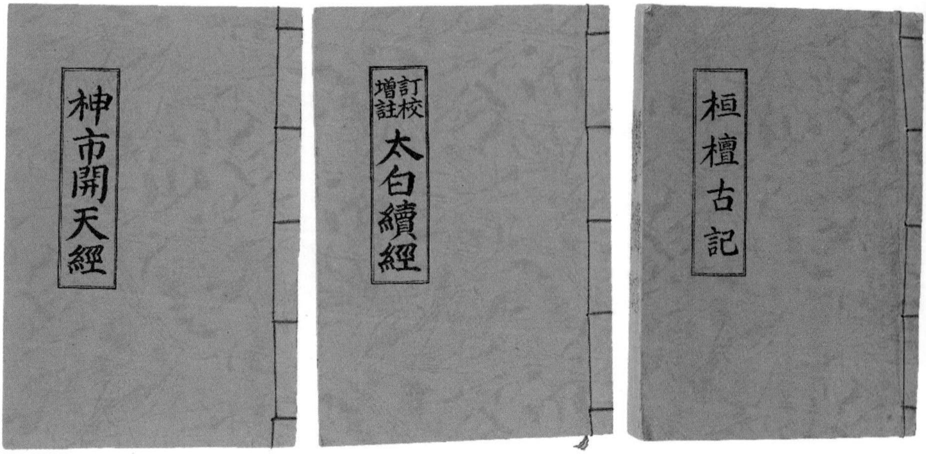

『환단고기』, 『태백일사』, 『신시개천경』

조병윤이 1979년 『환단고기』를 출간할 때, 같이 펴낸 『태백일사』와 『신시개천경』 3종 세트. 후에도 이 책들은 영인이 되었으나, 위 원본은 최초의 간행본으로, 각각의 속표지에는 발행인 조병윤의 사인(私印)이 찍혀 있다.

『신시개천경』은 『삼국유사』에 「고기(古記)」에서 인용한 내용을 경전으로 삼아서, 이유립이 주석을 단 책 이름이다. 『태백속경』은 해학 이기(1848~1909)의 저술로서, 고려 말 이암이 썼다고 하는 『태백진훈』의 뜻을 부연한 단군철학서이다. 이유립에 의하면 『태백진훈』은 소위 행촌삼서(단군세기, 농상집요, 태백진훈) 중 하나로서, 본래 『태백일사』에 부록으로 들어 있었으나 이를 계연수가 독립시켰다고 한다. 이유립은 이들 모두 커발한개천각 태백교의 경전으로 삼았다.

이 책들은 우리 민족의 공간적 배경을 중국과 만주에 두고, 시간적 배경으로 단군조선시대를 넘어 배달국과 환국시대까지 확장해서 고대의 역사와 사상을 기록하고 있다.

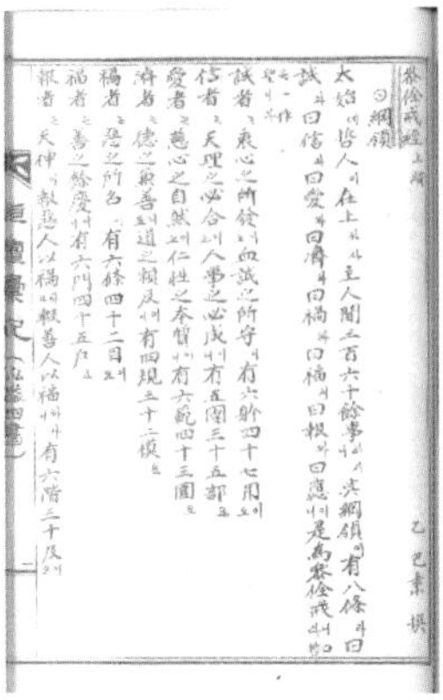
參佺戒經 上編
乙巴素 撰
㊀ 綱領
太始에 哲人이 在上하사 主人間三百六十餘事하시니 其綱領이 有八條하니 曰誠이요 曰信이요 曰愛요 曰濟요 曰禍요 曰福이요 曰報요 曰應이니 是爲參佺戒니라
誠者는 衷心之所發이며 血誠之所守니 有六體四十七用이요
信者는 天理之必合이며 人事之必成이니 有五團三十五部요
愛者는 慈心之自然이며 仁性之本質이니 有六範四十三圍요
濟者는 德之兼善이며 道之賴及이니 有四規三十二模요
禍者는 惡之所召니 有六條四十二目이요
福者는 善之餘慶이니 有六門四十五戶요
報者는 天神이 報惡人以禍하며 報善人以福하나니 有六階三十級이요
桓檀彙記

『참전계경』
1921년 정훈모에 의해 간행되었던 『성경팔리』는 1965년 이를 우연히 습득한 박노철에 의해 『단군예절교훈팔리삼백육십육사』로 출판되었고, 1971년에는 이유립이 『환단휘기』에 '참전계경'이라는 이름으로 수록했다. 1973년 강성모에 의해 주해되어 대종교총본사 명의로 『팔리훈(八理訓)』으로 간행되면서 다시 관심을 받았다. 대종교단에서는 1975년 교의회의 결정에 따라 『성경팔리』를 '참전계경'이라는 이름으로 공인해서, 1983년에 『대종교요감』에 경전으로 수록함으로써 『참전계경』이라는 이름으로 널리 알려졌다.

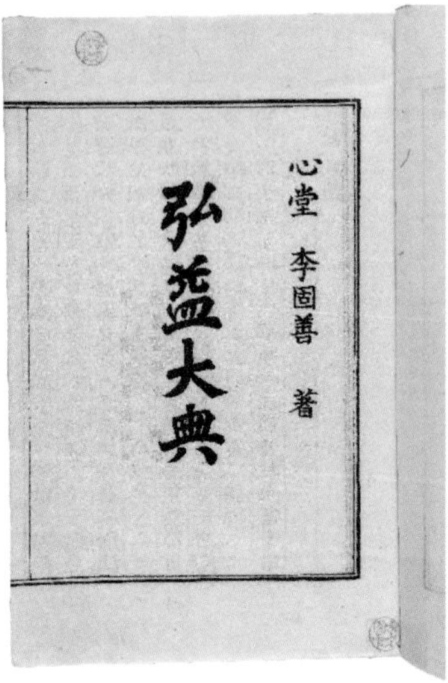

이고선의『홍익대전』

1952년 이고선(李固善)이 「천부경」을 중심으로 한 단군 사상을 해석한 책. 한문본. 단기 4285년 임진년의 어천절 무렵에 이고선은 사람들로 하여금 천부경에서 성명(性命)의 이치를 깨달아 증득케 하기 위해 이 글을 지었다고 밝혔다. 이고선,『弘益大典』, 无尤精舍, 1952.

김형탁의『단군철학석의』

1957년 김형탁(金泂鐸)이 지은 천부경 해설서. 순한문본으로 1975년 아들인 김종성에 의해 번역되었다. 이 책에 실린「천부경」은 조선 후기의 유학자인 기정진(奇正鎭, 1798~1876)으로부터 전해졌다고 주장했는데, '인중천지일(人中天地一)'이 '인중천중일(人中天中一)'로 되어 있는 등 몇 개의 글자가 다르다. 김형탁,『檀君哲學釋義』, 1957. 石版本.

『고금관아단심전』

1968년 한일대(韓一大)·최용(崔庸) 공저로 간행된 도교 경전 주해서. 1971년 등에도 간행되었는데, 황극경세, 황제치신경, 노자태상경, 기자경 등과 함께 단군천부경 해설이 수록되었다. 『古今觀我丹心典』, 선화인쇄, 1968.

개마서원 간행서

대야발, 『檀奇古史』, 개마서원, 1981.

김소남, 『진한국마한사』, 개마서원, 1981.

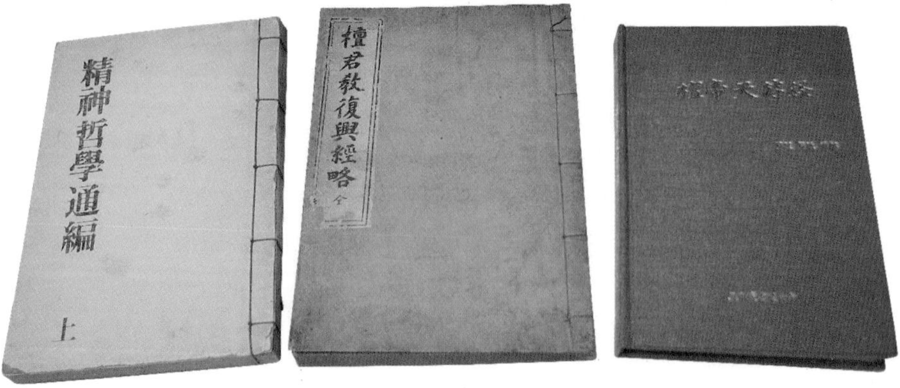

천부경 유불도 주석 3종

「천부경」 원문에 대해 유교, 불교, 도교의 입장에서 해석한 주해서 3종. 유교 주해로 1937년 『단군교부흥경략(檀君敎復興經略)』에 수록된 김영의의 「천부경주해」, 도교의 주해로 1920년 『정신철학통편』에 수록된 전병훈의 「천부경주해」, 그리고 불교의 주해로 1997년 각성의 『단제천부경』이다. 앞의 2종은 한문주석본이다.

『단군교화경』

동양삼진철학연구소 박봉령이 쓴 『단군교화경』. 천지인 삼재와 육판 등의 원리를 빌려서 천부경을 도해(圖解)하고 있다. 한문 필사본.

한국 선도서

단군을 우리 한국 선도의 조종으로서 소개하고 있는 『청학집』(운학선생사적) ·『해동이적』·『순오지』·『조선도교사』·『도덕연원』 등의 조선시대 저술을 현대에서 영인 혹은 재간행한 서적. 이중 김유동의 『도덕연원』은 일제강점기인 1922년도에 발간된 초간본이다.

고대역사서 3종

우리의 고대사를 수록한 한문 역사서 3종. 이기문 『벽암고사고』, 이고선 『심당전서』, 『홍사환은』의 영인 복사본. 이들은 모두 고대의 단군 왕조사를 서술하고 있는데, 단군 왕조를 각각 49세, 25세, 49세의 역사로 기록하고 있다.

『고조선·단군·부여 자료집』

2005년 고구려연구재단(현 동북아역사재단)에서 발행한 『고조선·단군·부여 자료집』 상중하 3종 세트. 전통시기 단군에 관한 국내 문헌을 거의 조사해서 한문 원문으로 수록했다.

2) 역사·철학

『단군신화의 신연구』

1947년 당시 초대 국립중앙박물관장이었던 김재원(1909~1990)이 쓴 『단군신화의 신연구』. 김재원은 일제강점기 독일에 유학해서 뮌헨대학에서 고고학박사학위를 받은 전문가로서, 이 책에서 중국 무씨사당에 있는 화상석에 우리 단군신화의 내용이 조각되어 있다고 해석했다. 김재원, 『檀君神話의 신연구』, 정음사, 1947.

『단기고사』 판본

『단기고사(檀奇古史)』는 발해를 건국한 대조영의 아우 대야발(大野勃)이 8세기경에 편찬했다고 전해지는 단군시대와 기자조선(奇子朝鮮)의 역사서이다. 『규원사화』에서 처음으로 언급되었던 47대의 역대 단군사를 부연해서 서술할 뿐만 아니라, 이와 별도로 42대 기자(奇子) 조선사를 실사(實史)로서 기술하고 있다.

구한말에 중국에서 발견되어 1907년에 간행되었다는 원문은 전해지지 않으며, 해방 후 김해암과 이관구가 1949년 조선복음사에서 발행한 판본·1950년 경찰교양협조회에서 발행한 판본·1959년에 정해백(鄭海珀)에 의해 출간된 국한문본이 있다. 근래에 와서 1983년에 복원된 한문본도 있고, 1984년에 유태우가 간행한 한글본 등도 전해진다. 1986년 한글 전용본이 출간되기도 했다.

단군사지

1950년대 단군사묘를 건립한 내력이나 취지 등을 담은 사지(祀誌) 계획안 및 기록물.

김정학, 『檀君奉安錄』, 檀君奉安會, 1953.

문기홍, 『국조단군지』, 檀君時報社, 1953.

단군전건립위원회 편, 『檀君史記抄要』, 해남인쇄소, 1959.

나홍찬, 『檀君聖殿誌 檀君聖典』, 단군성전보존회, 1999.(전북 고창 소재)

신시문화본부, 『단군성묘』 카탈로그.(충북 중원군 엄정면 용산리 소재)

국조단군성전건립위원회, 『국조단군성전 건립계획 개요』

최초의 천부경 한글 해석서

1953년 송옥근의 저술 2종과 1968년도에 나온 역학자 한규성의 「천부경」 주석서. 이들은 모두 역학에 의거해서 「천부경」을 우리말로 해석하고 있다. 송옥근의 『조경집』은 1953년 2월에 나온 「천부경」·『삼일신고』에 대한 최초의 한글해석본이고, 『천부경강술』은 1953년 3월에 나온 최초의 「천부경」 해설서이다. 한규성의 『천부경해론』은 정식으로 발행 시판된 최초의 천부경 해설서이다.

송옥근, 『조경집』, 1953. 필경. 비매품.

송옥근, 『천부경강술』, 1953. 필경. 비매품.

한규성, 『천부경해론』, 박문출판사, 1968.

「천부경」 번역 주해서

현대에 나온 천부경 번역 해설서. 대부분 1980년대 이후에 간행되었다.

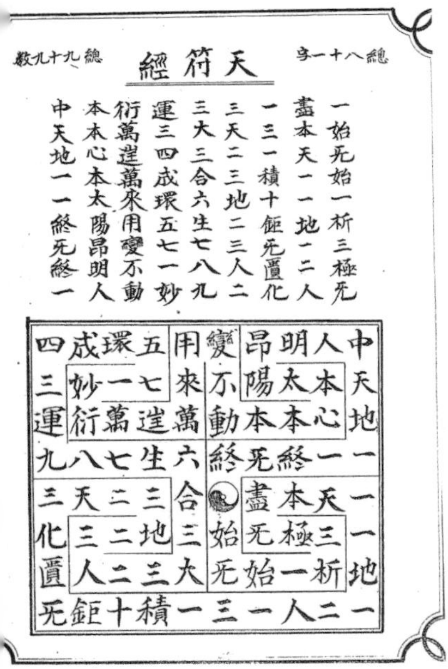

이달의 「천부경도」

1953년 야산 이달이 천부경의 이치를 역학적으로 해설한 책. 이달은 주역에 정통한 유학자로 명성을 떨쳤으며 「부인요의(符印要義)」, 「진단구변도(震檀九變圖)」, 「신지비사해(神誌祕詞解)」 등 주역철학을 빌려 단군사상을 해설하고 부연 발전시킨 학자로 당시의 학계에 커다란 영향을 미쳤다. 『야산선생문집』이 전한다. 이달, 『정곤의』, 1952. 프린트본. 이달, 『也山先生文集』, 여강출판사, 1989.

송영대의 『천을진경』

1970년 을산 송영대가 유불선 삼교의 사상을 요약한 책. 송영대는 이달에게서 주역 등 유학의 도를 배우고 월정사 방한암에게서 불학을, 백운산에서 송화산(宋化汕)에게서 선도를 공부한 뒤에 「천부경」에 대해 대도를 수련하는 법문(修煉大道法文)이며 천지 운행의 이치(大自然運行之理)라고 하면서 천부의 원리를 역학적으로 해석했다.

김석진의 『대산의 천부경』

2009년 주역학자 대산 김석진이 저술한 「천부경」 해설서. 그는 야산 이달에게 주역을 비롯한 유학을 배운 제자로 주역철학과 유학의 시각에서 「천부경」을 자세하게 풀이했다. 김석진, 『대산의 천부경』, 동방의빛, 2009.

이유립의 기타 저서

이유립의 저술들을 모아 집대성한 『대배달민족사』(6권)을 비롯해서, 이유립의 개인저술과 그가 설립한 단단학회에서 발간한 책자 일체.

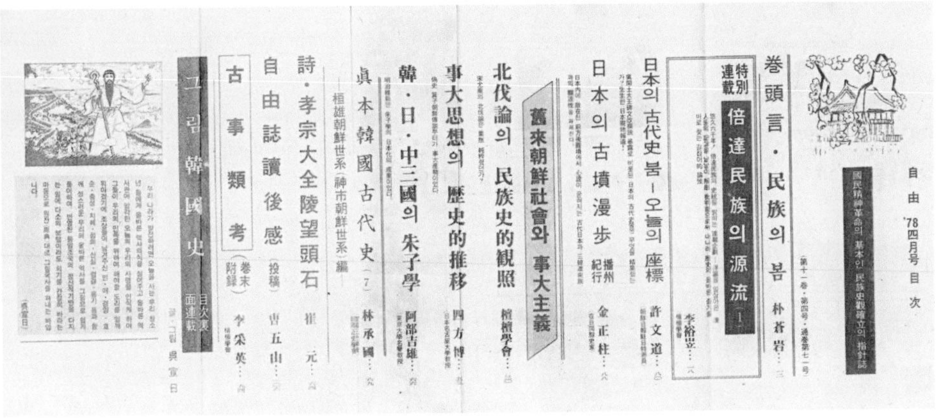

이유립 등의 단군 관련 논술을 게재한 월간지 『자유』

박창암(1923~2003)이 1968년 5월 창간한 잡지. 창간 때부터 민족사관을 제창하며 단군에 관한 많은 논술과 자료를 소개하였고, 1976년에는 이유립, 안호상 등과 함께 국사찾기협의회를 조직해서 역사 찾기 운동을 주도했다. (월간 『자유』, 1978년 4월호)

현진건의 『단군성적순례』

일제강점기의 문필가 현진건(玄鎭健, 1900~1943)이 쓴 단군의 유적 답사기를 그의 사후 1948년에 단행본으로 펴낸 책. 일제강점기 동아일보 사회부장이었던 현진건이 단군성적을 답사하는 특파원으로 1932년 7월 9일부터 23일까지 묘향산, 평양의 단군굴, 강동 대박산 단군릉, 황해도 구월산, 강화 마니산 등을 답사하고, 7월 29일부터 11월 9일까지 51회에 걸쳐 순례기를 연재했는데, 이를 모아 해방 후에 출간한 것이다.

이병도와 경성대학 국사

해방 직후에 발간된 경성대학(해방 후 경성제국대학의 개명, 서울대학의 전신)에서 발간한 국사 2종. 당시 이병도는 경성대학 역사학과에 재직 중이었으니, 경성대학에서 동시에 2종의 국사가 발행된 셈이다. 해방직후 일제의 식민사학을 극복하고 단군을 역사에 수용하려는 노력이 엿보인다. 이병도, 『국사대관』, 동지사, 1949. 京城大學 朝鮮史硏究會, 『朝鮮史槪說』, 弘文書館 1949.

정명악 연구서

1950년대부터 1980년대까지 고대사와 정치 경제 방면을 깊이 연구했던 정명악의 저술 3종. 정명악, 『生産論』, 國際語會出版部, 1955.
정명악, 『韓國全史』, 靜友社, 1966.
정명악, 『國史大全』, 光吾理解社, 1978.

최동 연구서

연세대 의대 교수로서 단군과 상고사 연구에 몰두했던 최동의 상고사 저술. 최동, 『조선상고민족사』, 인간사, 1988.

최인 연구서

강무학 연구서

문정창 연구서

문정창, 『일본상고사』, 백문당, 1970. 문정창, 『古朝鮮史研究』, 柏文當, 1969. 문정창, 『이병도저 한국고대사연구평』, 백문당, 1976.

윤치도 『민족정사』

尹致道, 『民族正史』,:大聖文化社, 1971

『단국총사』

1981년 김재환이 단군의 역사와 철학을 망라해서 쓴 총5권의 대작. 金在煥,『檀國總史 1~5卷』, 三一堂, 1981.

『대선천부경』

2009년 대선출판부에서 천부경을 중심으로 주역, 음양오행, 유불선을 망라해서 쓴 총5권의 대작. 대선출판부,『대선천부경』제1권~5권, 도서출판대선, 2009.

임균택의 『한경대전』

2002년 단군학계의 원로인 임균택 교수가 역사 철학사상, 문화 등의 방면을 종합하여 평생의 연구 결과를 9권 연작으로 집대성한 단군 연구의 총서. 개인연구로는 단군학 방면에서 최대의 작으로 기록된다. 임균택, 『한경대전』 1-9, 충효예출판사, 2002.

김상일의 『한철학』

종교철학자이자 목사인 김상일 교수의 저술. 김상일은 단군 사상을 현대철학의 시각에서 재해석하여 '한철학'으로 정립하였다. 김상일, 『인류문명의 기원과 한』, 상생출판, 2018. 김상일, 『한사상』, 온누리, 1992.

박성수의 『단군기행』

1988년 한국과 일본의 단군 관련 유적지를 답사해서 소개한 학술기행문. 2000년에는 『단군문화기행』으로 증보판을 발행했다. 박성수, 『檀君紀行』, 교문사, 1988. 박성수, 『단군문화기행』, 서원, 2000.

이상시의 『단군실사에 관한 문헌고증』

1987년 당시 변호사였던 이상시가 단군 역사에 관해 한국 중국의 역사서를 통해 고증한 역작과 2000년 개정판 및 동일 제목의 발표논문 원고. 이상시, 『단군실사에 관한 문헌고증』, 가나출판사, 1987. 이상시, 『단군실사에 관한 문헌연구』, 고려원, 1990.

서희건의 『잃어버린 역사를 찾아서』

신문기자였던 서희건이 단군의 역사에 관한 여러 자료를 찾아 정리한 3권의 대작. 서희건, 『잃어버린 역사를 찾아서』1~3, 고려원, 1986.

『규원사화』 번역서

1968년 신학균 번역의 『규원사화』(대동문화사)를 비롯한 번역본. 신학균은 같은 해에 「규원사화에 대하여」(『도서관』 통권 제130호, 국립중앙도서관, 1968)라는 논문을 발표하기도 했는데, 이는 『규원사화』의 가치를 세상에 널리 알린 계기가 되었다.

『참전계경』 번역서

최민자 주해, 『천부경: 삼일신고 참전계경』, 모시는 사람들, 2006. 윤경수, 단군예절교
366사와 홍익인간사상, 민속원, 2007. 최동환 해설, 참전계경, 지혜의 나무, 2007.

『환단고기』 번역서

서울대학교출판부 단군자료집

2001년 서울대학교출판부에서 펴낸 단군 자료집. 주로 연구논문들을 수록했다. 윤이흠 외, 『단군, 그 이해와 자료』, 서울대학교출판부, 2001.

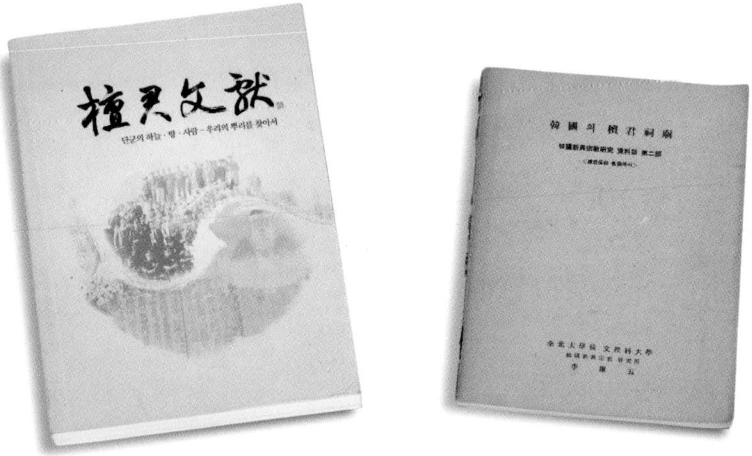

단군자료집 1

1970년 이강오의 『한국의 단군사묘』와 『단군문헌』(강화군, 2014) 전시회자료집. 이강오의 『한국의 단군사묘』는 최초의 단군사묘 조사 보고서이며, 이는 20년 뒤 이강오의 『한국신흥종교총감』(한국신흥종교연구소, 1992)에 보완 수록되었다.

단군자료집 2

(사)한국민족종교협의회에서 펴낸 단군자료 조사보고서 2종. 2016년에는 한국과 외국을 망라해서 단군에 관한 문헌기록을 수집 분류한『단군자료집성』이 나왔고, 2018년에는 단군 사묘와 영정 및 유적 유물 등의 현황을 조사한『단군사묘 및 유적 유물집성』이 나왔다.

현대의 단군 관련 학술서

단군을 인류학 철학 어원학 천문학 등의 방면에서 연구한 학술서 5종. 박용숙, 『지중해문명과 단군조선』, 집문당, 1996. 정호완, 『우리말로 본 단군신화』, 명문당, 1995. 박병섭, 『고조선을 딛고서 포스트 고조선으로』, 창과 거울, 2008. 노태돈, 『단군과 고조선사』, 사계절, 2000. 박창범, 『하늘에 새긴 우리역사』, 김영사, 2002.

단군 학술지

단군 관련 전공학자들의 학회인 단군학회에 펴낸『단군학연구』학술지와 한국의 대표적인 연구기관인 한국정신문화연구원(현 한국학중앙연구원)에서 간행한 학술지와 단군 관련 자료.

『한배달』, 『국학총서』, 『올소리』

(사)한배달의 『한배달』, (사)국학원의 『국학총서』, 국학연구소의 『올소리』 등 단군에 관한 연구논문을 게재하고 자료를 발굴해 온 대표적인 학술지 3종. 이외에도 수많은 학술지와 정기간행물 무크지 등이 있다.

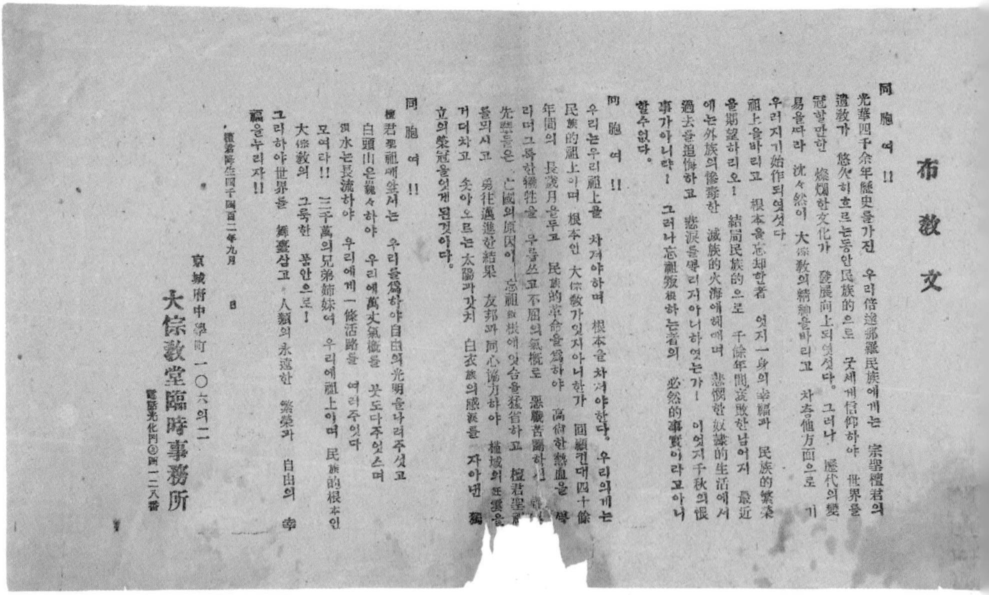

布敎文

同胞여!!

光華四千余年歷史를가진 우리倍達那羅民族에게는 宗聖檀君의遺敎가 悠久히흐르는동안民族的으로 굿세게信仰하야 世界를冠할만한 燦爛한文化가 發展向上되엿섯다。 그러나 歷代의變易을따라 沈々然이 大倧敎의精神을바리고 차츰他方面으로 기우러지기始作되엿섯다

祖上을바리고 根本을忘却한者 엇지一身의幸福과 民族的繁榮을期望하리오! 結局民族的으로 千餘年間衰敗한남어지 最近에는外族의慘毒한 滅族的火海에헤매며 悲慘한奴隷的生活에서過去를追悔하고 悲淚를뿌리지아니하엿는가! 이엇지千秋의恨事가아니랴! 그러나忘祖叛根하는者의 必然的事實이라고아니할수없다。

同胞여!!

우리는우리祖上을 차저야하며 根本을차저야한다。 우리의게는民族的祖上이며 根本인 大倧敎가잇지아니한가 回顧컨대四十餘年間의 長歲月을두고 民族的革命을爲하야 高尙한熱血을뿌리며그륵한犧牲을 무릅쓰고不屈의氣槪로 惡戰苦鬪하신 [illegible] 先烈들은 亡國의原因이 忘祖叛根에잇슴을猛省하고 檀君聖[illegible]를뫼시고 勇往邁進한結果 友邦과同心協力하야 槿域의光復을거더차고 솟아오르는太陽과갓치 白衣族의感淚를 자아낸 獨立의榮冠을엇게된것이다。

同胞여!!

檀君聖祖께옵서는 우리를爲하야自由의光明을나려주섯고 白頭山은巍々하야 우리에萬丈氣槪를 붓도다주엇스며 鴨水는長流하야 우리에게一條活路를 여러주엇다 모여라!! 三千萬의兄弟姉妹여 우리에祖上이며 民族的根本인 大倧敎의 그륵한 품안으로! 그리하야世界를 舞臺삼고 人類의永遠한 繁榮과 自由의幸福을누리자!!

檀君降生四千四百二年九月 日

京城府中學町一〇六의二

大倧敎堂臨時事務所

電話光化門②四一二八番

대종교「포교문」

단군 강생(降生) 4402년 9월 경성부 중학정(中學町) 대종교당임시사무소에서 발행된 대종교 포교문. 우리 배달민족의 뿌리를 찾아서, 앞으로 인류의 번영과 미래의 행복을 누리자고 호소하며 대종교를 알리는 전단지. 개천연호를 쓰지 않고 단기를 사용하고 있으며, 광복 직후 보름이 지난 뒤인 1945년 9월에 인쇄된 것으로 해방 후에 발행한 문서 중에서는 가장 이른 것으로 보인다.

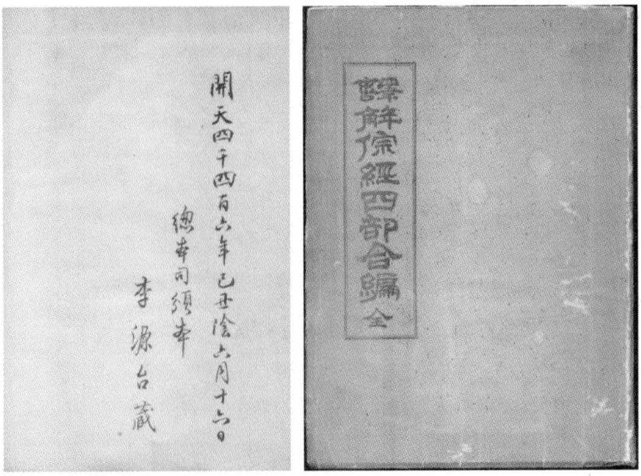

『역해종경사부합편』

1949년 대종교총본사에서 『삼일신고』, 『신리대전』, 『신사기』, 『회삼경』을 번역해서 합편 발간한 교리서. 이 책은 대종교지도자 이원태(1899~1964)의 소장 서명이 있다. 그는 퇴계의 14세손으로 만주에 가서 제2대 도사교(都司教) 김교헌을 종사했으며 신흥무관학교의 교재편수위원을 맡아 『배달족강역형세도(倍達族疆域形勢圖)』를 저술하였다. 이외에 천도교 교리를 연구한 『구극편(究極篇)』 등이 있으며 그의 문집 『원대유고(圓臺遺稿)』가 전한다.

鄭烈模 編, 『譯解倧經四部合編』, 大倧教總本局, 1949.

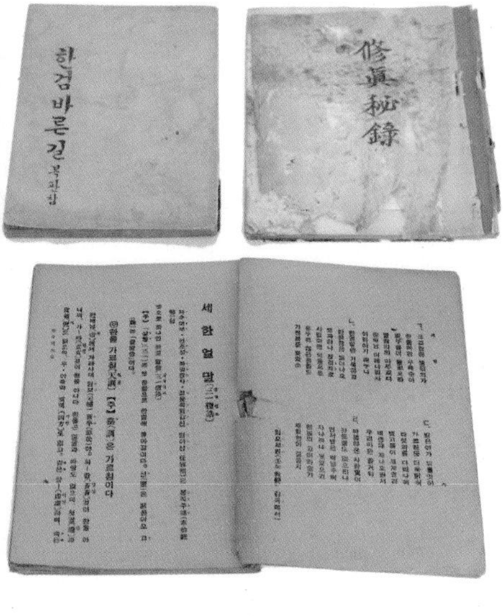

대종교 윤세복과 이용태 저술

대종교의 3대 도사교 윤세복(尹世復, 1881~1960)과, 대종교 지도자 이용태(李容兌, 1890~1966)의 저술 2종. 『한검 바른길』은 임오교변으로 윤세복이 목단강형무소에 수감 중일 때 『삼일신고』를 순 우리말로 주해한 것을 1948년 간행했고, 『수진비록』은 1960년 이용태가 『삼일신고』와 윤세복의 삼법 수행사상을 이어 우리 고유의 수련법을 체계화해서 우리말로 저술한 저작이다. 모두 민족정신을 불러일으키기 위해 순수한 우리말로 저술했다.

이용태 문집

1997년 대종교 지도자 이용태의 후손에 의해 발간된 『단암이용태선생문고』. 천부경 주해를 비롯한 많은 자료가 수록되어 있다. 『단암이용태선생문고』, 박달재수련원, 1997.

대종교 간행 자료1

해방 후 대종교총본사와 남도본사에서 간행한 자료.

대종교 간행 자료 2

해방 후 대종교총본사와 남도본사에서 간행한 자료.

대종교 및 단군교 관련 연구서

최근에 발간된 대종교 및 단군교 관련 연구서 4종.

단군 관련 종교교리서

단군과 관련된 종교 경전 및 교리서.

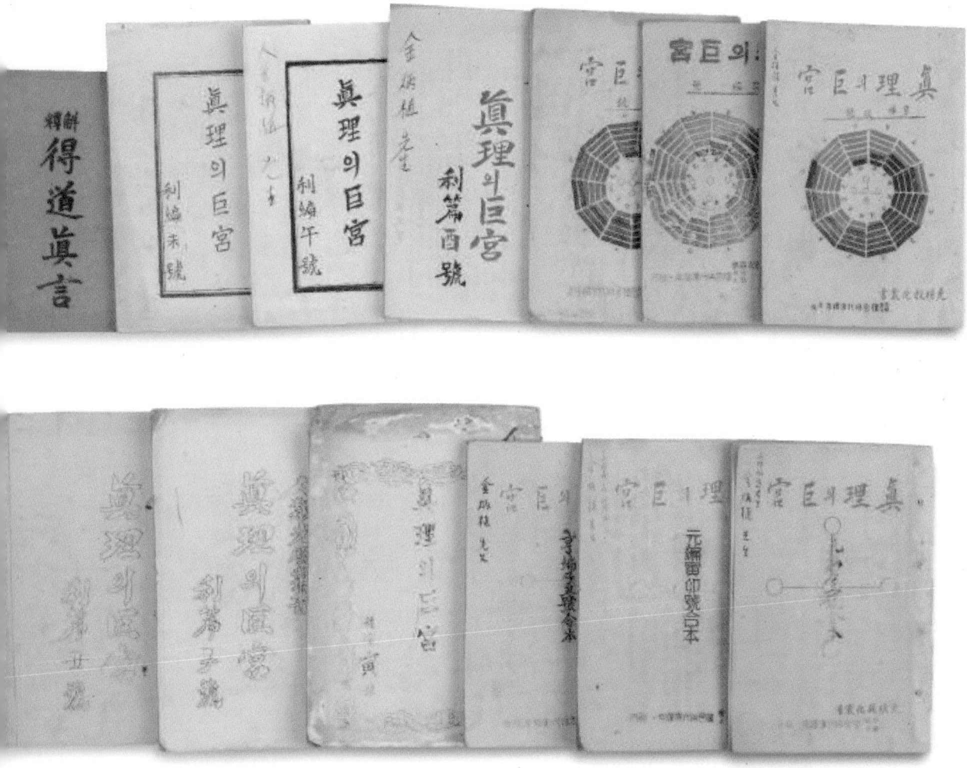

『진리의 거궁』

대전의 단군시대연역서에서 간행된 단군 관련 연구 간행물.

단군 숭봉단체 간행물

1970년대, 1980년대 초기 단군 숭봉단체에서 발간한 정기간행물 및 자료집.

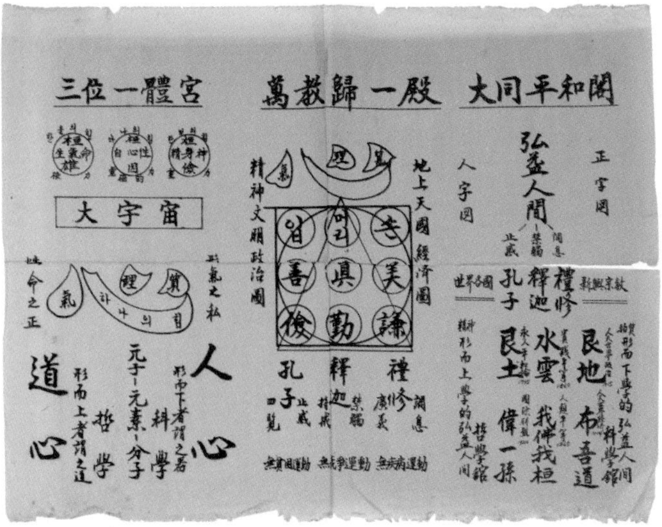

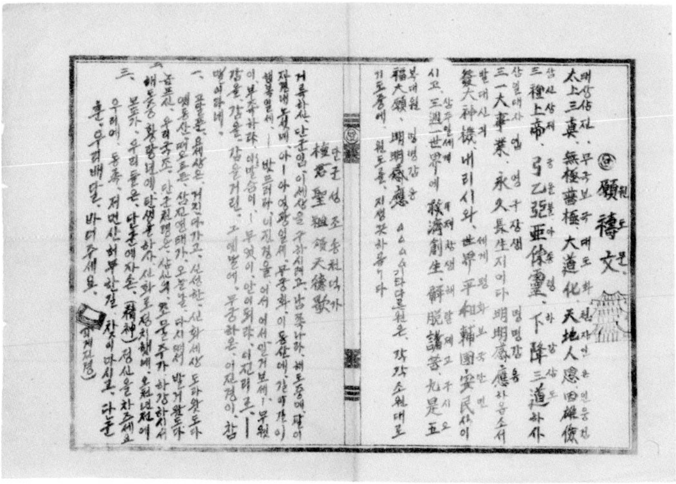

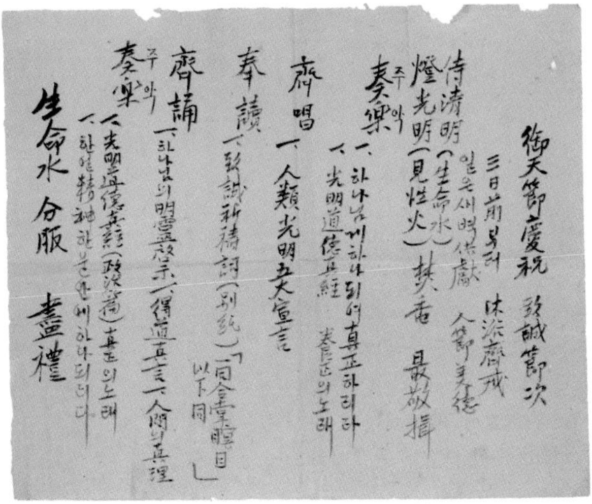

단군 관련 자료 3종
공자 석가 예수 단군 합일 사상, 단군 기도문 송덕가, 어천절 치성문

단군 관련 기독교 서적

단군과 예수가 펼친 가르침을 비교한 기독교 관련 책. (최동환, 단군과 예수의 대화, 지혜의 나무, 2010)

단군 비판서

단군의 역사를 비판한 책 2종. 왼쪽은 김성호, 『단군과 고구려가 죽어야 민족사가 산다』, 월간조선사, 2002이고, 오른쪽은 송호정, 『단군, 만들어진 신화』, 산처럼, 2004이다.

명동학교 교가

항일 민족 운동의 요람 기독교 계열 명동학교 교가

찬송가 '피난처 있으니 환난을 당한 자 이리 오자'의 곡조에 가사를 붙여 교가를 불렀다는 김신묵 씨(문익환 목사의 모친)의 증언에 따라 민경찬 한국예술종합학교 음악원 교수가 복원한 기독교 계열 사립학교 명동학교 교가.

흰 뫼가 우뚝코 은택이 호대한 한배검이 깃치신
이 터에 그 씨와 크신 뜻 넓히고 기르는 나의 명동
웅장한 조상 피 이속에 흐르니 아무런 일 겁낼 것 없구나
정신은 자유요 의기가 용감한 나의 명동

이 학교에서 공부한 윤동주 시인과 문익환 목사가 불렀던 교가이며(한겨레신문 인용, 2013년 4월 25일), 일제에 항거해 독립운동을 전개하던 수많은 기독교인들은 품에 국조 단군 영정을 품고 단군의 얼을 강조하며 독립운동을 이끌었다.(이승만의 어천절 송축사, 독립신문 1921년 4월 30일자 및 안창호의 개천절 축사 독립신문 1921년 11월 11일자 참조)

檀 君 節

| 5 5 5 6 | 3 3.2 3 | 5 5 5 6 | 3 — 0 |

(一) 굿은마음 한갈갓흔 各方사람 이—
(二) 쯔닝업난 어진바람 四海에불 고—
(三) 힘쎳誠쎳 正義爲해 活動하야 서—
(四) 大王業의 압헤나와 恭遜히업 데—

| 5 5 5 6 | 3 3 2 1 | 2 2 2 3 | 1 — 0 |

우리禦祖 크신빗헤 모여드러 서—
녹지안난 은혜이슬 八域이밧 아—
피로움에 싸셔잇난 萬邦사람 을—
어린아해 마음으로 精誠드려 서—

| 6 6 6 1 | 2 2 2 1 | 6 6 6 5 | 6 — 0 |

아모거나 갓히하자 盟誓하던 날—
永遠히큰 참福樂이 普遍하던 날—
전져내여 함세살기 經綸하던 날—
처음으로 하날길을 開拓하던 날—

| 1 1 1 2 | 6 6.5 3 | 2 2 3 2 | 1 — 0 |

깃븜으로 노래하야 頌祝합시 다—
깃븜으로 노래하야 頌祝합시 다—
깃븜으로 노래하야 頌祝합시 다—
깃븜으로 노래하야 頌祝합시 다—

少年 2권10호 1909·11 一 檀君節

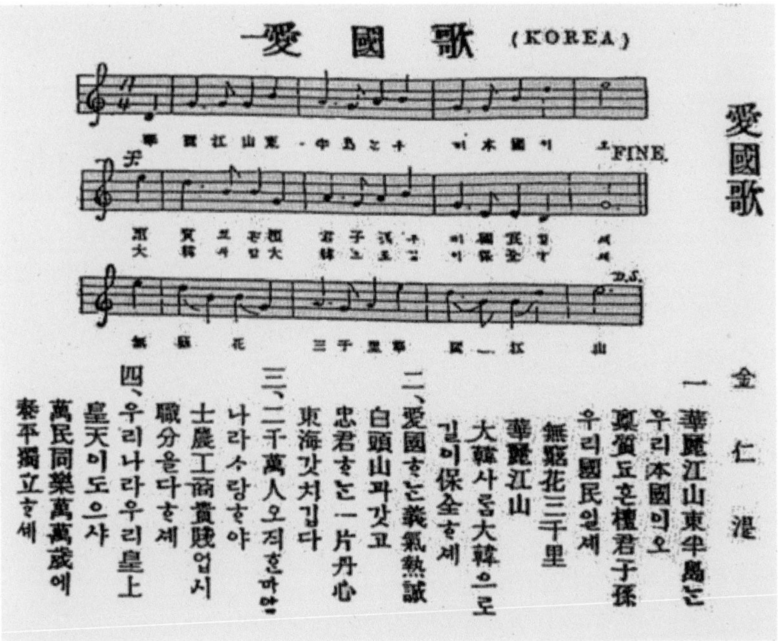

단군 노래 2수

단군절 노래는 11월 1일에 부르는 노래로, 악보는 『소년』 2권10호(1909년 11월)에 발표되었다. 일제강점기 초기에 만주의 민족학교를 통해서도 널리 보급되었다.

애국가는 우리나라 최초의 작곡가 김인식이 보성중학교 동창회 잡지인 「보중친목회보」 1호(1910년 6월)에 발표했다. 김인식이 스코틀랜드 민요로서 기독교에서 찬송가로 불렸던 '올드 랭 사인'에 작사를 붙인 것인데, 후렴이 현행의 애국가와 같은 부분이 있어서 현행 애국가의 작사자라는 설도 있다. 이 노래는 신흥무관학교의 '애국가'로 불렸다. (사진과 글은 민경찬 교수 제공)

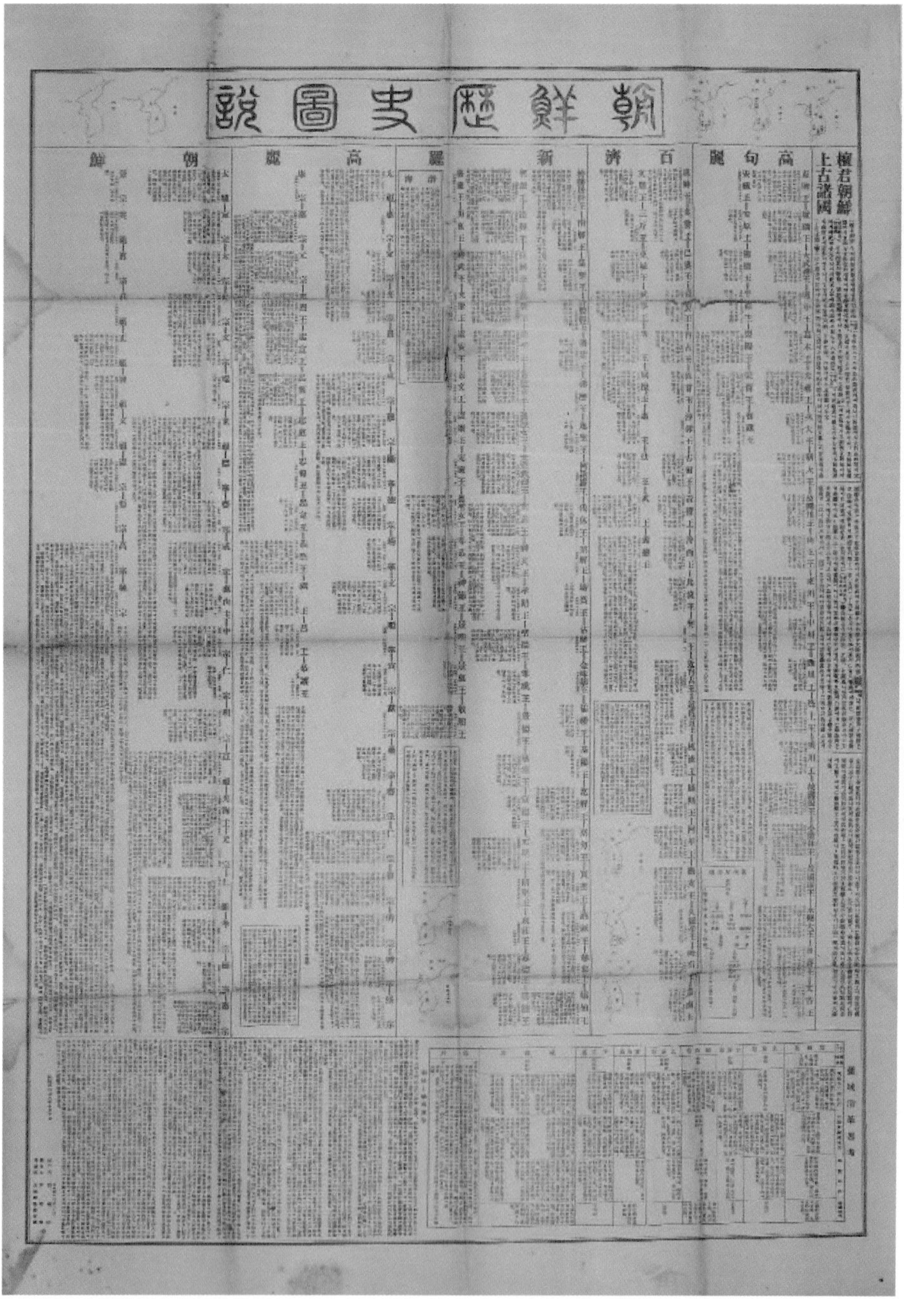

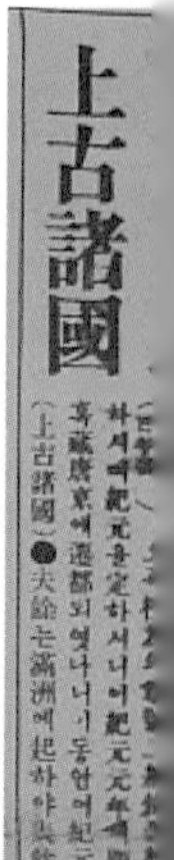

「조선역사도설」

해방된 해인 1945년 10월 10일 발행된 「조선역사도설」. 맨앞에 단군에 관해 상세한 설명이 있다. 76×109㎝ 종이에 인쇄. (계명사 발행)

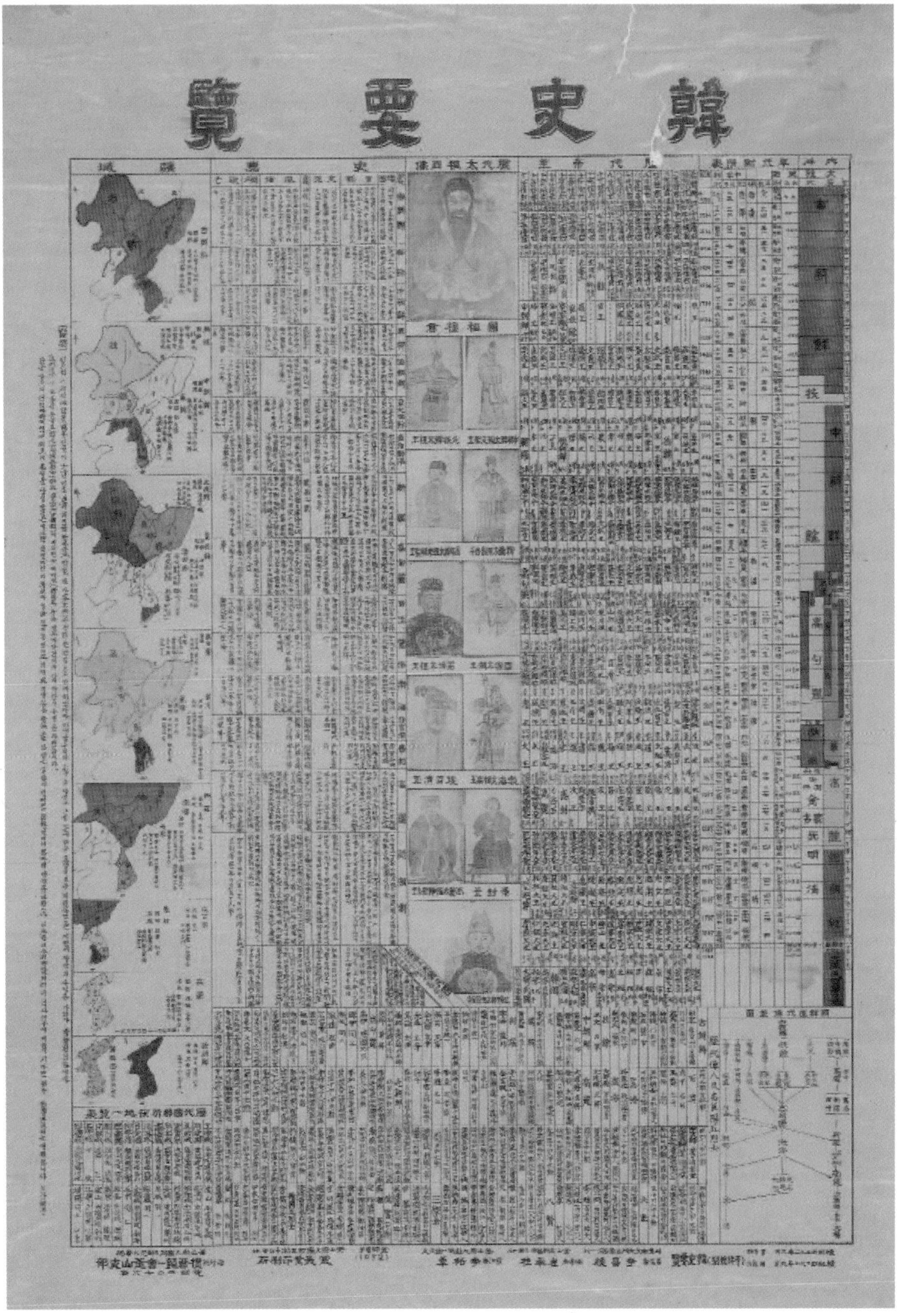

「한사요람」

1949년 단군귀일회(檀君歸一會) 부산지부에서 만든 한국사의 제왕과 중요 사건 및 위인들을 기록한 도표. 각 중심에는 단군을 필두로 각 왕조의 건국주 초상들을 수록했고, 각 왕조의 영토를 표시한 지도를 실었다.

「역대건국왕 위인 명현 초상」

역대 우리나라의 건국시조와 위인 및 명현을 담은 역사도표. 단군을 중심으로 60여 명의 위인 초상을 담았다. 39×52.5㎝ 종이에 인쇄. (서울 숭의사 발행)

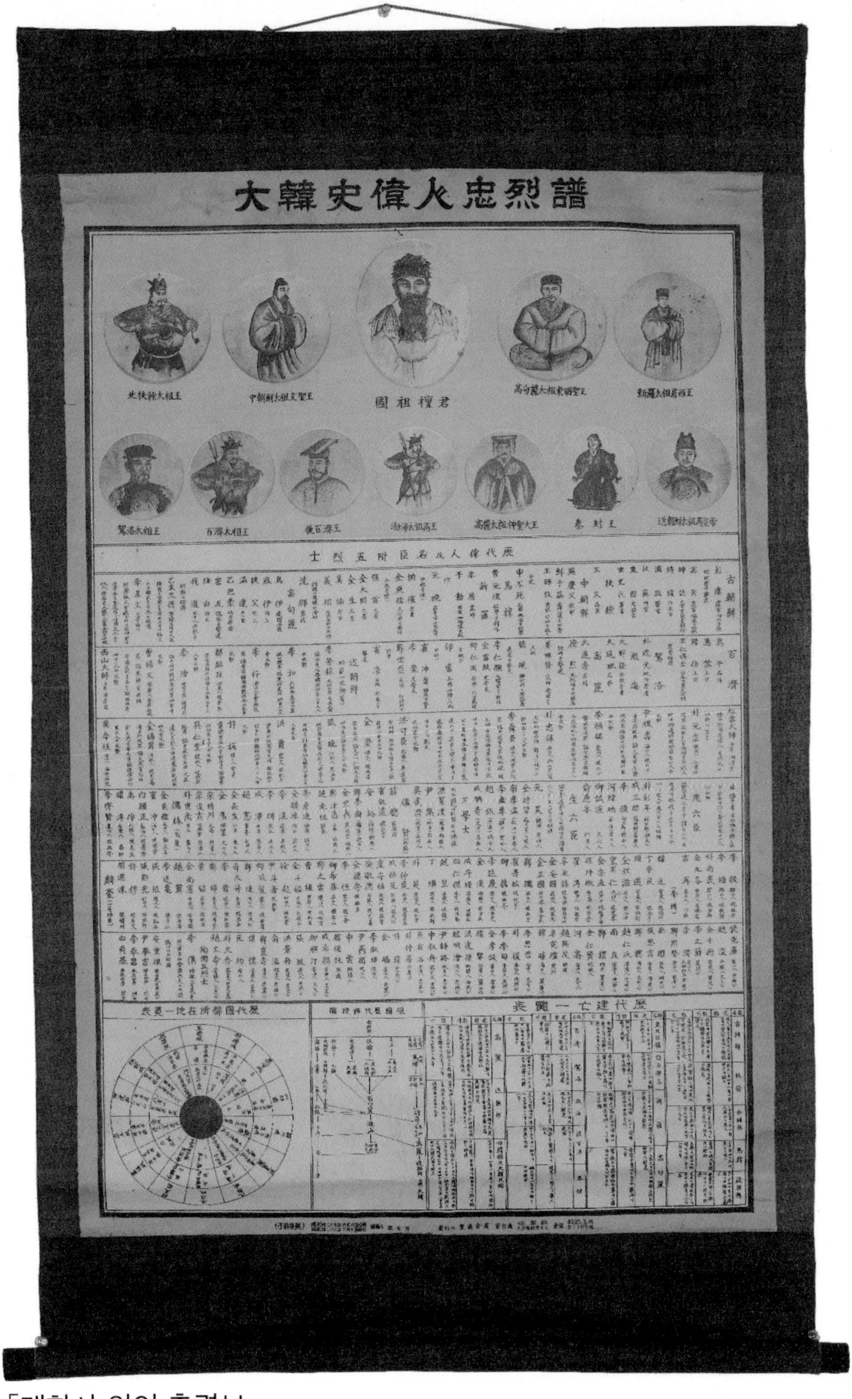

「대한사 위인 충렬보」

단군을 중심으로 12명의 건국시조 초상과 함께 각 왕조별로 300여 명의 위인들의 명단을 기록해서 족자 형태로 만든 도표. 58×86㎝ 1954년 종이에 인쇄. (조국사 발행)

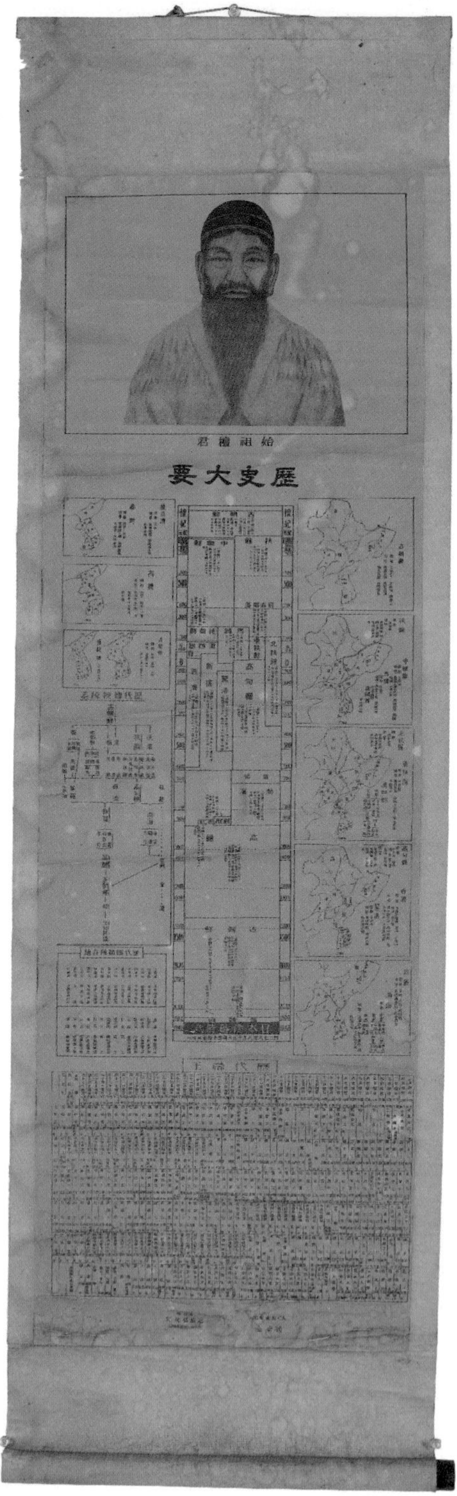

「역사대요」

단군을 전면에 내세운 우리 나라 역사도표. 족자 형태로 되어 있다. 33.5×99㎝ 종이에 인쇄. (문화홍보사 발행)

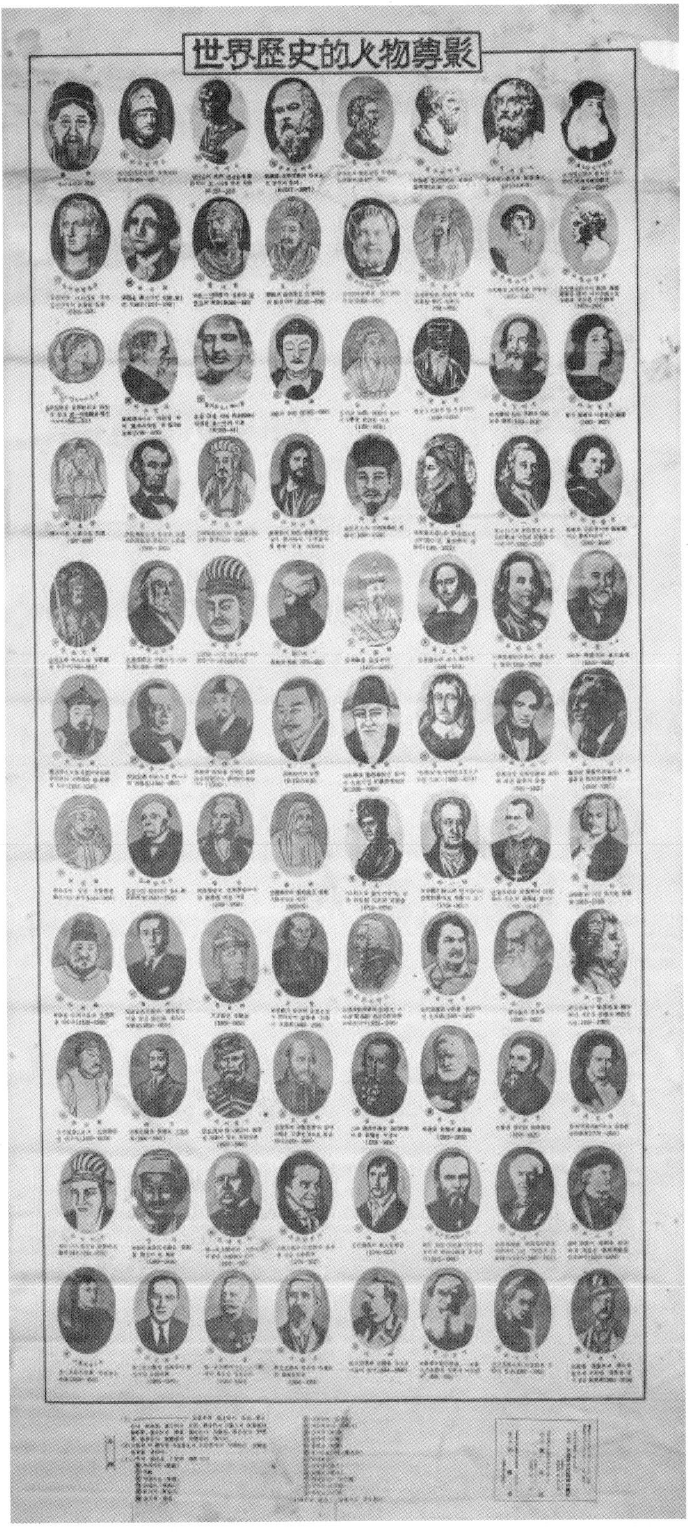

「세계역사적인물 존영」
세계의 위인들 맨 첫머리에 단군 초상을 두어서, 세계의 으뜸 성인임을 과시하고 있다. 한국전쟁 중인 1952년 대구에서 발행. (육생사 발행)

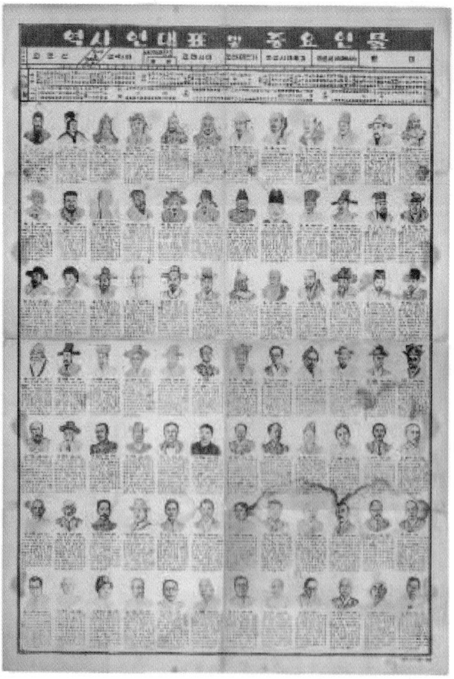

「역대중요인물」 3점

단군을 위시로 우리나라의 역대 위인들의 존영을 인쇄한 도표. 1952년부터 여러 차례 발행되었다. (오른쪽 위는 경화사 발행, 1985년, 왼쪽 아래는 한국교육문화사 발행)

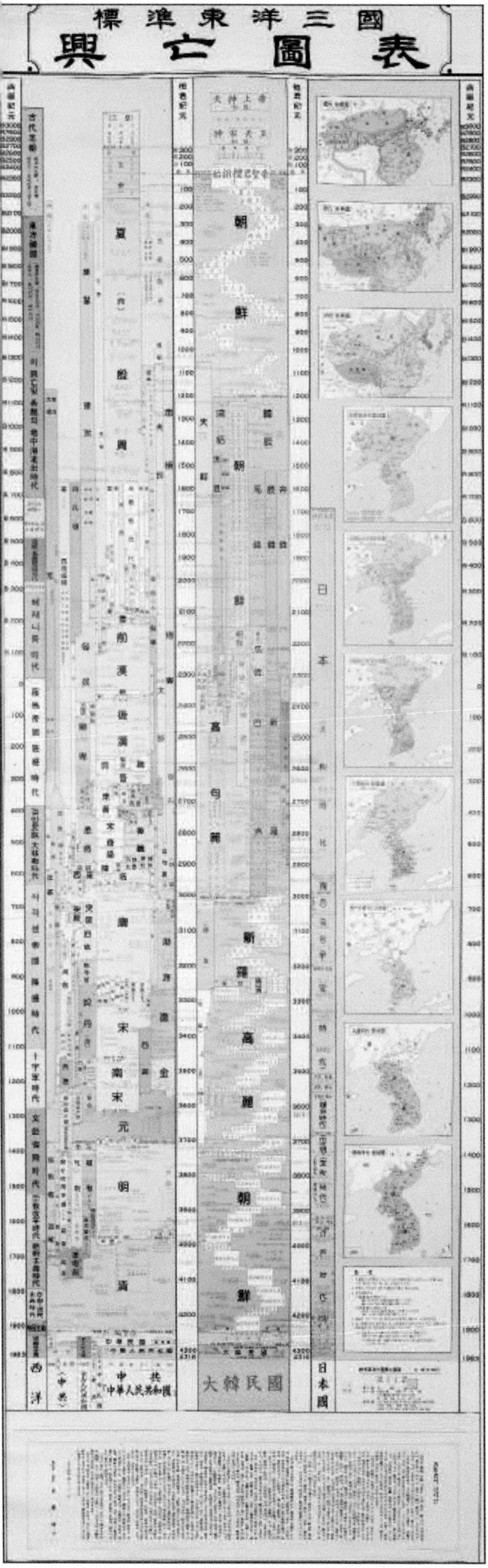

「표준동양삼국흥망도표」
1984년 이상시에 의해 작성된 세계연대표. 작자는 1987년 『단군실사에 관한 문헌고증』을 발간했다. 저술을 하면서 단군기원을 중심으로 서력을 참조하는 방식으로 세계 역사를 재조정한 연대표를 출간했다. (일신사 발행, 1984년)

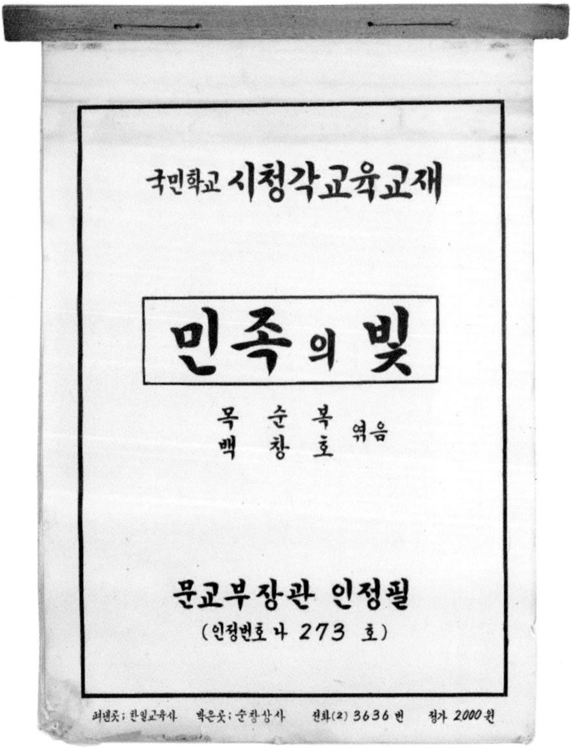

단군 괘도

1970년대 학교에서 사용하던 교육용 괘도. (한일교육사 발행)

3) 문학·예술

단군 시집 7종

단군을 주제로 전통의 한시집 5종과 한글로 쓴 현대 시집 2종. 『檀君景慕詩集 第一卷』(檀君景慕會, 1954)을 위시한 한시집 5종, 이화여자대학교 국문과 교수인 이남덕의 서사시 「단군탄생」(1971)을 위시한 한글 시집 2종.

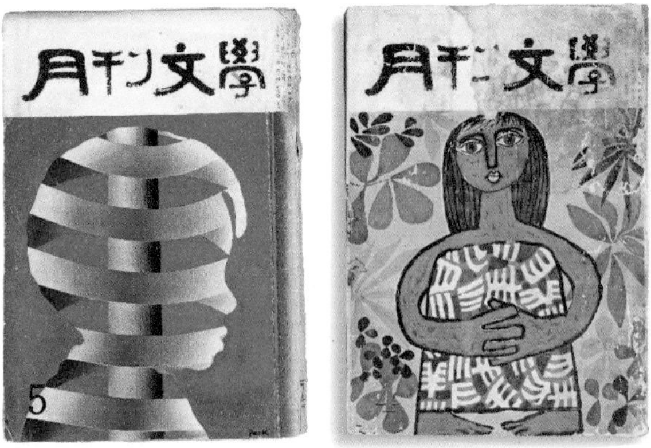

구상의 시나리오 「단군」이 실린 『월간 문학』

1969년에 발표한 시인 구상(1919~2004)의 시나리오 「단군」. 구상은 독실한 가톨릭신자로서, 단군을 주제로 한 희곡을 써서 『월간 문학』에 3회에 걸쳐 연재했다. 『월간문학』 1969년 4월, 5월, 6월호, 월간문학사, 1969.

소설 『단군 조선』

박광호의 소설. 박광호, 『소설 단군조선』 1·2·3, 삼한출판사, 1986.

소설『단군』

김태영이『문화일보』에 연재했던 소설. 김태영은『소설 한단고기』(유림출판사, 1992)도 발표했다. 김태영,『소설 단군』1-5, 유림, 1995.

박기당 단군 극화

만화가 박기당 화백이 그린 단군 극화. 박기당 글 그림,『처음 나라를 세우다 – 단군왕검』, 글동산, 1980.

김산호의 『대쥬신제국사』

만화가 김산호 화백의 극화. 김산호, 『대쥬신제국사』1-3, 동아출판사, 1994.

극화 및 그림 동화

만화로 그린 단군전 및 그림으로 엮은 동화. 한재규 교수의 『만화 한단고기』 1·2·3(북캠프, 2003), 현정회 이사장을 지낸 이항녕 교수의 『우리의 조상』(계몽사, 1980) 등 13종.

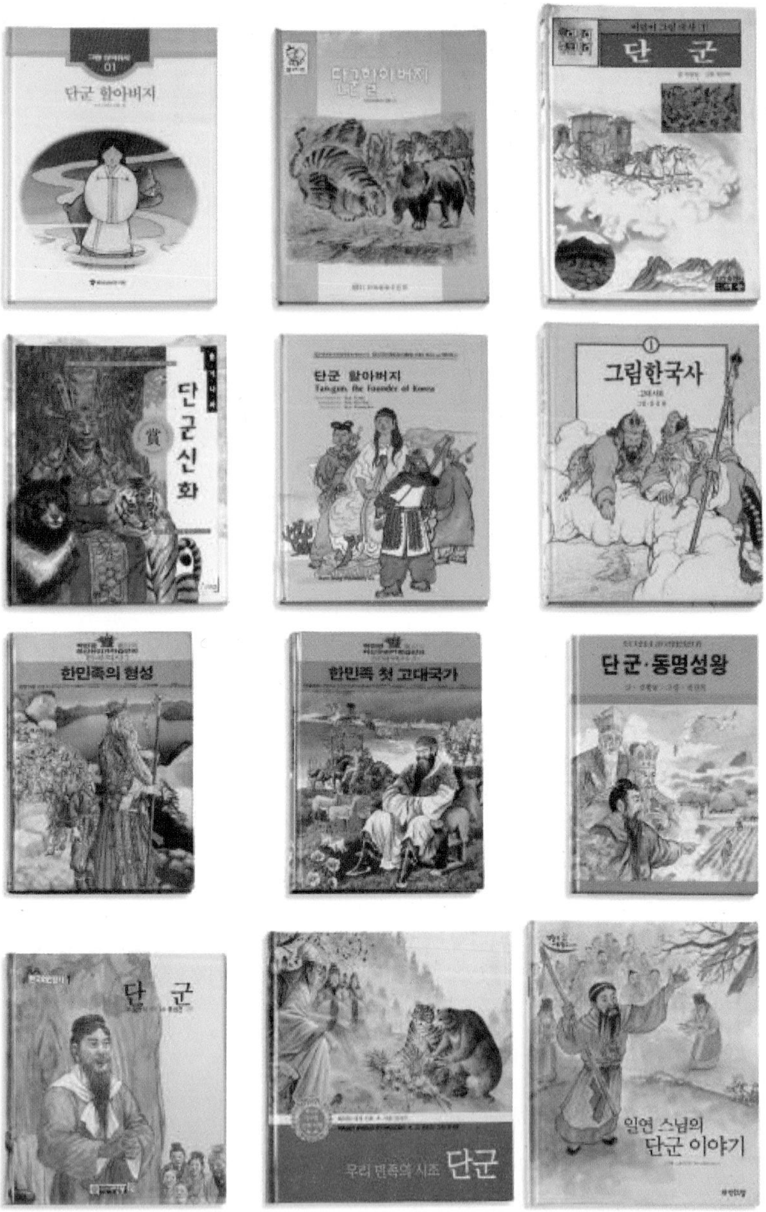

그림 역사서

초등학생을 위해 그림으로 그려진 단군 및 고대역사서. 위인전이나 한국사 전집의 시리즈로 제작된 책들이다. 김용환 그림, 『그림한국사1 고대사회』(계몽사, 1988) 등 12종.

김영동 창작국악 「단군신화」 음반

국악작곡가 김영동이 단군신화를 주제로 작곡한 음반. 〈김영동 작품집 매굿 단군신화〉, 서울음반, 2000.

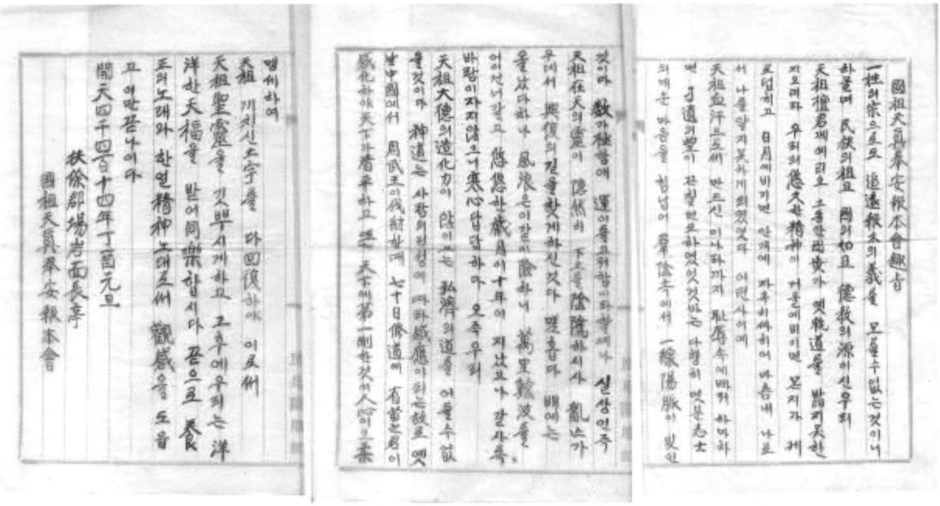

國祖天眞奉安報本會趣旨

開天四千四百十四年丁酉元旦

扶餘郡場岩面長亭

國祖天眞奉安報本會

부여 국조천진봉안회 취지서 원고

신시개천 4414년(1957년) 부여 장암의 단군전에서 단군 영정을 봉안하는 취지서. 1949년 독립운동가이자 대종교 지도자 강우(姜虞, 1862~1932)의 애국활동에 감화를 받은 주민들이 강우의 뜻을 받들어 단군전을 짓자는 발의를 하였고, 강우의 아들 강진구(姜鎭求, 1884~1957)를 위시한 강씨 문중이 호응하여 1949년 10월 3일 천조궁(天祖宮)을 건립하였다. 이 취지서는 1920년경부터 강우가 보관해 오던 대종교 단군 천진(天眞)을 모시는 행사에서 사용된 것으로 추정된다.

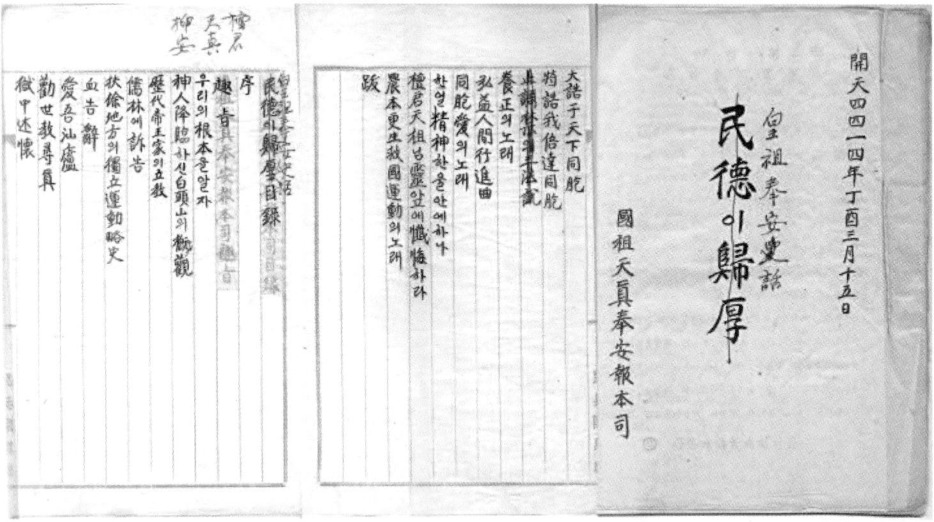

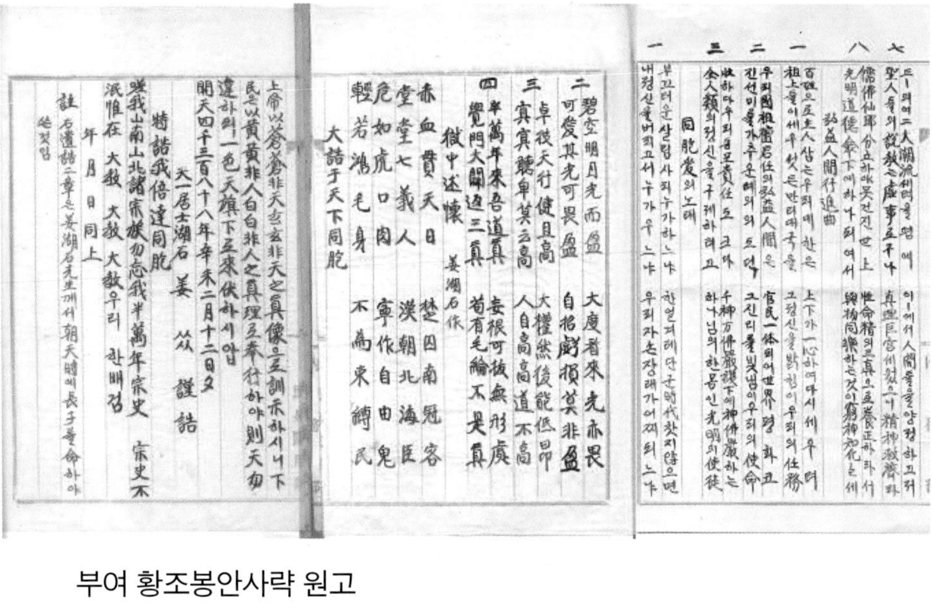

부여 황조봉안사략 원고

신시개천 4414년(1957년) 부여 장암의 단군전에서 단군 영정 봉안의 내력과 역사를 기록한 글. 대종교 지도자 강우(姜虞)가 지은 '홍익인간 행진곡', '동포애의 노래', 옥중에서 지은 오언시 및 1931년에 남긴 유언 등이 수록되어 있어서 귀중한 자료이다.

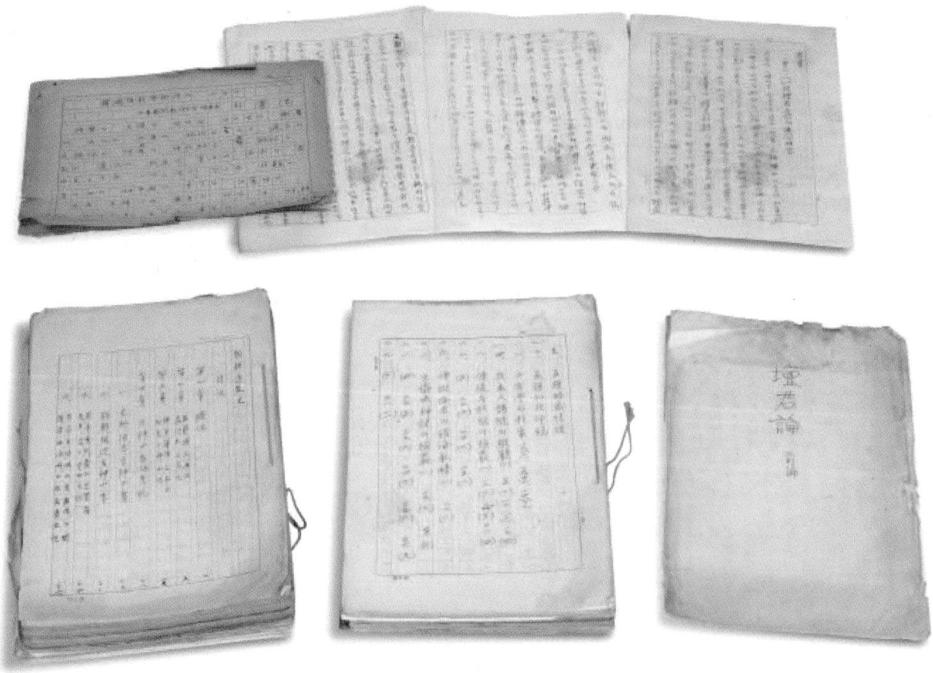

박관수 단군론 원고

박관수(朴寬洙, 1897~1980)가 쓴 단군론 원고. 박관수는 1922년 일본 도쿄[東京]제국대학 철학과를 수료하고 대전고등학교 교장, 한양대학교 교수를 한 뒤에 교직을 떠나 1965년 단군정신선양회장, 1969년 공산권문제연구소 이사장 등을 역임했다.

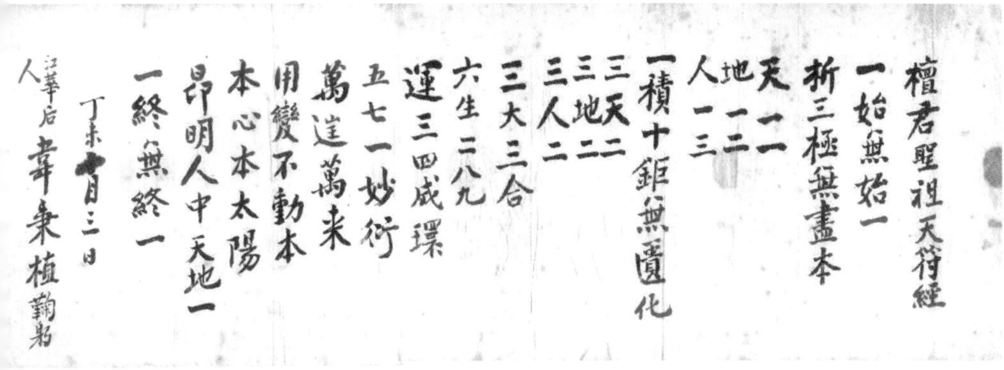

위병식 「천부경 휘호」

위병식(韋秉植, 1886~1972)이 1963년에 쓴 「천부경」 원문. 위병식은 평남 평원군 영유면 월정리 출신으로, 선도에 관심을 갖고 양기탁과 함께 통천교를 창교하기도 했다. 한의원을 경영하며 일제강점기 항일단체 광복회에 관여했다. 광복 후 백범 김구와 교유하면서 사학연구협회 부회장을 지내고, 신민당 창당에도 참여했다. 1917년 가을 김좌진과 함께 만주 봉천(奉天)에 있을 때 위병식이 지었다고 하는 시 한 수가 전한다.

> 관산에 달은 뜨고 바람은 칼끝에 거센데(刀頭風勁關山月)
> 칼끝에 내린 찬서리에 고국이 그리워지는구나(劍末霜寒故國心)
> 무궁화 삼천리 땅에 왜놈들이 웬일인가(三千槿域倭何事)
> 더러운 티끌들을 싹 쓸어 버리리라(不斷腥塵一掃尋)

크기는 16.5×51.5㎝, 한지.

지성채「신선도」

지성채가 그린「신선도」. 지성채는 1946년에 단군 영정을 그려서 대종교 총본사에 봉안한 화가이며, 1910년 단군 영정을 그린 지운영의 아들이기도 하다. 지성채의 영정은 1949년 국회의 동의를 받아 대한민국 국조성상 표준본으로 공인되었다. 이 그림은 동진의 시인 도연명을 그린 신선도 중의 한 폭으로 지성채가 그린 단군 영정의 상호와 유사하다.

크기는 32.5×125㎝ 한지.

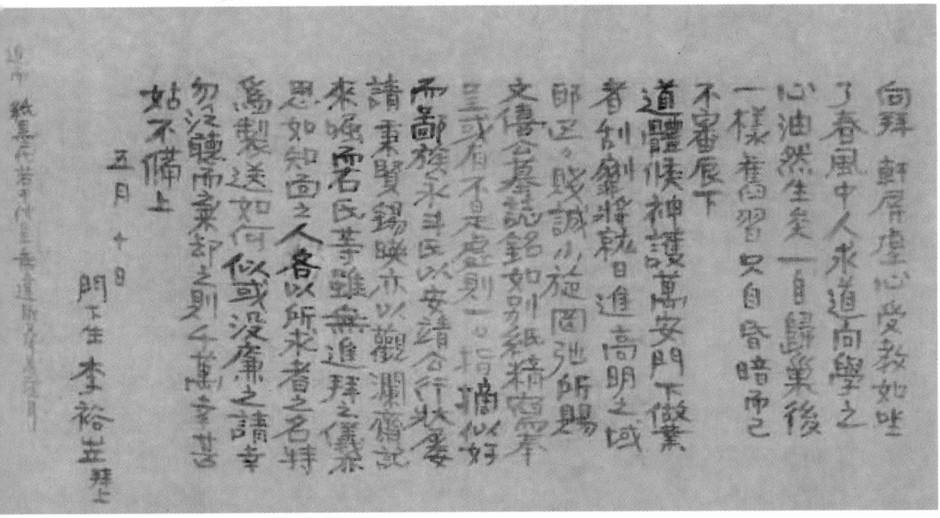

이유립 간찰

『환단고기』를 세상에 전한 이유립의 친필 간찰. 21×41cm, 종이.

박창암 휘호

장성(將星) 출신 박창암(1923~2003)이 기업인에게 우리 민족성의 복원에 앞장서 줄 것을 부탁한 내용의 서예 작품. 그는 1968년부터 『자유』지를 간행하여 단군 역사에 관한 많은 자료를 소개하면서, 1976년에는 이유립, 안호상 등과 함께 국사찾기협의회를 조직해서 역사 찾기 운동을 주도했다.

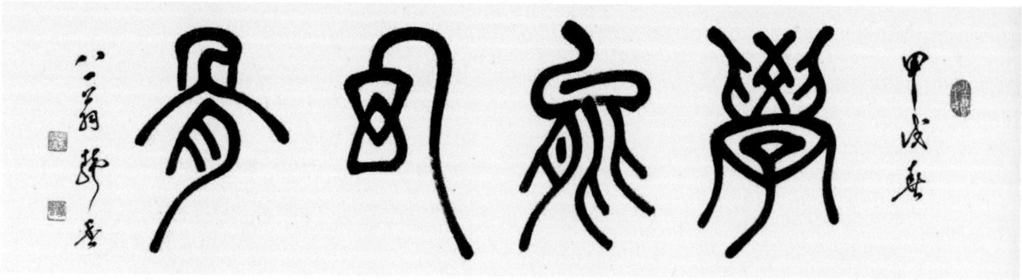

조병호 휘호

유학자이자 대전 단묘(檀廟)의 설립자인 조병호(趙炳鎬, 1914~2005)의 서예작품. 그는 한학자이자 서예가로서 여러 제자를 기르기도 했다.

정재현 홍익인간

목포의 무도인 각암 정재현(1891~1993)이 쓴 홍익인간 2폭 병풍. 신필(神筆)로 불렸던 독특한 서체를 보여 준다.

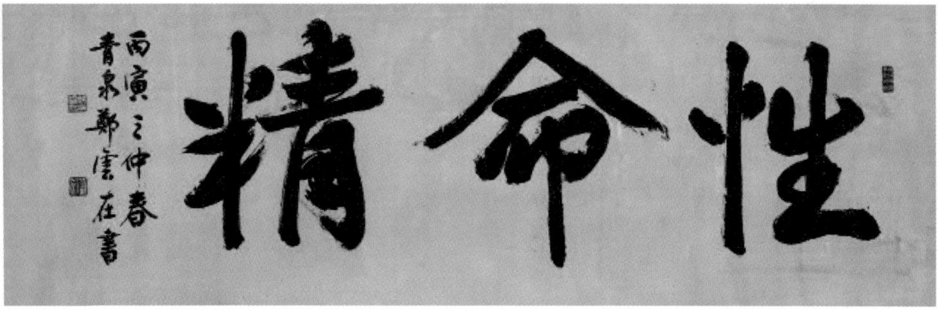

정운재의 「성명정 휘호」

부산에서 활동하는 서예가 청천 정운재(1934~)가 대자로 쓴 성(性)·명(命)·정(精) 휘호. 성명정은 『삼일신고』에 나오는 삼진(三眞)을 말하며, 2m가 넘는 보기 드문 대작이다. 69×218㎝, 한지.

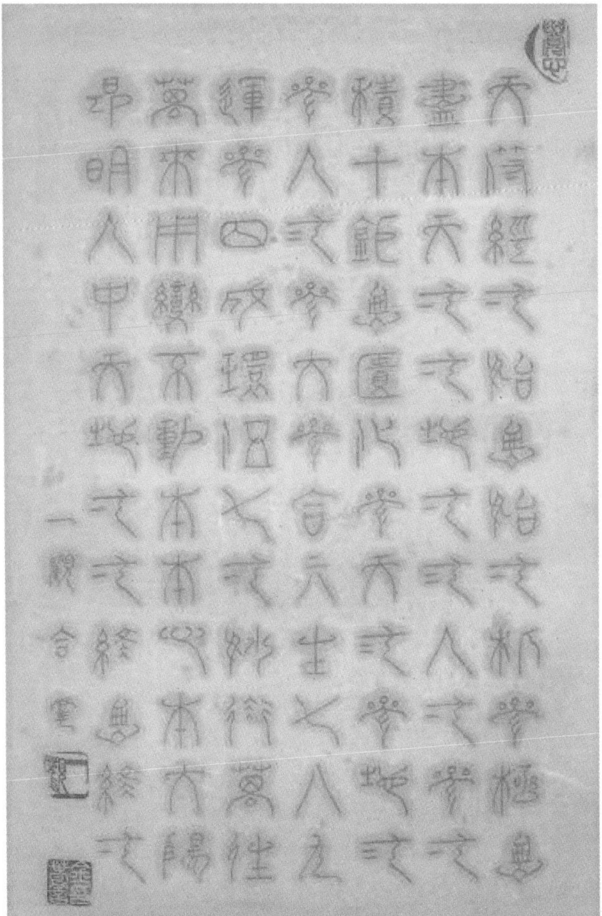

일관 「천부경」

일관이 경면주사로 쓴 「천부경」 원문. 일관은 불교의 법명으로 추정된다.

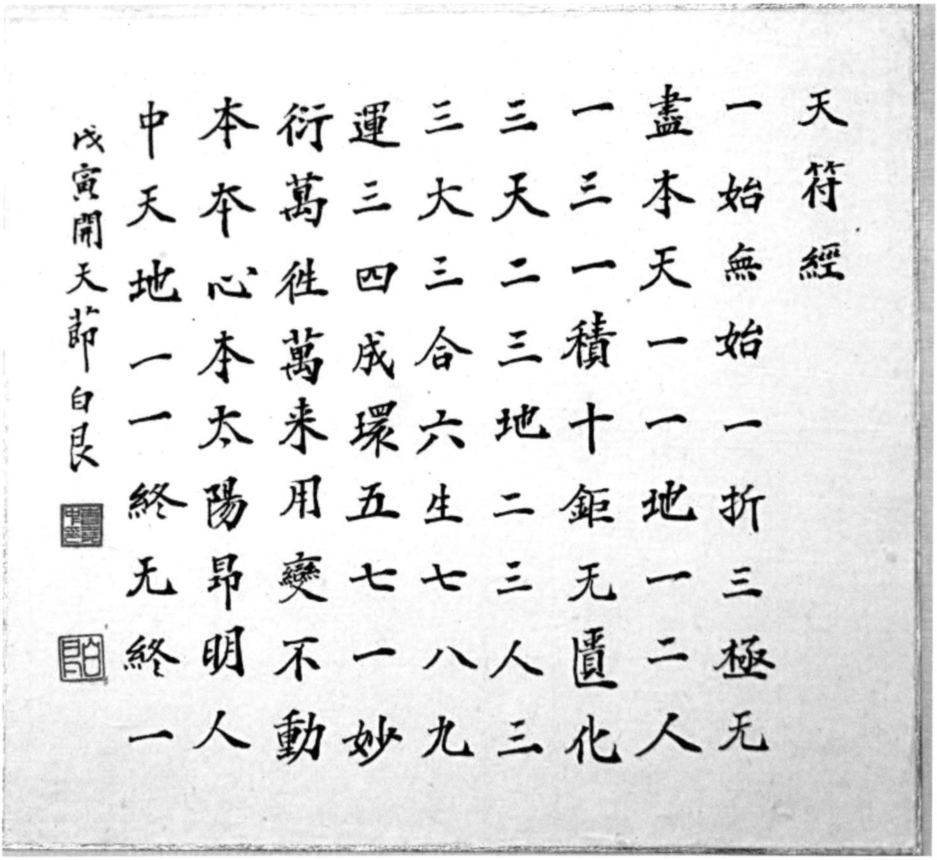

백간 「천부경」

제주도에서 활동하는 백간 조요중의 천부경 휘호. 백간은 불교의 법명이다.

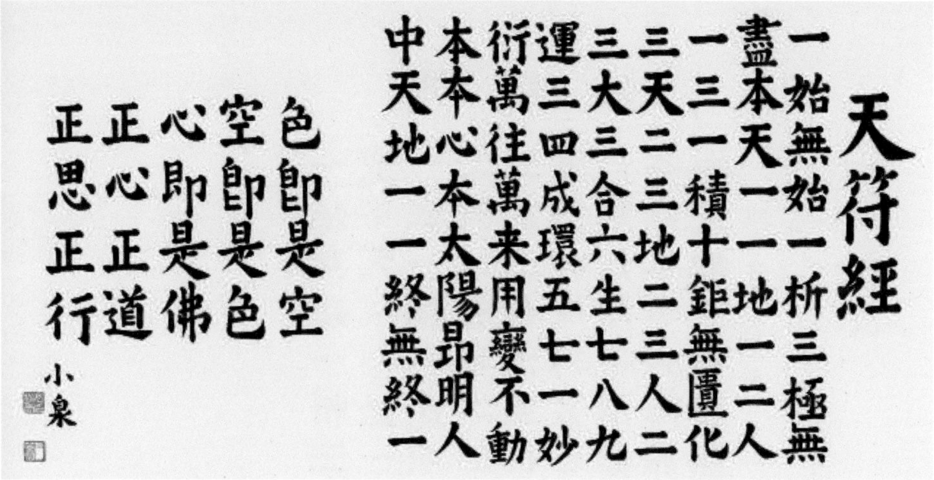

「천부경」과 불교

「천부경」과 『금강경』, 팔정도(八正道) 등을 나란히 쓴 서예 작품. 「천부경」을 불교의 이치로 이해하고 있다.

윷판 천부경

「천부경」과 윷판을 같은 이치로서 설명하면서, 불경을 인용하고 있다.

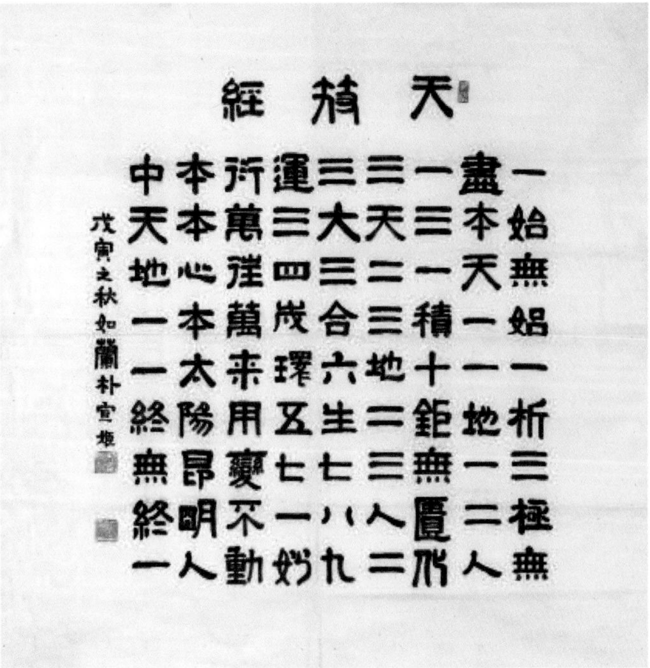
天符經
一始無始一析三極無
盡本天一一地一二人
一三一積十鉅無匱化
三天二三地二三人二
三大三合六生七八九
運三四成環五七一妙
衍萬往萬來用變不動
本本心本太陽昂明人
中天地一一終無終一
戊寅之秋 如蘭 朴宣姬

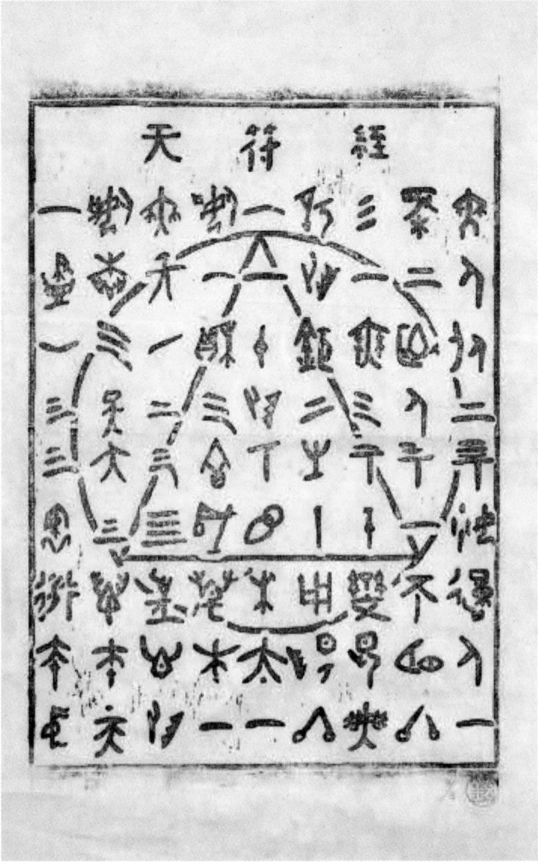
天符經

천부경 서예작품

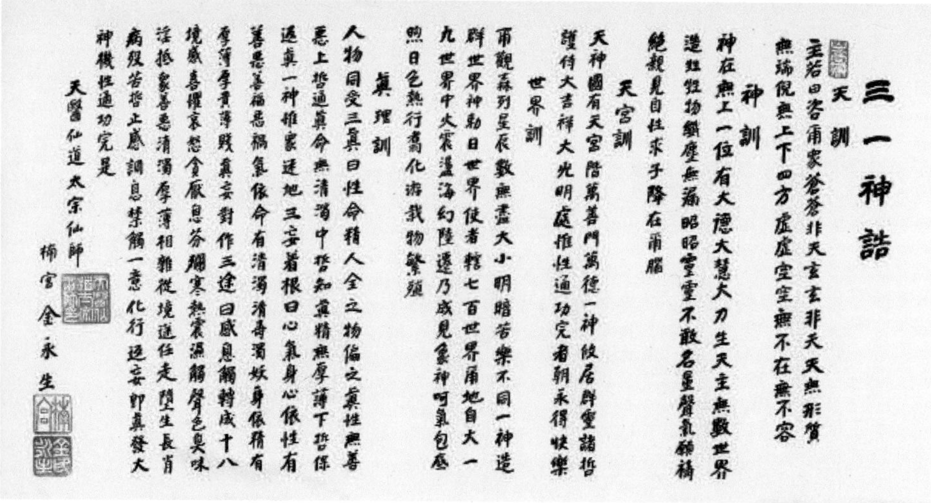

김영생 삼일신고

민간의술을 편 남궁 김영생이 쓴 『삼일신고』.

현정 휘호

단군의 강림을 기뻐하는 내용의 한글 서예.

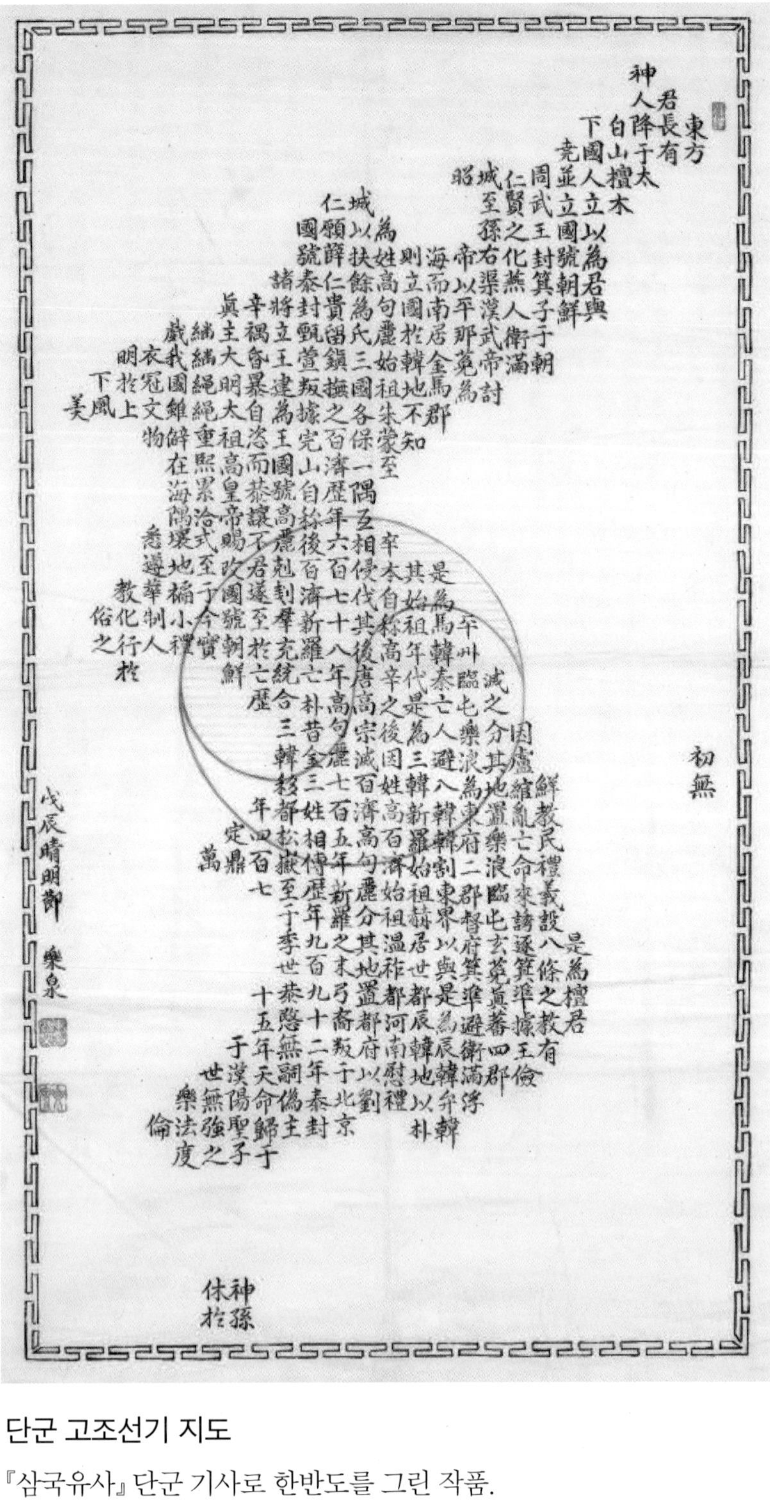

단군 고조선기 지도

『삼국유사』 단군 기사로 한반도를 그린 작품.

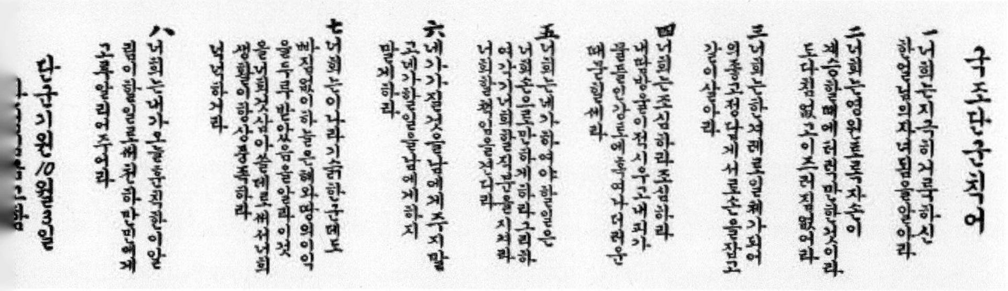

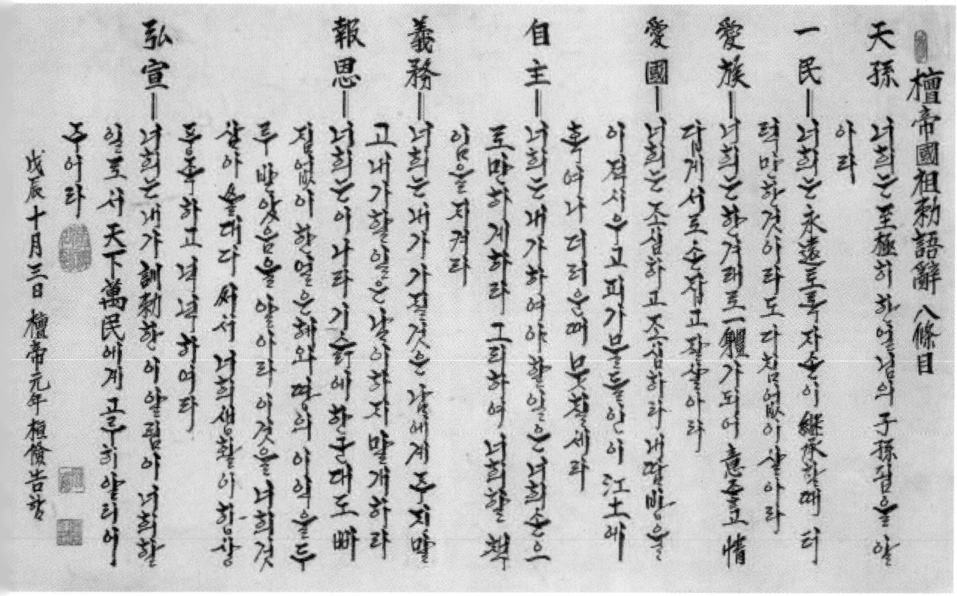

「단군칙어」

단군칙어 8조목을 쓴 서예작품 2점.

단군성전 기금 조성 전시회

서화가 의재 허백련(許百鍊, 1891~1977)과 인전 신덕선 인전(仁田) 신덕선(申德善, 1946~)의 단군성전 기금 마련 전시회 도록 2점. 허백련은 무등산에 단군전을 세우려고 했고, 신덕선은 태백산 단군성전에 현판을 썼다.

단군 주련

유교·불교·선교와 더불어 단군의 가르침을 요약한 주련 4종 세트. 30×210㎝, 나무. 크기는 77×65.5㎝, 나무에 금박.

천부경 인부경 나무 병풍

「천부경」과 『인부경』을 새긴 나무 병풍. 상변에는 각각 천원(天圓)과 지방(地方)의 표시를 해두었고, 가운데에는 경첩을 달아 펴고 접을 수 있도록 했다. 본문은 「천부경」 81자, 『인부경』 100자를 금박을 입혀 만들었으며, 마구리를 장식하는 등 많은 정성을 들여 제작했다. 크기는 77×65.5㎝, 나무에 금박.

삼족오 천부경

오금으로 고구려 고분벽화의 삼족오 문양을 중심으로 십이지를 표시하고 가장자리에 천부경 81자를 새겨 넣었다. 재질은 구리에 금을 섞은 오금(烏金)이며, 지름은 20.5㎝.

환인 사당 간판

환인천제를 모신 사당의 간판.

원방각 조각

단군 사상을 상징하는 원(圓)·방(方)·각(角)을 새긴 나무 조각.

단군 문진과 메달

대종교와 한문화운동본부에서 제작한 단군 관련 메달과 문진

단군 배지

(사)현정회에서 제작해서 보급한 단군 배지

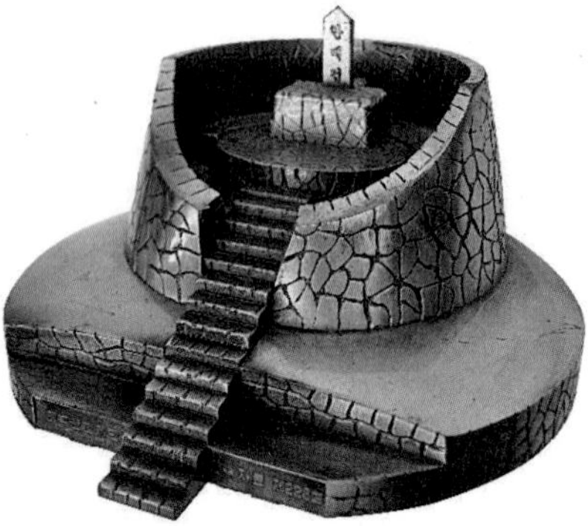

태백산 천제단 조형물

태백산 천제단에 모신 한배검 신위를 조형물로 만든 기념품. 재질은 동.

천부경 항아리

겉면에 붉은 글씨로 천부경을 써서 만든 항아리.

4) 신문·엽서·간행물 등

檀君創業을繼承

開天節에李大統領談話發表

塹星壇의聖火炎炎!

開天節慶祝式嚴肅擧行

聖業의重光

배달民族의襟度誇示

統一을온겨레宣誓

南北이呼應共産勢力을粉碎

첫 개천절 기념행사 및 대통령담화문 『서울신문』 기사

1949년 10월 3일 마니산에서 거행된 첫 개천절 국가 경축식과 대통령 담화문 기사. 개천절을 기념일로 공식 지정한 뒤 첫 번째 공식 기념행사였다. 『서울신문』 제14926호, 단군기원 4282년(1949년) 10월 5일자.

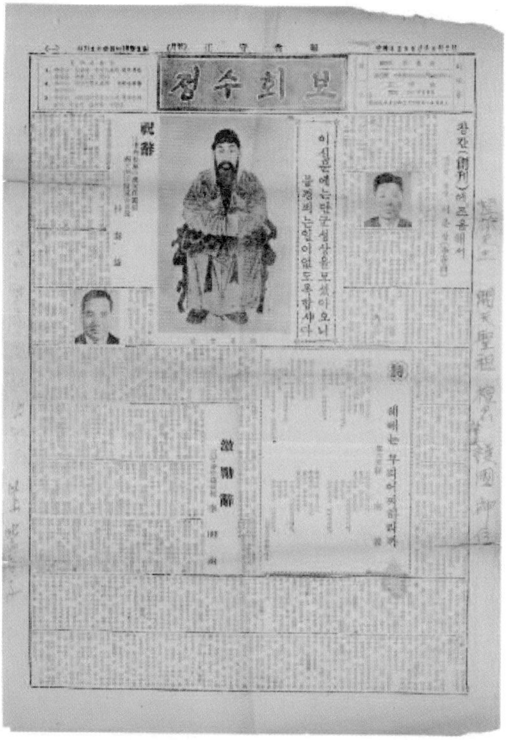

정수회보

이 신문에는 단군성상을 모셨사오니 불경되는 일이 없도록 합시다

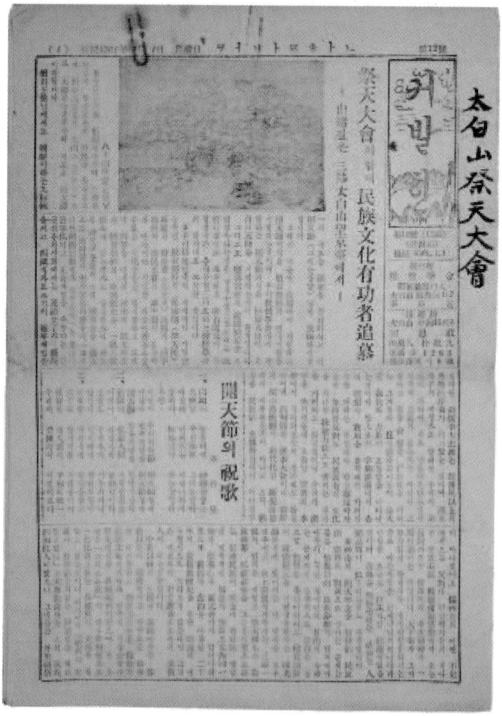

太白山祭天大會

祭天大會에서 民族文化有功者追慕

開天節의 祝歌

개천절 행사를 소개한 1960년대 지역 신문 2종

『정수회보』는 단군 문헌과 유적을 보존하고 계몽해서 민족의 얼을 일깨우고자 창간한다는 창간사와 함께 단군 영정을 게재하고 "이 신문에는 단군성상을 모셨사오니 불경되는 일이 없도록 합시다"라고 주의를 환기시키고 있음이 눈에 띈다. 『커발한』의 발행자는 단단학회, 발행인은 이유립으로 대전에서 발행한 부정기 신문이다. 『정수회보』 창간호, 단기4298년(1965년) 음 9월 7일자. 『커발한』 12호, 단기4301년(1968년) 1월 1일자.

단군영정 眞本 찾았다

솔거작품 바탕 1910년 제작
抗日 강우선생 손자가 소장

고조선 개국조 단군(檀君) 영정의 진본(眞本·사진)이 발견됐다.

이번에 확인된 진본은 민족종교인 대종교(大宗敎)의 창시자 나철(羅喆·1863~1916)선생 생존 당시 사용하던 영정으로 1910년에 제작된 것이다.

그후 일제의 탄압으로 나철선생이 만주로 피신해 총본사를 설치, 독립운동을했고 조선에는 남도본사를 맡은 호석 강우(湖石 姜虞)선생이 단군 천진(天眞·영정을 뜻함)을 부여 본가의 다락속에 감춰두었다가 1932년 작고하면서 큰아들 소석 강진구(小石 姜鎭求)씨에게 『저 다락속에 감추어둔 단군천진은 현존한 솔거의 유일한 진본이니 잘 보존하라』는 유언을 남겼다.

해방후 강진구씨는 부여 장형리에 천조궁(天祖宮)을 건립하고 단군천진을 모셨다.

강진구씨도 타계하고 그의 아들 강현기씨가 분실을 우려해 부여박물관에 기탁, 보관해 오던 것을 최근 천진보존회 김종갑(金鍾甲)회장이 수소문끝에 찾아낸 것이다. 크기는 가로 33.6cm, 세로 53.3cm로 산수인물화의 대가인 백련 지운영(池雲英)화백이 그려 1910년 8월21일 봉안했다. 해방후엔 지성채(池成採)화백이 이를 모사하여 대종교 총본사에 봉안케 됐다.

동사유고 등 옛 문헌에는 단군영정은 신라말 솔거가 그려 민간에서도 모신 것으로 기술하고 있다. 솔거의 단군영정은 불교와 유교국가인 고려와 조선시대를 거치면서 대부분 소실되고, 대종교 폐쇄령까지 내리며 탄압했던 일제시대엔 일반에 자취를 감췄다.

단군 영정 원본 발견 기사

분실된 것으로 알았던 대종교 단군 영정(1910년 봉안)을 강우의 손자가 소장하고 있었다는 사실을 보도한 『종교신문』 기사. 『종교신문』, 제1314호.

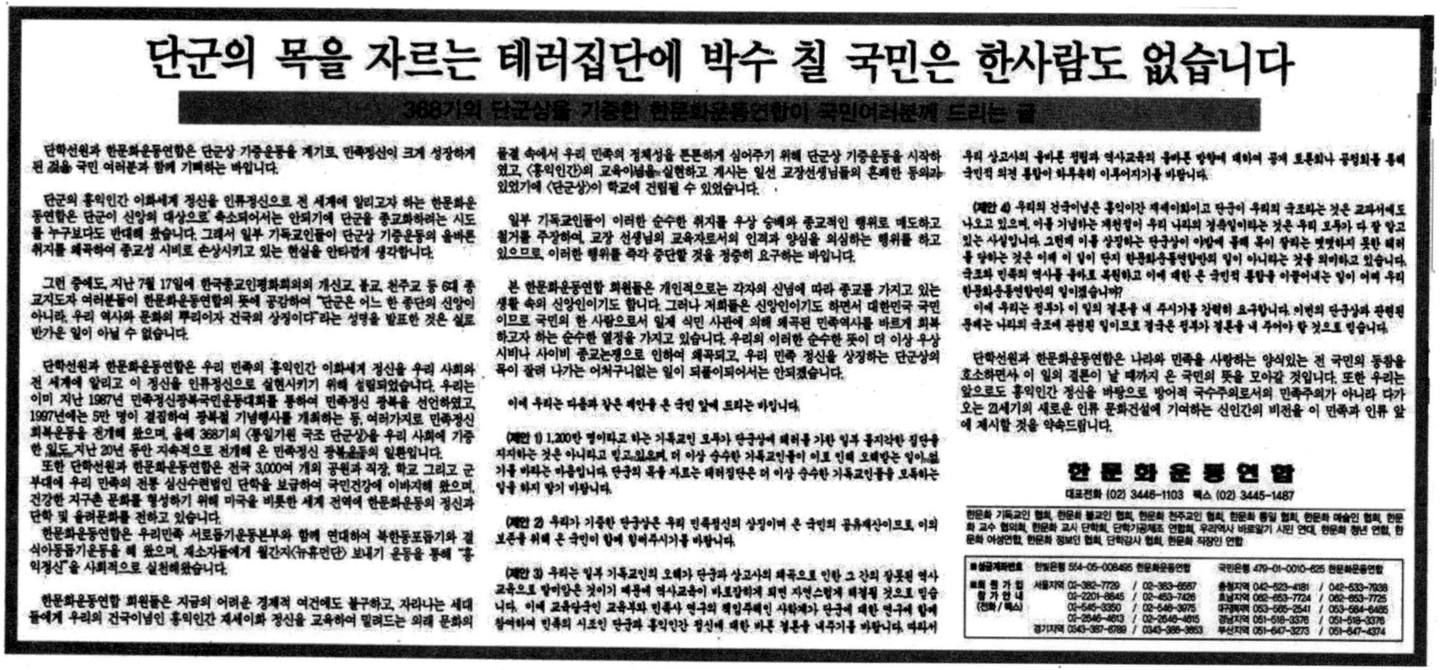

단군의 목을 자르는 테러집단에 박수 칠 국민은 한사람도 없습니다

368기의 단군상을 기증한 한문화운동연합이 국민여러분께 드리는 글

단학선원과 한문화운동연합은 단군상 기증운동을 계기로, 민족정신이 크게 성장하게 된 것을 국민 여러분과 함께 기뻐하는 바입니다.

단군의 홍익인간 이화세계 정신을 인류정신으로 전 세계에 알리고자 하는 한문화운동연합은 단군이 '신앙의 대상으로' 축소되어서는 안되기에 단군을 종교화하려는 시도를 누구보다도 반대해 왔습니다. 그래서 일부 기독교인들이 단군상 기증운동의 올바른 취지를 왜곡하여 종교성 시비로 손상시키고 있는 현실을 안타깝게 생각합니다.

그런 중에도, 지난 7월 17일에 한국종교인평화회의의 개신교, 불교, 천주교 등 6대 종교지도자 여러분들이 한문화운동연합의 뜻에 공감하여 "단군은 어느 한 종단의 신앙이 아니라, 우리 역사와 문화의 뿌리이자 건국의 상징이다"라는 성명을 발표한 것은 실로 반가운 일이 아닐 수 없습니다.

단학선원과 한문화운동연합은 우리 민족의 홍익인간 이화세계 정신을 우리 사회와 전 세계에 알리고 이 정신을 인류정신으로 실현시키기 위해 설립되었습니다. 우리는 이미 지난 1987년 민족정신광복국민운동대회를 통하여 민족정신 광복을 선언하였고, 1997년에는 5만 명이 결집하여 광복절 기념행사를 개최하는 등, 여러가지로 민족정신 회복운동을 전개해 왔으며, 올해 368기의 〈통일기원 국조 단군상〉을 우리 사회에 기증한 일도 지난 20년 동안 지속적으로 전개해 온 민족정신 광복운동의 일환입니다.

또한 단학선원과 한문화운동연합은 전국 3,000여 개의 공원과 직장, 학교 그리고 군부대에 우리 민족의 전통 심신수련법인 단학을 보급하여 국민건강에 이바지해 왔으며, 건강한 지구촌 문화를 형성하기 위해 미국을 비롯한 세계 전역에 한문화운동의 정신과 단학 및 율려문화를 전하고 있습니다.

한문화운동연합은 우리민족 서로돕기운동본부와 함께 연대하여 북한동포돕기와 결식아동돕기운동을 해 왔으며, 재소자들에게 월간지〈뉴휴먼단〉 보내기 운동을 통해 "홍익정신"을 사회적으로 실천해왔습니다.

한문화운동연합 회원들은 지금의 어려운 경제적 여건에도 불구하고, 자라나는 세대들에게 우리의 건국이념인 홍익인간 재세이화 정신을 교육하여 밀려드는 외래 문화의 물결 속에서 우리 민족의 정체성을 튼튼하게 심어주기 위해 단군상 기증운동을 시작하였고, 〈홍익인간〉의 교육이념을 실현하고 계시는 일선 교장선생님들의 흔쾌한 동의가 있었기에 〈단군상〉이 학교에 건립될 수 있었습니다.

일부 기독교인들이 이러한 순수한 취지를 우상 숭배와 종교적인 행위로 매도하고 철거를 주장하여, 교장 선생님의 교육자로서의 인격과 양심을 의심하는 행위를 하고 있으므로, 이러한 행위를 즉각 중단할 것을 정중히 요구하는 바입니다.

본 한문화운동연합 회원들은 개인적으로는 각자의 신념에 따라 종교를 가지고 있는 생활 속의 신앙인이기도 합니다. 그러나 저희들은 신앙인이기도 하면서 대한민국 국민이므로 국민의 한 사람으로서 일제 식민 사관에 의해 왜곡된 민족역사를 바르게 회복하고자 하는 순수한 열정을 가지고 있습니다. 우리의 이러한 순수한 뜻이 더 이상 우상 시비나 사이비 종교논쟁으로 인하여 왜곡되고, 우리 민족 정신을 상징하는 단군상의 목이 잘려 나가는 어처구니없는 일이 되풀이되어서는 안되겠습니다.

이에 우리는 다음과 같은 제안을 온 국민 앞에 드리는 바입니다.

(제안 1) 1,200만 명이라고 하는 기독교인 모두가 단군상에 테러를 가한 일부 몰지각한 집단을 지지하는 것은 아니라고 믿고 있으며, 더 이상 순수한 기독교인들이 이로 인해 오해받는 일이 없기를 바라는 마음입니다. 단군의 목을 자르는 테러집단은 더 이상 순수한 기독교인들을 모독하는 일을 하지 말기 바랍니다.

(제안 2) 우리가 기증한 단군상은 우리 민족정신의 상징이며 온 국민의 공유재산이므로, 이의 보존을 위해 온 국민이 함께 힘써주시기를 바랍니다.

(제안 3) 우리는 일부 기독교인의 오해가 단군과 상고사의 왜곡으로 인한 그 간의 잘못된 역사교육으로 말미암은 것이기 때문에 역사교육이 바로잡히게 되면 자연스럽게 해결될 것으로 믿습니다. 이에 교육당국인 교육부와 민족사 연구의 책임주체인 사학계가 단군에 대한 연구에 함께 참여하여 민족의 시조인 단군과 홍익인간 정신에 대한 바른 결론을 내주기를 바랍니다. 따라서 우리 상고사의 올바른 정립과 역사교육의 올바른 방향에 대하여 공개 토론회나 공청회를 통해 국민적 의견 통합이 하루속히 이루어지기를 바랍니다.

(제안 4) 우리의 건국이념은 홍익인간 재세이화이고 단군이 우리의 국조라는 것은 교과서에도 나오고 있으며, 이를 기념하는 개천절이 우리 나라의 경축일이라는 것은 우리 모두가 다 잘 알고 있는 사실입니다. 그런데 이를 상징하는 단군상이 야밤에 몰래 목이 잘리는 떳떳하지 못한 테러를 당하는 것은 이제 이 일이 단지 한문화운동연합만의 일이 아니라는 것을 의미하고 있습니다. 국조와 민족의 역사를 올바로 복원하고 이에 대한 온 국민적 통합을 이끌어내는 일이 어찌 우리 한문화운동연합만의 일이겠습니까?

이에 우리는 정부가 이 일의 결론을 내 주시기를 강력히 요구합니다. 이번의 단군상과 관련된 문제는 나라의 국조에 관련된 일이므로 결국은 정부가 결론을 내 주어야 할 것으로 믿습니다.

단학선원과 한문화운동연합은 나라와 민족을 사랑하는 양식있는 전 국민의 동참을 호소하면서 이 일의 결론이 날 때까지 온 국민의 뜻을 모아갈 것입니다. 또한 우리는 앞으로도 홍익인간 정신을 바탕으로 방어적 국수주의로서의 민족주의가 아니라 다가오는 21세기의 새로운 인류 문화건설에 기여하는 신인간의 비전을 이 민족과 인류 앞에 제시할 것을 약속드립니다.

한 문 화 운 동 연 합

대표전화 (02) 3446-1103 팩스 (02) 3445-1487

한문화 기독교인 협회, 한문화 불교인 협회, 한문화 천주교인 협회, 한문화 통일 협회, 한문화 예술인 협회, 한문화 교수 협의회, 한문화 교사 단학회, 단학기공체조 연합회, 우리역사 바로알기 시민 연대, 한문화 청년 연합, 한문화 여성연합, 한문화 정보인 협회, 단학강사 협회, 한문화 직장인 연합

■성금계좌번호 한일은행 554-05-008495 한문화운동연합 / 국민은행 479-01-0010-625 한문화운동연합

■회원가입 참가안내 (전화/팩스)

서울지역	02-382-7729 / 02-383-6567	충청지역 042-523-4181 / 042-533-7938
	02-2201-8845 / 02-453-7426	호남지역 062-653-7724 / 062-653-7725
	02-545-3350 / 02-546-3975	대구경북지역 053-565-2541 / 053-564-6465
	02-2646-4613 / 02-2646-4615	경남지역 051-518-3376 / 051-518-3376
경기지역	0343-387-6789 / 0343-386-3853	부산지역 051-647-3273 / 051-647-4374

단군상 훼손에 대한 반박 광고

1999년 7월 26일 한문화운동연합이 각 신문사에 게재한 반박 광고문.

(원영진 우리문화선양회 회장 제공)

민족관 조감도

1967년 민족관 건립기념사업회의 계획서에 수록되었던 민족관 입면도 및 조감도. 1963년부터 배달문화연구원 등이 중심이 되어 민족관 건립을 추진했고 1967년에는 서울시의 삼청공원종합개발계획의 일환으로 공원 내에 1만 평의 부지를 확보했으나, 사업이 진행되지 못했다.

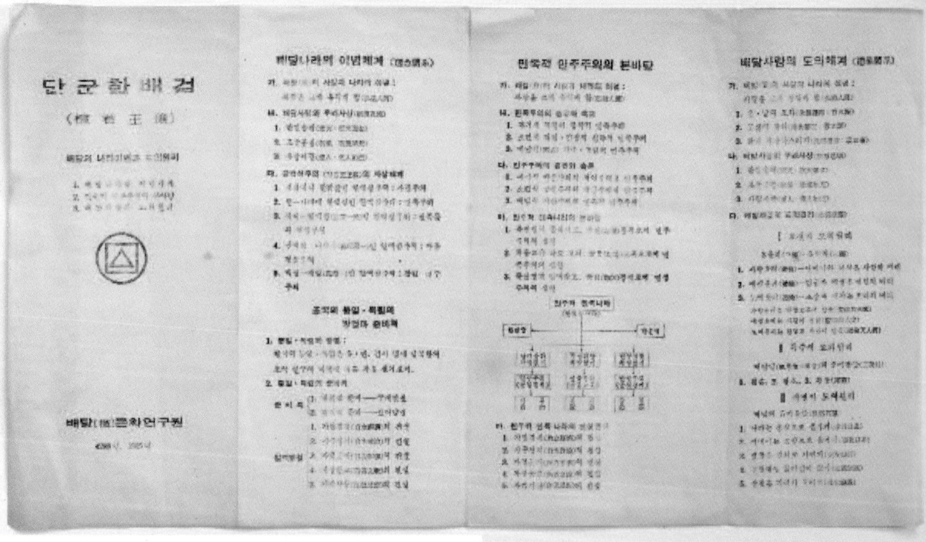

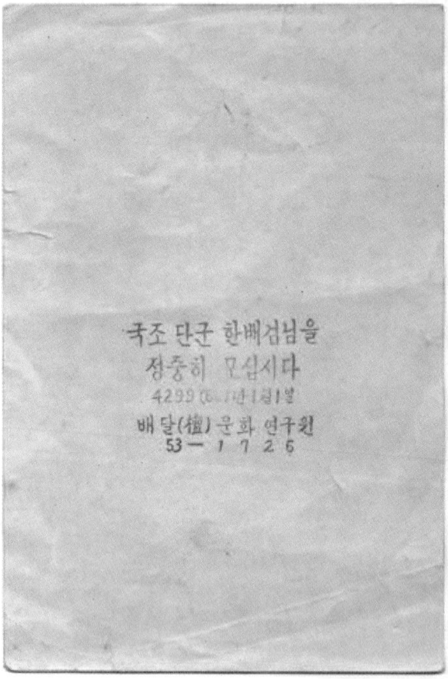

배달문화연구원 자료 2종

1965년 배달문화연구원에서 발행한 단군 사상의 이념과 도덕 원리를 정리한 브로셔 및 1966년 발행한 엽서 크기의 단군 영정.

환인 및 단군 엽서

2008년 7월 소인이 찍혀 있는 환인 및 단군엽서 2종. 환인 엽서에는 '환국시조 안파견 환인'으로 기록되어 있다.

마니산 개천축제 기념 엽서

2017년 마니산 개천축제 기념으로 발행된 엽서 2종.

단군 기념우표 및 관련 자료

단군왕검 특별우표와 4334년(2001년) 개천절 맞이 태백산천제단 미터 스탬프 발간사.

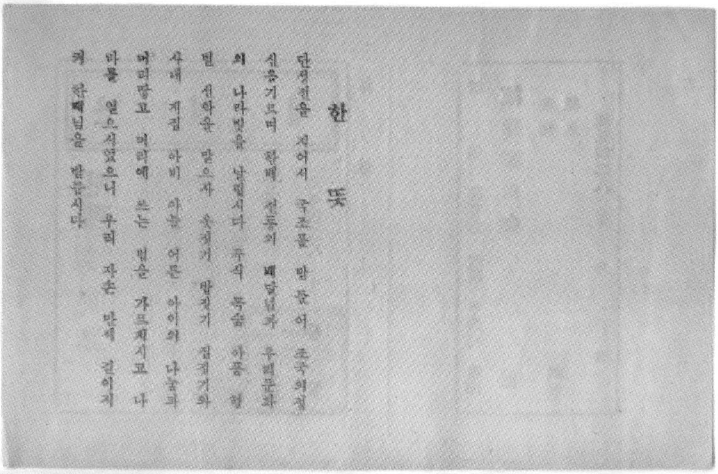

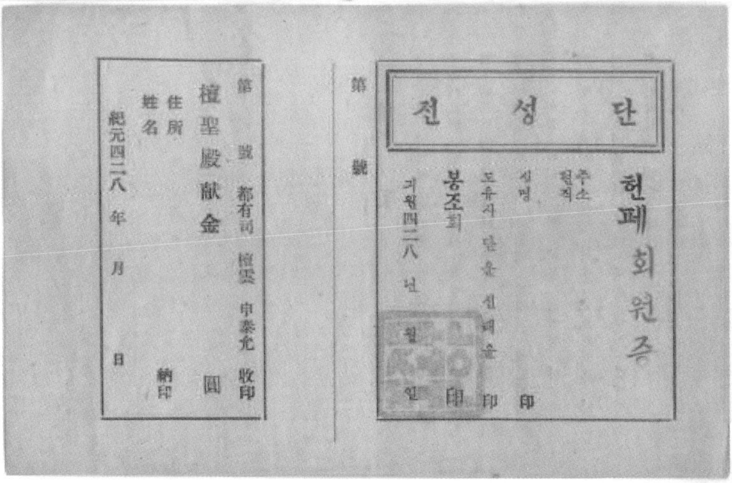

단성전 헌금표

1950년대 곡성에서 백당(白堂) 신태윤(申泰允, 1884~1961)이 단성전의 건립 기금 마련을 위해 발행했던 헌금표. 곡성 단군성전 건립자 신태윤은 유학자 출신으로 1914년부터 단군에 제향을 올렸다고 하며, 1919년 3·1 운동 때 곡성, 남원에서 활약하다가 일본 경찰에 체포되어 3년 복역하였으나, 옥중에서 『배달조선 정사(倍達朝鮮 正史)』와 『국역 삼일신고(國譯 三一神誥)』를 저술하였다. 광복 후에는 단군전 보본계 모임을 조직하여 개천절과 어천절에 전 군민이 참여하도록 했고, 1952년에는 보본계 회원의 성금으로 단군성전을 건립하였다.

時下春和에
玉体萬康하옵심을 節祝하나이다 [illegible]本布敎院에서는 民族主
體意識과 敬祖의 精神을 宣揚코저하는 誠心에서 社稷公園愛
기會에 檀君遠祖像을 봉安하였사온바 이제 萬物이 生動하
는 佳節을 맞이하와 敬誠이나마 檀君聖祖와 社稷의 神께
祭享을 올리고 아울러 國泰民安과 歲和年豊을 祈願하는 機會
를 가지고져하오니 公私에 多忙하신줄 아오나 特히 光臨하
시와 式典을 빛내주시기를 仰望하나이다

一、日時 一九六六年五月五日午前十一時
一、場所 社稷園 (社稷公園內) 天宮

서울특별시종로구누상동一六六의二〇四
천화불교포교원
원장 이 희 수

귀하

현정회 초기자료1

1965년 현정회의 기초를 마련한 천화불교에서 단군제향을 올린다는 취지문과 제향 사진.

◎ 단군제향봉행취지문

본 천화불교 포교원에서는 자초로 호국불교로서 자임하는바 국조 숭배를 소홀히 하고있는 금일에 있어서 스스로 개탄을 금할수 없었읍니다 미성이나마 힘껏 심혈을 기우려 소온바 五年前에 사직공원옆 한쪽에 자리잡고있는 판자집을 구득하게되어 국조단군 및 사직신위를 봉안하고 역대지현, 충신열사의 위패를 봉안하는데 특히 단군신상은 작년봄에 9척동상으로 모셨읍니다 국조단군신상은 불가에서는 호법주신으로 모셨든것이며 사직신위는 일찍부터 국전으로서 행사해오든바 경술이후로 폐향을 하게된것입니다 천화불교에서는 사직신도 호법신이시며 호국주신이심을 신앙하고 국조와함께 봉안 하고자 하와 우선 초출한규모나마 약간수축을 하였아오니 전국민이 참배케 함으로써 국민의 주체의식 • 정신통일과 국토수호의 정신을 고무식히는데 도움이 되기를 빌어 마지 않는 바입니다

서울특별시종로구누상동166의204
천 화 불 교 포 교 원
원장 이 희 수

檀君聖殿 및 社稷記念館 落成奉祝祭典 趣旨文

悠久한 歷史와 燦爛한 傳統을 자랑하는 우리 겨레는 檀君聖祖께서 이 땅에 나라를 여신 以來로 半萬年을 連綿히 이어 오늘에 이른 것입니다. 삼가 살펴보건데 처음 檀君聖祖께서 民生, 疾病, 法刑, 善惡 等 人間에 關한 三百六十餘가지의 일을 보살피사 "弘益人間" 의 大精神을 具顯하시었던 바 이거룩한 精神은 우리 겨레의 血脈 속에 綿綿히 흘러 新羅에서는 花郞道로 나타났으며 高麗에 와서도 燃燈, 八關, 仙郞 等 會가 國家 太平의 기틀로 되었고 近世의 [illegible]思想도 여기에 淵源한 것이라 할것입니다. 이에 따라 檀君을 모시는 聖廟도 예로부터 各地에 이룩되었던 것이니 平壤의 檀君祠와 九月山의 三聖祠는 歷史的으로 有名하며 摩尼山의 塹城壇도 聖祖의 祭天處로 이름이 높은 것입니다.

이러한 歷史의 흐름속에서 우리 國家 民族이 겪어온 盛衰 起伏의 자취를 더듬어볼 때 우리의 民族的 思想이 醇化되고 國民의 精神的 姿勢가 올발랐을 때에는 어떠한 苦難과 試練에도 能히 그것을 克服할 수가 있었으며 그와 反對로 民族思想과 國民氣魄이 解弛 [illegible]하면 苦厄과 悲哀을 겪게 되었음을 알게 됩니다 이것은 곧 民族思想의 醇化와 精神的 姿勢의 올바른 確立이 바로 民族發展과 國家隆盛의 大要임을 歷史가 우리에게 가르쳐 주고 있는 것입니다.

그런데 오늘의 現象은 어떠한가? 國土는 兩斷된 채 西洋의 [illegible]마저 우리에게 [illegible] [illegible] 우리는 지금 [illegible] 民族固有의 아름다운 傳統을 잃어버리고 思想的 混迷에서 彷徨하고 있는 형편이니 이는 實로 痛歎과 우려움을 禁할 수 없는 바입니다. 이러한 現時點에서 우리가 要望하는 바는 바로 앞을 하나로 하여 永遠한 마음의 고향터를 되찾아 新羅가 [illegible]으로서 三國을 統一함과 같이 이로써 民族의 理念을 歸一케 하는 것이니 이야말로 國家의 發展과 統一의 大業을 이룩하는 데에 基本이 되는 精神的 [illegible]임을 믿어 의심치 아니하는 바입니다.

그리고 社稷이란 元來 國家를 象徵하는 것인바 國土의 神과 農業의 神을 가리킨 것이다. 歷代諸王은 社稷을 奉安하고 國土守護精神을 다짐보게 하여 年豐을 빌었던 것이다. 그리하여 우리 社稷壇은 [illegible] 聖祖祠와도 그 意義에 있어 서로 通하는 바가 있는 것입니다. 그런데 現存한 社稷壇도 國家와 運命을 같이하여 갖은 受難을 겪었거니와 特히 [illegible]時代에 이르러 우리의 [illegible]을 [illegible]하려는 그들의 [illegible] 政策에서 그의 [illegible]과 建物은 [illegible]되고 [illegible] [illegible] 겨레의 [illegible]을 불러 일으켰던 것입니다

祖國이 光復된지 어언 二十餘星霜이 지난 오늘에 있어서도 國祖에 對한 敬慕心이 아직껏 蘇生되지 못하고 祖上들이 남겨신 자랑스러운 精神的 遺產도 後人의 [illegible]으로 부터 점점 멀어져 가고 있음은 우리의 크나큰 [illegible]이며 뜻있는 사람의 [illegible]을 자아내고 있는 現實인 것입니다. 이러한 現實속에서 일찍이 몇분의 有志가 뜻을 모아 國祖 檀君을 奉祀[illegible] 함으로써 [illegible]心을 가다듬고 民族正氣와 主体意識을 북돋으며 [illegible]의 歷史的 象徵인 社稷神을 받들음으로써 富國安民의 念願을 成就코저 [illegible] 努力하여온 結果 政府當局과 社會諸賢의 크나큰 協助를 입입어 드디어 社稷公園의 一隅에 檀君聖殿과 社稷記念館을 起工하고 그 동안에 높이 九尺인 [illegible]과 歷代 [illegible] 忠[illegible]士의 位牌와 社稷神位를 [illegible] 奉安하여 落成奉祝祭典을 擧行케 되었사오니 聖殿의 앞날에 거룩한 光榮이 어우러 지도록 [illegible] 諸賢의 協助와 聲援을 빌어 마지 않는 바입니다.

檀紀4301年 8月 日

현정회 초기자료2

1968년 단군성전 및 사직기념관 낙성봉축전 취지문과 단군제향 봉행 취지문.

이희승 단군 제향 사진

이희승 현정회 초대 이사장(1968~1989 재직)이 단군성전에서 제향을 드리는 사진.

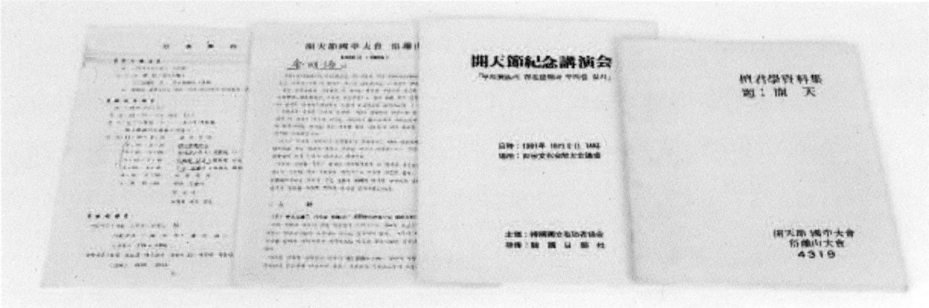

1980년대 개천절 기념식 자료

1981년 독립유공자 협회에서 주최하고 한국일보에서 후원한 개천절기념 강연회 자료와, 1986년 속리산에서 거행된 개천절 국중대회 자료.

통일기원 전시회 및 남북 공동 개천절 행사 자료

2003 김산호의 〈단군의 힘 통일의 그날까지〉 단군 영정전시회 및 2014년도 개천절남북공동행사 자료. 개천절민족공동행사는 2002년 4월 27일 "배달민족의 원시조인 단군께서 고조선을 세운 날인 개천절을 남과 북이 공동으로 기념"하기로 공동합의문을 발표하면서 시작되었다. 2002년 개천절에 사상 처음으로 '개천절 민족공동행사준비위원회'(대표 남측 한양원·송월주, 북측 류미영)가 구성되었고, 10월 1일부터 5일까지 평양 단군릉에서 남북, 해외동포 3,800여 명이 모여 역사적인 남북합동 개천절의식이 거행되었다. 이어 2003년에도 개천절을 맞아 한국민족종교협의회를 비롯하여 대종교, 광복회, 민족화해협력범국민협의회, 한민족운동단체연합, 단군학회 등 범종교적인 차원에서 종교인들과 학계, 사회단체 등 300여 명이 참석했다. 북한에서는 단군민족통일협의회 소속 성원 및 재일 교포, 재중 교포 등이 참석했다. 2004년부터는 남북한 정세의 악화로 공동행사가 열리지 못했다가, 2014년에 재개되었다. 이는 단군을 중심으로 남과 북이 민족의 동질성을 회복하고 통일을 염원하는 의미를 갖게 되었다.

개천문 기념 사진

개천문을 배경으로 찍은 1960년대 기념 사진. 개천문은 경북 왜관 단군성전과 전남 곡성 단군전에도 있다. 현재는 본래의 건축물이 개축되어서 사진 속의 개천문이 어느 곳인지는 알 수 없으나, 비교적 왜관 단군성전의 모습과 유사하다.

익산 천진전 제향 사진

1951년 건립된 익산 천진전에서 제향을 드리고 난 뒤에 촬영한 기념사진. 촬영 시점이 언제인지 알려져 있지는 않으나, 천진전 낙성식이거나 1950년대 초반으로 추정된다. 당시 제관과 참배자들의 단정한 복장과 엄숙한 모습에서 당대의 분위기를 보여 주고 있다.

단군국조전국추모제
평화통일 국태민안
내겨레평화통일 한데뭉쳐서
내조국 우리강산 기리빛내자
뿌리없는 나무없고
조상없는 민족없다
해방이후 처음
국조추모제를 개최한다.
이제 잠에서 깨어나 내
정신을 바로 찾자.

뭉치자! 단군의 자손들이여!
10월3일 개천절

단군 포스터 3종

1982년 대전 단군 추모제 포스터(단군성조봉헌국민회 발행), 개천절기념 포스터, 1979년 단군성조봉헌국민대회 포스터(단군성조봉헌국민회 발행).

단군 달력

단군을 표지로 내세운 1972년도 달력.

개천절 화보 2종

초등학교 교실에 게시되었던 단군상을 그린 그림과, 개천절 화보 인쇄물 2점.

한국전쟁 삐라1

한국전쟁 중에 단군의 자손을 강조하며 북한군의 투항을 권유하는 삐라.

한국전쟁 삐라2

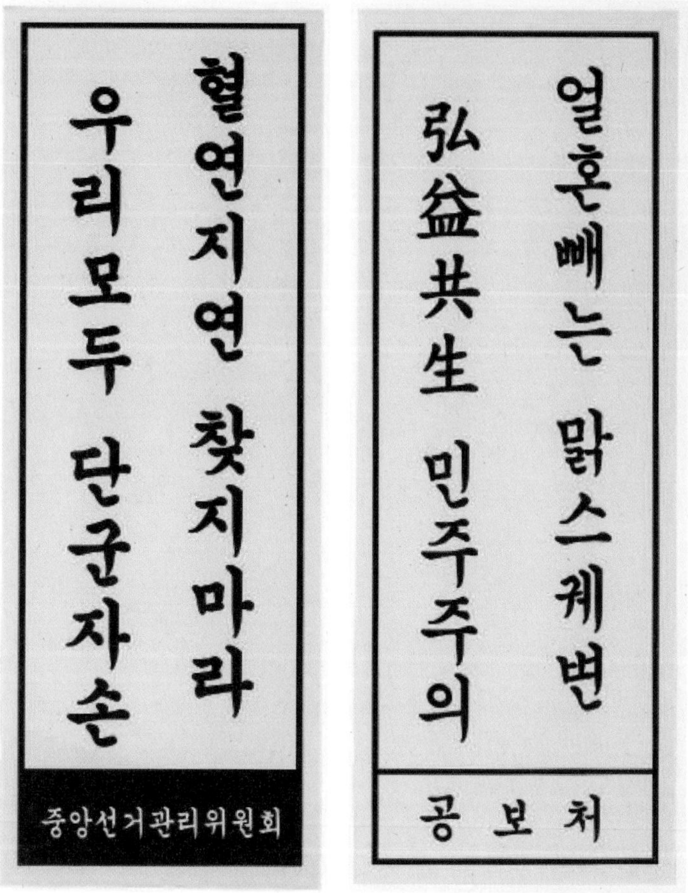

단군 표어 2종

문화공보부에서 대국민 홍보용으로 제작한 단군 표어.

5) 북한·외국

북한의 단군 화보 2종

북한에서 1994년 단군릉을 발굴하여 성역화하면서, 대대적으로 선전하기 위해 제작한 홍보용 화보집 2종.

『민족의 원시조 단군』, 평양출판사, 1994. 『단군릉』, 평양 문화보존사, 1995.

북한의 단군릉 엽서 셋트

북한에서 성역화한 단군릉의 전경과 내부 유골 및 신하들의 조각상 사진엽서 11장.

묘향산 단군굴 풍경화

묘향산 단군굴의 전경을 그린 북한 풍경화. 1996년 김현에 의해 그렸다는 서명과 낙관이 보인다. 68×136.5㎝, 종이.

북한의 우표

단군릉을 배경으로 단군 영정을 넣어 기념우표를 제작했다.

북한의 기념주화

금강산 관광 기념으로 만든 주화로 평양 법수교 비석의 고문자를 같이 새겨 넣었다.

가지마노보루, 『환단고기』·『부도지』 일본어번역서

가지마노보루(鹿島昇)가 1982년에 펴낸 『환단고기』 및 『부도지』 일역본과 연구서. 1979년 서울에서 조병윤에 의해 『환단고기』가 영인본으로 출판되자, 일본의 재야사학자 가지마노보루에 의해 처음으로 일어 번역판이 나왔고, 그 뒤에 그는 한일 간의 고대사 연구에 활용하여 여러 저술을 남겼다. 사진은 다음의 책들이다.

鹿島昇 譯, 『桓檀古記』, 新國民社, 1982.

鹿島昇 譯, 『桓檀古記 シルクロ_ド興亡史』, 新國民社, 1982.

鹿島昇 著, 『符都志要義』, 新國民社, 1987.

이외에도 鹿島昇 著, 『桓檀古記要義 日韓民族共通の古代史』(新国民社, 1990)도 있다.

일본 상고사『日韓古史斷』

1893년 일본의 역사학자 지리학자인 요시다 도고(吉田東伍, 1864~1918)에 의해 저술된『日韓古史斷』(東京: 富山房書店, 1893). 가장 오래된 조선의 개국조로 단군을 소개하고 있다.

일본의 역사서 3종

일제의 식민사관에 의해 단군 기록을 왜곡한 일본인의 역사서 3종.

青柳綱太郎,『朝鮮四千年史』, 朝鮮研究會, 1917.

青柳綱太郎,『朝鮮文化史大全』, 朝鮮研究會, 1924.

金澤莊三郎,『日鮮同祖論』, 汎東洋社, 1943.

일본 히꼬산 신궁 관련 서적

1996년 한국의 박성수와 일본의 나가노(長野覺) 교수가 공저한 『韓國檀君神話と英彦山開山傳承の謎』(長野覺 朴成壽 편, 海鳥社, 1996). 히꼬산(英彦山) 신궁(神宮)에 후지와라고유(藤原恒雄)의 상이 단군의 영정을 모사한 것일 가능성이 있으며, 수험도(修驗道) 등 히꼬산을 중심으로 한 일본 고대 문화가 우리 고대 문화의 영향을 받았음을 논증한 내용이다.

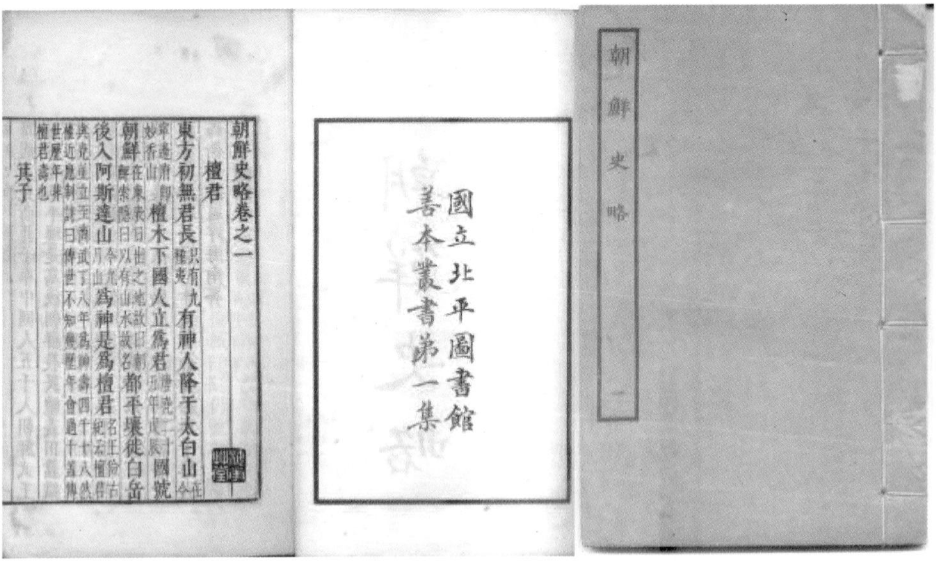

중국 『조선사략』

중국에서 출간된 『조선사략(朝鮮史畧)』 영인본. 절강성의 포사공 가장본(浙江鮑士恭家藏本)을 영인한 것이다. 내용은 우리의 사서를 발췌했고 권근의 응제시를 인용했다. 전문은 아래와 같다.

檀君

東方初無君長(只有九種夷) 有神人降于太白山(在今寧邊府即妙香山)檀木下 國人立為君(唐堯二十五年戊辰) 國號朝鮮(在東表日出之地 故曰朝鮮 索隠曰以有汕水故名) 都平壤徙白岳 後入阿斯達山(今九月山)為神是為檀君(名王儉 古紀云禮君與堯並立 至商武丁八年為神 壽四千十八 然權近應制詩曰傳世不知幾 歷年會過千 蓋傳世歷年非檀君壽也)

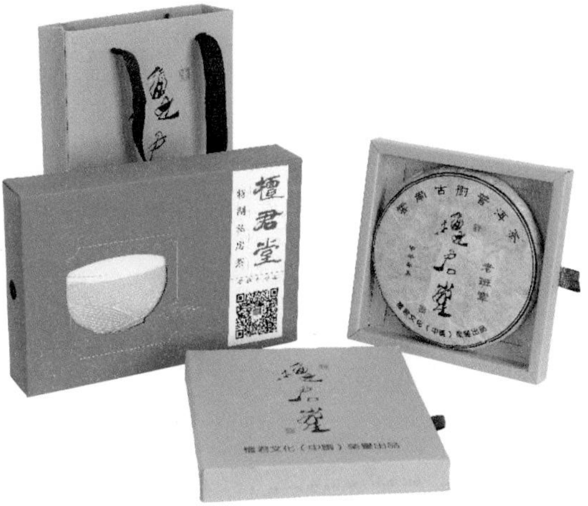

중국의 단군당 차

한국에 유학을 왔던 유학생이 단군사화를 듣고 귀국해서 중국에서 세운 단군당이란 기업과 단군당에서 만든 보이차.

영어로 발간된 단군 동화

TanGun, *the Founder of Korea*, Kum Sung Publising Co. 1985.

일본에서 간행된 단군 동화

3

기타 관련 유물

1. 국가 기관 및 단체 소장 자료

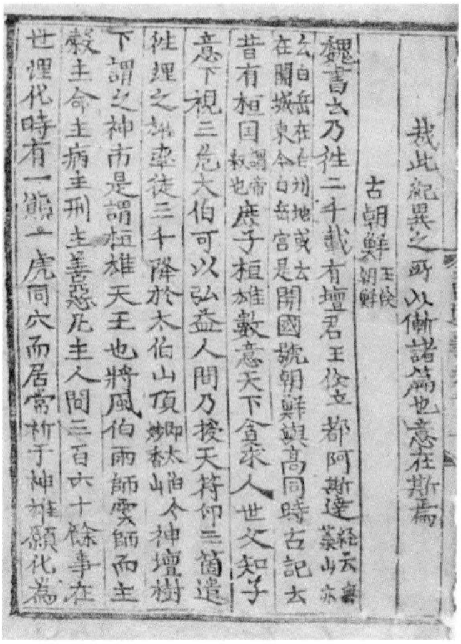

哉此紀異之所以漸諸篇也意在斯焉
古朝鮮(王儉朝鮮)
魏書云乃往二千載有壇君王儉立都阿斯達(經云無葉山亦云白岳在白州地或云)在開城東今白岳宮是開國號朝鮮與高同時古記云
昔有桓因(謂帝釋也)庶子桓雄數意天下貪求人世父知子
意下視三危太伯可以弘益人間乃授天符印三箇遣
往理之雄率徒三千降於太伯山頂(即太伯今妙香山)神壇樹
下謂之神市是謂桓雄天王也將風伯雨師雲師而主
穀主命主病主刑主善惡凡主人間三百六十餘事在
世理化時有一熊一虎同穴而居常祈于神雄願化爲

(규장각한국학연구원/서울대학중앙도서관 소장)

일연, 『삼국유사』

고려 말 승 일연이 1281년(충렬왕 7)에 편찬하고 1310년대에 간행한 역사서. 기이(紀異)편 고조선 조에 단군에 관한 기록을 최초로 수록함으로써, 단군을 한국사 체계 속에 편입시켰고, 이후의 역사 서술에 커다란 영향을 끼쳤다. 또 화랑과 풍류도에 관해서도 자세한 내용을 전하고 있으며 이두로 기록된 14수의 향가는 우리나라 고대문학연구의 보고이다. 조선시대 1512년에 중간되었다.

일본에서 먼저 영인본이 출판되었는데, 고조선기의 내용 중 '환국(桓國)'을 '환인(桓因)'으로 고쳐서 영인 출간했다는 비판을 받기도 했다. 해방 직후부터 여러 번역본이 나왔고, 일본에서 일본어로 번역되었고, 1972년도에는 연세대학교에서 영역본도 출간되었다. 현재 고려대학교, 서울대학교, 일본 텐리대학 등에 소장되어 있다.

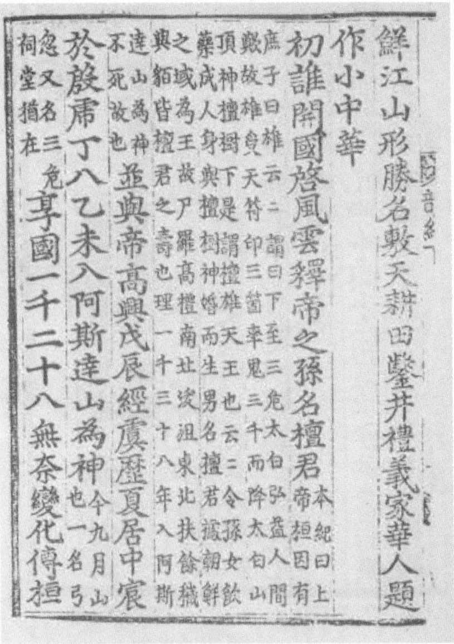

鮮江山形勝名敷天耕田鑿井禮義家華人題
作小中華
初誰開國啓風雲釋帝之孫名檀君
並與帝高興戊辰經虞歷夏居中宸
於殷虎丁八乙未入阿斯達山為神
享國一千二十八無奈變化傳桓

이승휴, 『제왕운기』

고려 말의 문신 이승휴(1224~1300)가 쓴 역사시집. 1287년(충렬왕 13)에 출간되었고, 1360년(공민왕 9)과 1413년(태종 13)에 각각 중간되었다.

내용은 중국과 우리나라의 역사를 칠언시(七言詩)와 오언시(五言詩)로 엮은 서사시로서 상하 2권으로 되어 있다. 상권은 중국 역대 제왕의 흥망을 반고(盤古)로부터 원대까지 칠언으로 읊었다. 하권은 우리나라 사적으로 단군에서 발해까지는 칠언으로, 이후 고려 충렬왕까지는 오언으로 노래했다.

이승휴는 1280년 충렬왕의 실정과 원나라 추종세력들을 비판한 상소를 올렸다가 파직되자, 삼척에 은둔하면서 옛 역사를 노래한 역사시를 지었다. 특히 하권에서는 단군을 위시한 우리 역사를 노래하고 있으며, 이는 몽고의 침입 등 당시의 대내외적인 위기를 극복하고자 하는 마음을 담고 있다. 내용은 약간 다르지만 『삼국유사』와 더불어 단군신화를 기록한 초기의 기록으로 가치를 갖는다. 보물 제895호로 동국대학교도서관에 소장되어 있다.

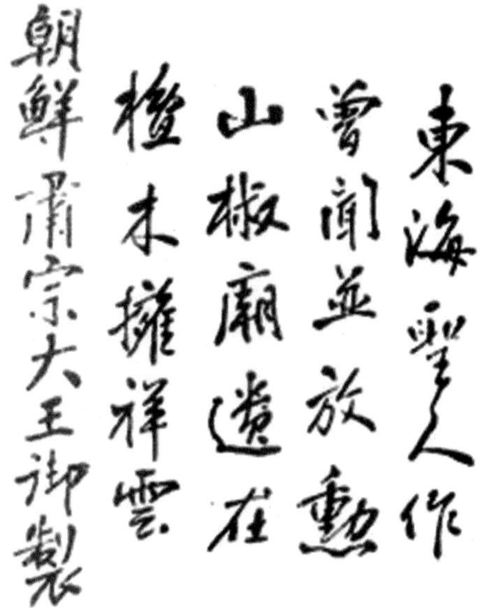

(규장각한국학연구원/서울대학중앙도서관 소장)

숙종 어제 단군사시(檀君祠詩)

숙종 5년에 지은 어제(御製) 단군사시(檀君祠詩). 숙종은 단군사시를 짓고 근신을 보내 숭령전을 제사하게 했다. 본문은 아래와 같다.

동해에 성인이 나셨으니
요임금과 나란히 이름을 떨치도다.
산마루에 옛 사당 있으니
박달나무에 상서로운 구름 머물도다.
東海聖人作
曾聞並放勳
山椒遺廟在
檀木擁祥雲

원본은 규장각에 있는『열성어제』에 수록되어 있다.

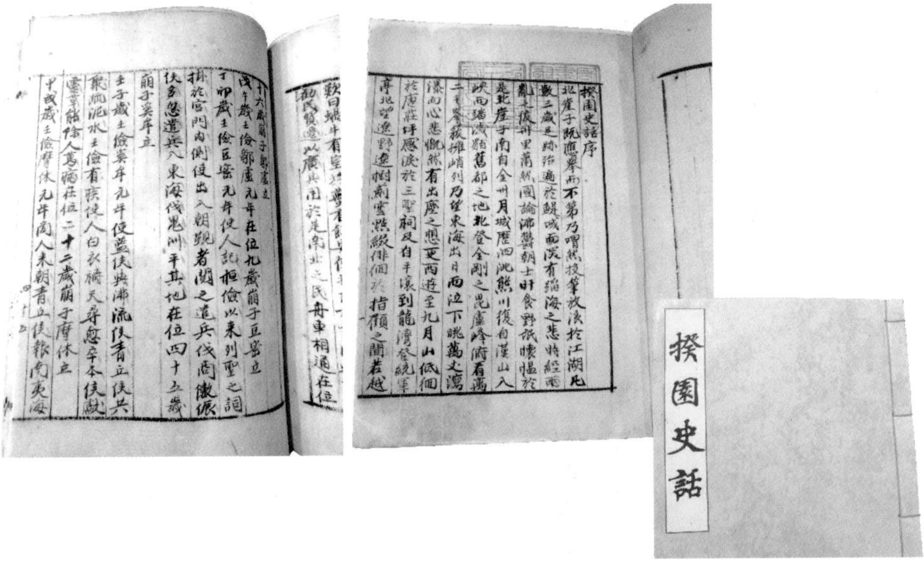

(국립중앙도서관 소장)

북애자, 『규원사화』

숙종 원년(1675년)에 북애자가 쓴 고대신화 및 사화집. 우리의 천지창조 신화를 비롯해서 환인·환웅을 이은 고대 단군 왕조사를 자세하게 기록한 조선 중기의 사료이다.

내용은 환인과 환웅의 신화를 기술한 「조판기(肇判紀)」, 「태시기(太始紀)」와 단군왕조의 역사를 기술한 「단군기(檀君紀)」의 3장으로 구성되어 있고, 맨 앞에 저술의 내력을 쓴 서(序)와 뒤에 작자의 소회를 기술한 만설(漫說)이 붙어 있어서 전체적으로는 5개 부분으로 구성되어 있다.

다른 전적에서 보기 힘든 천지창조 신화를 체계적으로 기술하고 있고, 특히 47대 단군 왕조사를 구체적으로 기록한 현존하는 최초 역사서라는 점에서 주목을 받고 있다. 이 부분은 뒤에 『환단고기』나 『단기고사』 등의 저본이 되었을 것으로 추정된다. 47대 왕조사 부분은 기존의 역사학적 인식과 다른 점이 있어서 일부에서는 위작설을 제기하기도 하지만, 숙종 때에 쓴 책이 틀림없다는 학계의 고증을 받았다. 국립중앙도서관에 소장되어 있다.

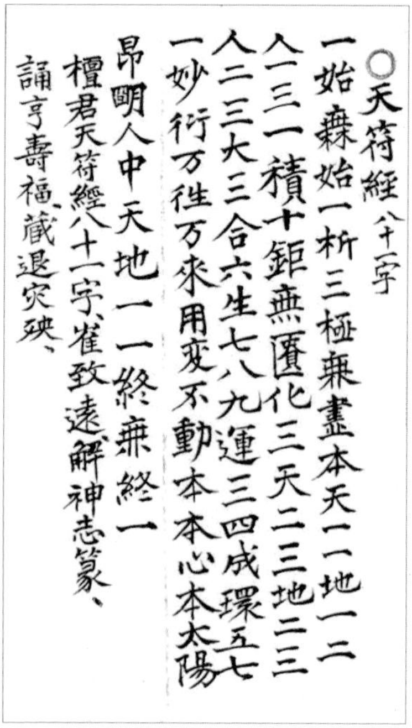

○天符經 八十一字
一始無始一析三極無盡本天一一地一二
人一三一積十鉅無匱化三天二三地二三
人二三大三合六生七八九運三四成環五七
一妙衍万往万來用变不動本本心本太陽
昂明人中天地一一終無終一
檀君天符經八十一字、崔致遠解神志篆、
誦亨壽福、蔵退灾殃、

정훈모 친필 「천부경」

정훈모가 친필로 쓴 「천부경」 원문. 단군교의 예식 등을 적은 필기본 속에 있는데, 대략 1917년에서 1926년 사이에 쓴 것으로 추정된다. 말미에는 "단군 천부경 81자는 최치원이 신지의 전자(篆字)를 해석한 것으로, 이를 외우면 수복(壽福)을 누리고 재앙을 물리친다"고 부기했다. 그런데 1913년 7월 31일에 정훈모가 쓴 「단군교 종령」에 천부경이란 이름이 이미 나오고 있어서 이와 관련된 「천부경」으로 보인다. 천부경을 1916년 계연수가 발견했다는 기존의 설보다 더 소급될 가능성이 있다. 원본은 서울역사박물관에 소장되어 있다.

(윤한주 사진 제공)

전라북도 부안군 월천리 석장승

전라북도 부안군 보안면 월천리에 있는 석장승 2기는 전라북도 민속자료 제30호이다. 장승은 마을 입구나 사찰 입구에 세워 잡귀와 액운의 출입을 막고 사찰 내의 재산과 경계를 표시하는 민간신앙물이자 수호신의 기능을 갖고 있다. 부안에 있는 장승에는 단군과 환웅이라고 새겨져 있다.

매당(梅堂) 허방환(許邦煥)은 1894년 진사에 합격한 우재(愚齋) 허권(許權)의 아들로서 부안지방 4대 갑부의 한 사람이었다. 매월 초하루 보름이면 개암사(開岩寺)에 불공을 드리려 다녔다. 1930년대 초 어느 날 꿈에 산신이 나타나 "내가 거북뫼 도랑에 누웠는데 네가 내 배를 밟고 다니니 내가 배가 아파서 못 살겠다"라고 말하고 사라졌다고 한다. 매당은 베메산 뒤 거북뫼(龜山) 도랑에 가서 살펴보니 한 쌍의 석상이 돌다리로 묻혀 있었다. 일꾼들을 동원해 자택의 뜰에 옮겨와 세웠다. 그는 석상 앞의 제단에서 초하루 보름에 제사를 지냈고, 이후에 보안면에서 제사를 지냈다. 지금은 제향을 드리지는 않는다.

석장승의 재질은 화강암으로 예서체로 왼쪽 장승은 앞면 복부에 '왕검(王儉)', 뒷면에는 '구룡연(九龍淵)'이라고 음각했다. 단군상의 높이 182㎝, 얼굴은 55㎝, 밑둘레는 158㎝이다. 머리에 두건을 쓴 형상이며 귀가 얼굴의 크기에 비하여 큰 편인데 오른쪽 귀와 얼굴은 마모가 심하다. 왼쪽 장승은 앞면에 '환웅(桓雄)', 뒷면에는 '장백산(長白山)'이라고 음각했다. 환웅상의 높이 172㎝, 두상은 56㎝, 밑둘레는 140㎝이다.

1993년에 처음 발굴한 김형주는 "1995년에 문화재로 지정할 때 한국정신문화연구원장을 지낸 류승국 원장이 감정했으며, 300년 이전의 것으로 대종교 이전의 단군신앙 자료로는 희귀한 자료"라고 하면서, 17세기 말경에 석장승이 조성되었을 것이라고 추정했다.

수운교 단군 위패

(윤한주 사진 제공)

1929년 4월 15일 교인들의 헌금으로 수운교 천단을 건립하였는데, 천단 앞에는 단군을 위시로 석가, 노자, 공자 등 4명의 위패를 봉안하였다. 일제강점기에는 위패를 모실 수 없어 광복(1945년)이 되어서야 모셨다고 한다. 단군 위패는 '조선시조단군지위'라고 썼으며, 석가·노자·공자는 수운교의 유불선 합일의 교리에 따라 봉안한 것이다.

(김형주, 『부안 속의 역사문화 이야기 땅 이름 마을 이름』, 부안문화재단, 2013년, 288-289쪽. 허방환의 자부 정태인이 전한 내용이다.)

2. 대종교 총본사 소장 유물 목록

원광대학교 종교문제연구소 제공, 문화재청 『근·현대 문화유산 종교(민족종교)분야 목록화 조사연구 보고서』(2016) 703~718쪽 인용.

1. 단군 영정(대종교 표준) 대1-1-1

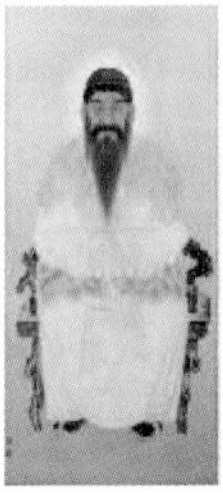

유형/종별	회화/단군 영정
소재지	대종교 총본사
소유자	대종교 총본사
제작연대	1946년
유물사항	(수량-재질-크기) 1-천-173×58(cm)
특징	대한민국 공인 표준 단군 영정

2. 단군 영정(최초모사) 대1-1-2

유형/종별	회화/단군 영정
소재지	부여박물관
소유자	부여박물관
제작연대	1910년
유물사항	(수량-재질-크기) 1-천-53×34(cm)
특징	단군 영정 최초 모사본

3. 백두산 천지 대1-1-3

유형/종별	회화/백두산
소재지	대종교 총본사
소유자	대종교 총본사
제작연대	1950년대
유물사항	(수량-재질-크기) 1-종이-60×108(cm)
특징	백두산 그림

4. 참성단 대1-1-4

유형/종별	회화/참성단
소 재 지	대종교 총본사
소 유 자	대종교 총본사
제작연대	1950년대
유물사항	(수량-재질-크기) 1-종이-81×120(cm)
특 징	마니산 참성단 그림

5. 단목영궁도 대1-1-5

유형/종별	회화/단목영궁도
소 재 지	대종교 총본사
소 유 자	대종교 총본사
제작연대	1950년대
유물사항	(수량-재질-크기) 1-종이-130×65(㎝)
특 징	단군교포명서에 그려진 백두산 단목영궁을 모사한 그림

6. 이시영 서예 대1-1-6

유형/종별	회화/서예
소 재 지	대종교 총본사
소 유 자	대종교 총본사
제작연대	1946년
유물사항	(수량-재질-크기) 1-종이-45×125(cm)
특 징	이시영의 현판용 삼일신고 서예 大吉祥(대길상), 大光明(대광명), 性通功完(성통공완)

7. 김창숙 서예 - 만장 대1-1-7

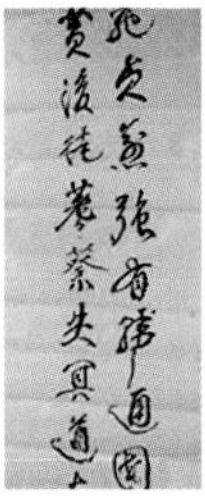

유형/종별	회화/서예
소 재 지	대종교 총본사
소 유 자	대종교 총본사
제작연대	1960년
유물사항	(수량-재질-크기) 1-종이-300×40(cm)
특 징	김창숙이 쓴 윤세복 만장

8. 한복완 서예 - 삼일신고예찬 대1-1-8

유형/종별	회화/서예
소 재 지	대종교 총본사
소 유 자	대종교 총본사
제작연대	1960년대
유물사항	(수량-재질-크기) 1-종이-200×300(cm)
특 징	초대 부인회장 한복완의 병풍

9. 천휘 서예 - 삼일신고 대1-1-9

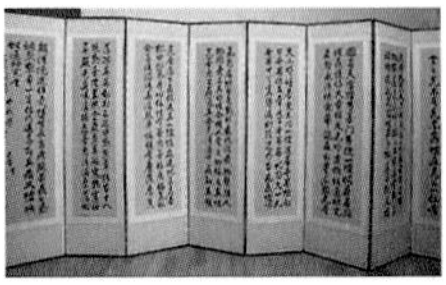

유형/종별	회화/서예
소 재 지	대종교 총본사
소 유 자	대종교 총본사
제작연대	1960년대
유물사항	(수량-재질-크기) 1-종이-200×300(cm)
특 징	천휘의 병풍

10. 단군 조상 대1-2-1

유형/종별	조각/단군상(문체부 표준-석고)
소 재 지	대종교 총본사
소 유 자	대종교 총본사
제작연대	1975년
유물사항	(수량-재질-크기) 1-석고-40×15×20(cm)
특 징	석고 조각상

11. 나철 묘비석 대1-2-2

유형/종별	조각/묘비석
소 재 지	중국 지린성 화룡현 용정
소 유 자	중국
제작연대	1916년
유물사항	(수량-재질-크기) 1-돌-91×23×23(cm)
특 징	大倧教大宗師弘巖羅喆先生神骸之藏(대종교 대종사 홍암나철선생신해지장)

12. 서일 묘비석 대1-2-3

유형/종별	조각/묘비석
소 재 지	중국 지린성 화룡현 용정
소 유 자	중국
제작연대	1928년
유물사항	(수량-재질-크기) 1-돌-85×35×24(cm)
특 징	大倧教宗師白圃喆兄徐一神骸之藏(대종교종사백포철형서일신해지장)

13. 나철 대종사 영정 대1-3-1

유형/종별	사진/나철대종사 영정
소 재 지	대종교 총본사
소 유 자	대종교 총본사
제작연대	1916년
유물사항	(수량-재질-크기) 1-인화지-각 15×10(cm) 이하
특 징	대종사 나철 영정 및 주변 인물들 사진

14. 종사 영정집 대1-3-2

유형/종별	사진/종사 영정집
소 재 지	대종교 총본사
소 유 자	대종교 총본사
제작연대	1960년
유물사항	(수량-재질-크기) 1-인화지-각 15×10(cm) 이하
특 징	종사들인 김교헌, 서일, 윤세복 사진

15. 환국 후 사진집 대1-3-3

유형/종별	사진/환국기념사진
소 재 지	대종교 총본사
소 유 자	대종교 총본사
제작연대	1950년
유물사항	(수량-재질-크기) 1-인화지-각 15×10(cm) 이하
특 징	광복 후 환국 기념 사진들로 윤세복 도사교를 위시한 그 당시 대종교인들의 모습을 담고 있음

16. 총본사 사진집 대1-3-4

유형/종별	사진/총본사 사진집
소재지	대종교 총본사
소유자	대종교 총본사
제작연대	1965년
유물사항	(수량-재질-크기) 1-인화지-각 15×10(cm) 이하
특징	총본사 사진들. 대종교는 수난을 많이 당해 총본사를 여러번 이전했음

17. 삼일신고 대2-1-1

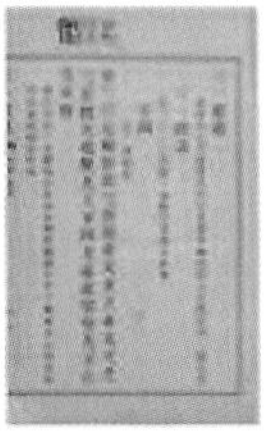

유형/종별	교서/삼일신고
소재지	대종교 총본사
소유자	대종교 총본사
제작연대	1912년
유물사항	(수량-재질-크기) 4-종이-23×15(cm), 20쪽
특징	대종사 나철 영정 및 주변 인물들 사진

18. 천부경(정신철학통편) 대2-1-2

유형/종별	교서/천부경
소재지	국립중앙도서관
소유자	국립중앙도서관
제작연대	1920년
유물사항	(수량-재질-크기) 1-종이-19.7×12.1(cm)
특징	천부경 최초 인쇄본. 전병훈 정신철학통편 중에 포함됨

19. 성경팔리 대2-1-3

유형/종별	교서/참전계경
소재지	고려대학교 도서관
소유자	고려대학교
제작연대	1920년
유물사항	(수량-재질-크기) 1-종이-25×18(cm), 116쪽
특징	참전계경 최초 등사본

20. 단군교포명서 대2-1-4

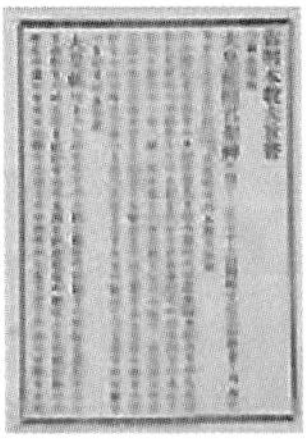

유형/종별	교서/단군교포명서
소 재 지	독립기념관
소 유 자	독립기념관
제작연대	1910년
유물사항	(수량-재질-크기) 1-종이-21.5×15(cm), 21쪽
특 징	중광 당시 포명한 문서

21. 오대종지서 대2-1-5

유형/종별	교서/오대종지서
소 재 지	한국학중앙연구원
소 유 자	한국학중앙연구원
제작연대	1909년
유물사항	(수량-재질-크기) 1-종이-18×12.5(cm), 33쪽
특 징	대종교의 역사를 기술한 문헌

22. 곡조 한얼노래 대2-1-7

유형/종별	교서/사책합부
소 재 지	대종교 총본사
소 유 자	대종교 총본사
제작연대	1942년
유물사항	(수량-재질-크기) 1-종이-21×14.6(cm), 39쪽
특 징	대종교 성가

23. 사책합부 대2-1-7

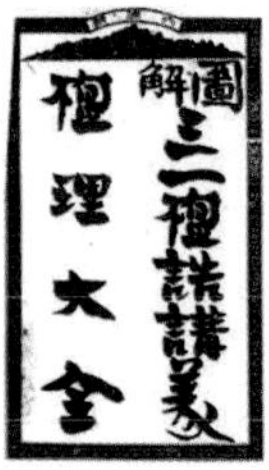

유형/종별	사진/환국기념사진
소 재 지	국학연구소
소 유 자	국학연구소
제작연대	1918년
유물사항	(수량-재질-크기) 1-종이-각 17×12(cm), 131쪽
특 징	대종교 4대 경전인 삼일신고, 신사기, 신리대전, 회삼경의 합책으로 신사기, 신리대전, 회삼경는 최고(最古)본임

24. 삼법회통·수진비록 대2-1-8

유형/종별	교서/삼법회통·수진비록
소 재 지	대종교 총본사
소 유 자	대종교 총본사
제작연대	1947년
유물사항	(수량-재질-크기) 1-종이-21×14.8(cm), 28쪽
특 징	대종교 수행 원리 및 지침서의 최고본임

25. 중정 대역 종례초략 대2-1-9

유형/종별	교서/중정 대역 종례초략
소 재 지	대종교 총본사
소 유 자	대종교 총본사
제작연대	1940년
유물사항	(수량-재질-크기) 2-종이-18.8×12.8(cm), 57쪽
특 징	대종교 의례집의 최고본임

26. 보정 종문지남 대2-1-10

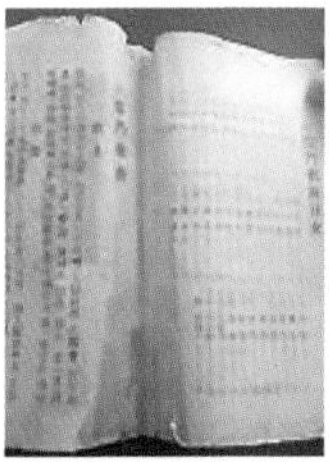

유형/종별	교서/종문지남
소 재 지	대종교 총본사
소 유 자	대종교 총본사
제작연대	1940년
유물사항	(수량-재질-크기) 2-종이-19.2×13.2(cm), 26쪽
특 징	대종교 소개서의 최초본임

27. 천부경(필사본) 대2-1-11

유형/종별	교서/천부경
소 재 지	용인시
소 유 자	오성만
제작연대	1925년
유물사항	(수량-재질-크기) 1-종이-25.2×18.1(cm), 2쪽
특 징	대종교 경전 천부경의 1925년 필사본. 대종교인들이 천부경을 중시한 증거자료임

28. 신형 조천기 대2-2-1

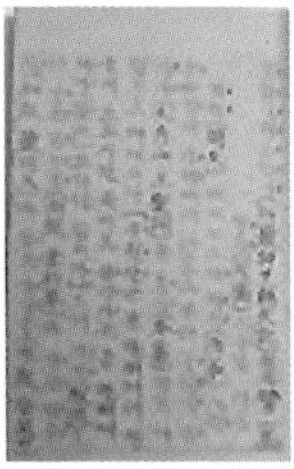

유형/종별	서적/조천기
소 재 지	대종교 총본사
소 유 자	대종교 총본사
제작연대	1954년
유물사항	(수량-재질-크기) 3-종이-21×14.6(cm), 243쪽
특 징	나철 대종사 순교 기록

29. 종보 제1, 2집 대2-2-2

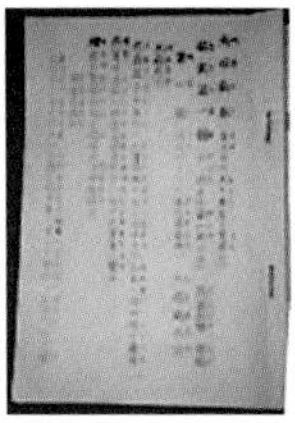

유형/종별	서적/교보
소 재 지	대종교 총본사
소 유 자	대종교 총본사
제작연대	1957년
유물사항	(수량-재질-크기) 1(2)-종이-17.5×12.3(cm), 40쪽
특 징	대종교 교보 (1909, 1910년), 중광 해와 그 이듬해의 기록

30. 신단민사 대2-2-3

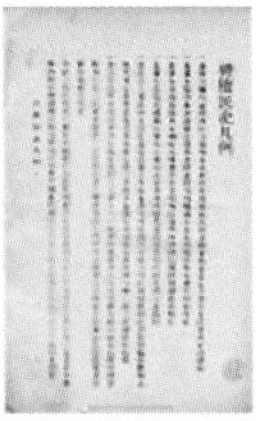

유형/종별	교서/신단민사
소 재 지	독립기념관
소 유 자	독립기념관
제작연대	1923년
유물사항	(수량-재질-크기) 1-종이-20×14.5(cm), 250쪽
특 징	최초의 주체적인 역사 교과서

31. 단전요의 대2-2-4

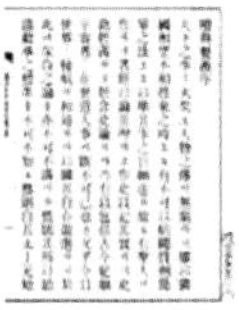

유형/종별	사진/단전요의
소 재 지	국립중앙도서관
소 유 자	국립중앙도서관
제작연대	1925년
유물사항	(수량-재질-크기) 1-종이-18×12(cm), 64쪽
특 징	단군 시대의 역사와 종교, 경전에 대한 책

32. 한빛 대2-2-5

유형/종별	서적/한빛
소 재 지	국회도서관
소 유 자	국회
제작연대	1928년
유물사항	(수량-재질-크기) 1(6)-종이-24.2×17(cm), 각50쪽 이하
특 징	최남선 등 대종교계 인물들이 주필한 잡지로 1-6호 발간됨

33. 대종교중광60년사 대2-2-6

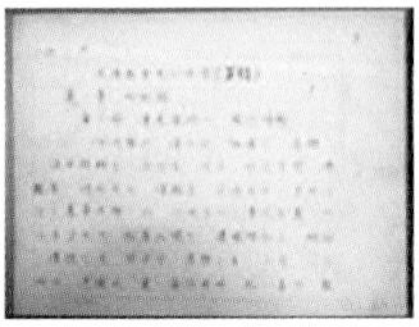

유형/종별	서적/대종교중광60년사
소 재 지	대종교 총본사
소 유 자	대종교 총본사
제작연대	1971년
유물사항	(수량-재질-크기) 1-종이-14.6×21(cm), 2245쪽
특 징	대종교 중광 이후의 60년사 및 의례, 규범 등을 집대성함

34. 신단실기 대2-2-7

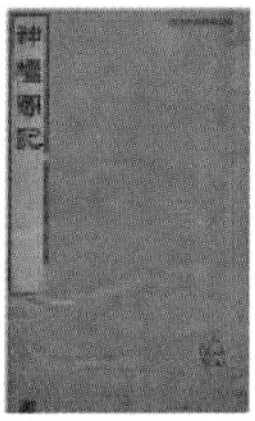

유형/종별	서적/신단실기
소 재 지	국립중앙도서관
소 유 자	국립중앙도서관
제작연대	1914년
유물사항	(수량-재질-크기) 1-종이-21.7×15(cm), 111쪽
특 징	최초의 주체적인 역사책

35. 대종교보(1937~1954) 대2-2-8

유형/종별	서적/교보
소 재 지	대종교 총본사
소 유 자	대종교 총본사
제작연대	1937년~1954년
유물사항	(수량-재질-크기) 1-종이-19.7×15.2(cm), 1질
특 징	대종교 교보 (1937-1954년)

36. 대종교보(1955~1965) 대2-2-9

유형/종별	서적/교보
소 재 지	대종교 총본사
소 유 자	대종교 총본사
제작연대	1955년~1965년
유물사항	(수량-재질-크기) 1-종이-18.8×12.8(cm), 1질
특 징	대종교 교보 (1955-1965년)

37. 셋책모음(대종교개관, 종문지남, 대종교소원록) 대2-2-10

유형/종별	서적/셋책모음
소 재 지	대종교 총본사
소 유 자	대종교 총본사
제작연대	1950년
유물사항	(수량-재질-크기) 1-종이-20×14.5(cm), 167쪽
특 징	대종교 개관, 종문지남, 대종교소원록의 최초 한글번역 본

38. 임오십편순교실록 대2-2-11

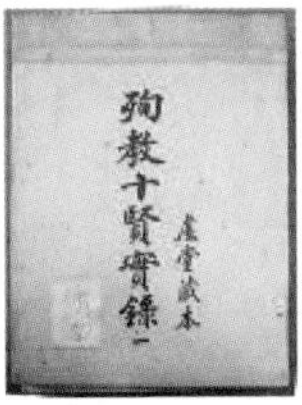

유형/종별	서저/임오십현순교실록
소 재 지	대종교 총본사
소 유 자	대종교 총본사
제작연대	1948년
유물사항	(수량-재질-크기) 1-종이-21×14.8(cm), 120쪽
특 징	임오교변 때 구금되어 감옥에서 서거한 교인들에 대한 기록

39. 삼혜당일록1, 2 대2-2-12

유형/종별	서적/삼혜당일록
소 재 지	대종교 총본사
소 유 자	대종교 총본사
제작연대	1946년
유물사항	(수량-재질-크기) 1-종이-21×14.8(cm), 230쪽
특 징	서일 저작 모음집

40. 원역삼일신고·주해신리대전 합편 대2-2-13

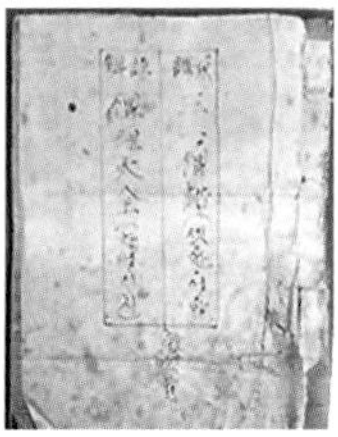

유형/종별	서적/삼일신고·신리대
소 재 지	대종교 총본사
소 유 자	대종교 총본사
제작연대	1920년
유물사항	(수량-재질-크기) 1(6)-종이-21×14.8(cm), 84쪽
특 징	삼일신고와 신리대전의 설명 및 주해서

41. 본사행일기 대2-2-14

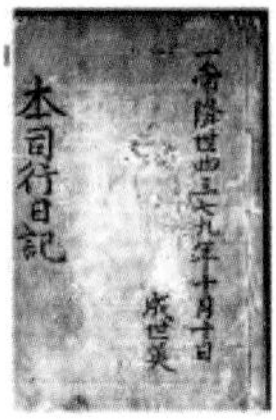

유형/종별	서적/본사행일기
소 재 지	경산북도 경산시 하양읍 무학로11
소 유 자	조원경
제작연대	1922년
유물사항	(수량-재질-크기) 1-종이-21×14.8(cm), 350쪽
특 징	경남 시교당 교인이 서울 남도본사에 행차하여 기록한 일기와 경전

42. 검결풀이 합편(부록 대종교홍범 및 규제, 범례규약 합편) 대2-2-7

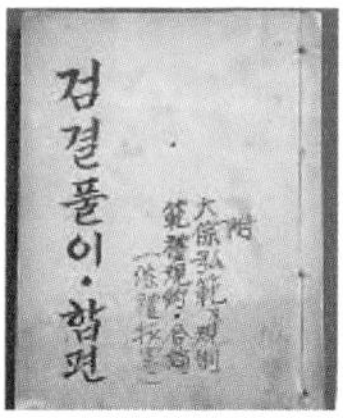

유형/종별	서적/검결풀이
소 재 지	대종교 총본사
소 유 자	대종교 총본사
제작연대	1946년
유물사항	(수량-재질-크기) 1-종이-18.4×12.5(cm), 56쪽
특 징	서일의 『오대종지강연』과 강우의 『종리문답 상, 하』, 『홍범』과 『종례규약』을 합철하여 풀이한 책

43. 대종교홍범 대2-2-16

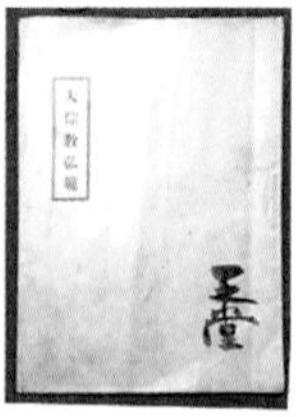

유형/종별	서적/대종교홍범
소 재 지	대종교 총본사
소 유 자	대종교 총본사
제작연대	1910년
유물사항	(수량-재질-크기) 1-종이-19.5×12.8(cm), 65쪽
특 징	나철이 제정한 대종교 최초 규범

44. 대종교규범 대2-2-17

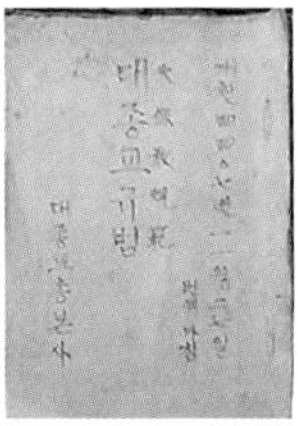

유형/종별	서적/교보
소 재 지	대종교 총본사
소 유 자	대종교 총본사
제작연대	1950년
유물사항	(수량-재질-크기) 1-종이-21.3×14.3(cm), 58쪽
특 징	대종교 규범. 최초의 한글본임

45. 사지통속고 대2-2-18

유형/종별	서적/사지통속고
소 재 지	국학연구소
소 유 자	국학연구소
제작연대	1923년
유물사항	(수량-재질-크기) 1-종이-17×12.5(cm), 83쪽
특 징	저자 정윤, 단군시대부터의 풍속을 쓴 일종의 역사책 임. 한글 용어를 사용해서 우리말의 어원 연구에 귀중한 자료임

46. 우리 스승님들 모습 대2-2-19

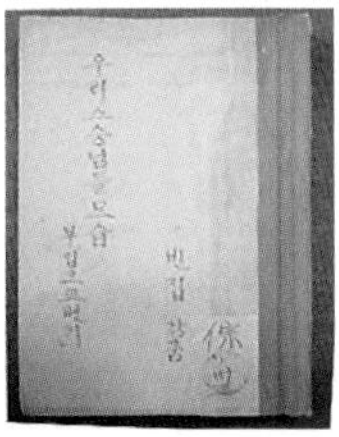

유형/종별	서적/우리 스승님들 모습
소 재 지	대종교 총본사
소 유 자	대종교 총본사
제작연대	1950년
유물사항	(수량-재질-크기) 1-종이-21×14.8(cm), 240쪽
특 징	대종교 스승들의 모습에 대한 기록

47. KBS 방송선교 대2-2-20

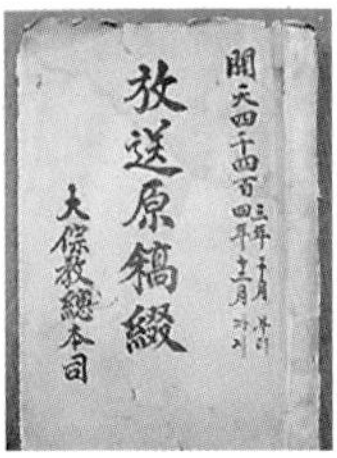

유형/종별	서적/KBS 방송선교
소 재 지	대종교 총본사
소 유 자	대종교 총본사
제작연대	1950년
유물사항	(수량-재질-크기) 1-종이-18.4×12.5(cm), 253쪽
특 징	성세영이 해방 후 6년동안 KBS에서 71회 시행한 대종교 포교방송의 원고로 당시 대종교의 활동과 위상을 담은 기록

48. 종사취재고 대2-2-21

유형/종별	서적/종사취재고
소 재 지	대종교 총본사
소 유 자	대종교 총본사
제작연대	1958년
유물사항	(수량-재질-크기) 1(12)-종이-18.4×12.5(cm)
특 징	대종교 자료들을 집대성한 책

49. 교보 기념호 대2-2-22

유형/종별	서적/교보
소 재 지	대종교 총본사
소 유 자	대종교 총본사
제작연대	1946년
유물사항	(수량-재질-크기) 1-종이-18.2×13(cm), 63쪽
특 징	대종교 교보 (1946년)

50. 나철 유언서 대2-4-1

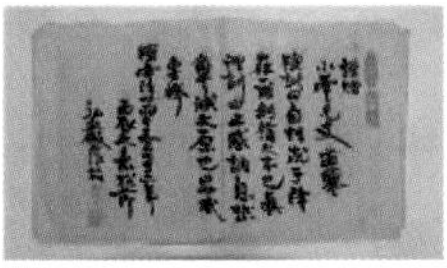

유형/종별	문서/나철유언서
소 재 지	강원도 홍천군 내촌면 서곡리 340
소 유 자	김동환
제작연대	1916년
유물사항	(수량-재질-크기) 1-종이-12.8×18.2(cm)
특 징	나철 친필 유언서, 황병욱에게 준 글

51. 무오독립선언서 대2-4-2

유형/종별	문서/무오독립선언서
소 재 지	독립기념관
소 유 자	독립기념관
제작연대	미상(사본) 1919년(원본)
유물사항	(수량-재질-크기) 1-종이-37×52(cm)
특 징	우리나라 최초의 독립선언서로 한일병합의 무효와 무력적 대항을 선포함

52. 대종교 시교문 대2-4-3

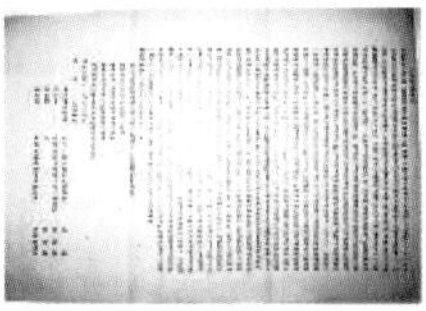

유형/종별	문서/대종교시교문
소 재 지	고려대학교 도서관
소 유 자	고려대학교
제작연대	1916년
유물사항	(수량-재질-크기) 1-종이-23×33(cm)
특 징	대종교 최초로 포교를 위해서 작성한 한문본과 한글본 각 1 장씩 포교 유인물임

53. 종문영질 대2-4-4

유형/종별	문서/교인명부
소 재 지	대종교 총본사
소 유 자	대종교 총본사
제작연대	1922년
유물사항	(수량-재질-크기) 1-종이-19.7×13.6(cm), 32쪽
특 징	1922년의 교인 명부. 교인의 교내에서의 위치 등의 정보가 수록됨

54. 대종교총본사건축발기회 포명서 대2-4-5

유형/종별	문서/ 총본사건축빌기회포명서
소 재 지	대종교 총본사
소 유 자	대종교 총본사
제작연대	1934년
유물사항	(수량-재질-크기) 1-종이-18.2×12.8(cm), 20쪽
특 징	영안현 동경성에서 제작된 총본사 건축 발기문

55. 총본사직원이력서 대2-4-6

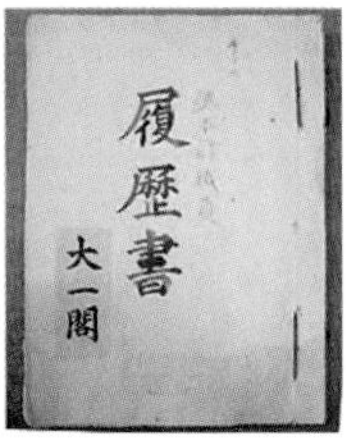

유형/종별	문서/총본사직원이력서
소 재 지	대종교 총본사
소 유 자	대종교 총본사
제작연대	1949년
유물사항	(수량-재질-크기) 1-종이-25.3×18(cm), 164쪽
특 징	1946년에 총본사 직원이었던 36명의 자필이력서로 학력과 교력(矯歷) 등의 이력이 상세히 기록되어 있음

56. 영유인명부 대2-4-7

유형/종별	문서/교인명부
소 재 지	대종교 총본사
소 유 자	대종교 총본사
제작연대	1947년
유물사항	(수량-재질-크기) 1-종이-22×17(cm), 41쪽
특 징	중광 이후 대종사부터 시작된 중견 대종교인들의 인명록

57. 대종교직원임면일람표 대2-4-8

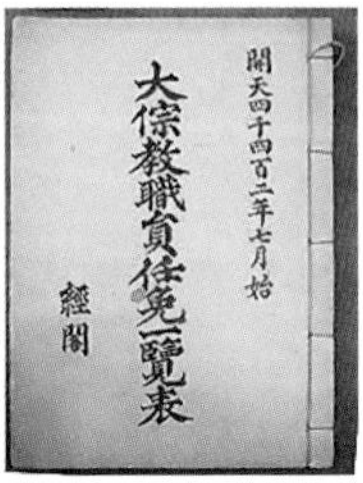

유형/종별	문서/교인명부
소 재 지	대종교 총본사
소 유 자	대종교 총본사
제작연대	1950년
유물사항	(수량-재질-크기) 1-종이-26.5×18.8(cm), 56쪽
특 징	대종교 직원들의 임명과 면직의 일람표

58. 선의식 제기 세트 대3-1-1

유형/종별	의례/선의식제기
소 재 지	대종교 총본사
소 유 자	대종교 총본사
제작연대	1965년
유물사항	(수량-재질-크기) 11-유기-각 30×30×50cm^2 이하
특 징	대종교 선의식(하늘 제사)에 사용되는 제기 세트

59. 대종교기 대3-1-2

유형/종별	의례/대종교기
소 재 지	대종교 총본사
소 유 자	대종교 총본사
제작연대	1960년대
유물사항	(수량-재질-크기) 1-천-40×60(cm)
특 징	대종교 깃발 천기(天旗)

60. 북 대3-2-1

유형/종별	의례/천고(북)
소 재 지	대종교 총본사
소 유 자	대종교 총본사
제작연대	1979년
유물사항	(수량-재질-크기) 1-나무와 가죽-길이151×지름113(cm)
특 징	고구려 시대의 전통을 이어받아 경배 시간에 북을 이용함

61. 선의식예복 대3-3-1

유형/종별	의례/선의식예복
소 재 지	대종교 총본사
소 유 자	대종교 총본사
제작연대	1983년
유물사항	(수량-재질-크기) 옷 종류
특 징	하늘 제사에 사용되는 예복 세트

부록

1. 단군 관련 계획서 · 성명서 · 요청서 · 보도문

1) 민족관 건립기념사업회 계획서(1967)

2) 국사찾기협의회 국사개정 요청서(1978)

3) 서울시 단군성전 건립 문제(1985)

4) 한문화운동연합 단군상 건립 문제(1999~2003)

5) 남북 역사학자들의 공동보도문(2002)

2. 단군 관련 참고 문헌 목록

1) 『단군문헌』 수록 문헌 자료 목록

2) 『단군자료집성』 참고 문헌 자료 목록

3) 본서 참고 자료

3. 단군 사묘와 단군 관련 단체 목록

1) 단군 사묘 분류별 목록

2) 단군 학술연구단체 목록

1. 단군 관련 계획서·성명서·요청서·보도문

1) 민족관 건립기념사업회 계획서(1967)

• 민족관 건립 취지문

지금 우리는 한반도韓半島의 3천만인구 모두가 단군성조檀君聖祖의 후손임을 인식한다. 한배검조선(王儉朝鮮)과 기자의 2천2백여년이 지난후 신라, 고구려, 백제(百濟)의 삼국시대를 거쳐가지고 고려조와 이조를 지나는 동안 북방오랑캐와 동해의 해족(海族)으로부터 이루 헤아릴수 없을만큼 여러번 침범을 당하였지만 우리민족은 번번이 그같은 고난과 치욕을 싸워서 이겨 물리쳐 버리고서 자주 독립의 역사를 이룩하여 온 문화민족임을 또한 인식한다. 그런데 현재 우리가 처한 이 역사적 순간은 참으로 국내외에 착잡한 문제가 누적된 가운데 파괴와 난동과 퇴폐의 풍조가 천하에 만연되어 있기 때문에 국민사상과 생활신조와 민족얼마저 혼돈 경박 희미해저 가고 있다. 그런 까닭으로 우리는 조국근대화와 민족통일을 이룩하려는 이 시점에서 우리 3천만이 단군한배검의 후손임을 강조하고 재인식함으로서 천만줄기의 시냇물이 큰 바다로 흐르듯이 우리의 얼과 신조와 사상이 홍익인간(弘益人間)의 단군의 얼로 귀일(歸一)케 하는 일이 시급하고 중요한 일이라고 확신한다.

이같은 신념으로 뭉친 우리들 단기 4300년 기념사업회의 동지들을 금년(4300) 개천절을 맞이하여 민족관(民族館)을 건립(建立)하므로서 국민으로 하여금 단군(檀君)에게로 귀일(歸一)하고 그 이념(理念)을 숭모(崇慕)하면서 서로 사랑하고 뭉처 앞으로 민족 만대의 번영을 기하고저 하는 바이다.

※ 이 민족관이 완성되면 정부(국가)에 바치기로 한다.

• 국조단군 한배검

단군한배검의 천진(天眞)은 신라때 솔거의 그린것으로서 황해도 9월산 3성사에 모시고 대종교(大倧教)에서 받들었다. 1949년에 국회와 정부에서 공인 채택하였음.

• 민족관 건립 목적

1. 우리배달민족의 아버지요 스승이요 또 임금이신 단군 한배검(檀君王儉)의 개국이래 4300여년 동안 자주독립의 역사를 이룩해 온 문화 민족임을 널리 인식시킨다.

2. 우리의 고유한 [민족얼]을 되찾아 국민의 분열된 사상과 퇴페된 풍조를 바로잡기 위하여 우리민족의 조상인 단군에서 민족통일의 상징을 구현한다.

3. 민족이 걸어온 역사를 고증하여 널리 알리고 새로운 역사를 창조할 민족부흥의 기상과 포부를 후손에 보여준다.

4. 민족관은 순국선열의 혼령을 국조단군과 한데 배향하여 후손으로 하여금 민족정기를 앙양 진작시킨다.

5. 민족관은 우리민족의 힘을 한데 모으려는 정신적 도장이며 역사의 전당으로서 온 국민의 정성으로 건립된다.

위치 : 삼청공원(배달공원)

민족관 조감도

(원영진 우리문화선양회 회장 제공)

• 경과보고

1. 1963. 11. 1. 개천절을 좀더 뜻있게 보내기위하여 발기에 착수
2. 1963. 12. 18. 임시사무소를 배달문화연구원에 설치하고 뜻있는 발기인 48명을 구성 회합
3. 1966. 11. 29. 시민회관 소강당에서 발기인 약 400명 참석하에 단기 4300년 기념사업회 창립총회 개최 회장에 김팔봉 선출
4. 1966. 12. 4. 이사회에서 기념관 건립을 결의하고 설계를 위촉함.
5. 1967. 8. 7. 서울특별시 삼청공원 종합개발계획에 따라 기념관 부지 확정(약 1만평)
6. 1967. 9 6. 제1차 설계자문위원회 개최
7. 1967. 9. 28. 각계 인사 초청 간담회 개최
8. 1967. 10. 30. 제12차 이사회 개최. 기념관 설계 1~4차안 검토
9. 1967. 11. 6. 제1차 지도위원회 개최
10. 1967. 11. 17. 곽상훈 선생 회장에 취임.
11. 1967. 11. 28. 민족관 건립계획 제4차안 대통령께 부리핑.
12. 1968. 3. 9. 민족관 건립계획 제7차안 대통령께 부리핑.
13. 1968. 3. 13. 제 17차 이사회에서 민족관 건립계획 제7차안으로 확정함.

• **임원명단**(가나다순)

-이사-

회장 곽상훈

이사 : 김경. 김미희, 김의형, 박관수, 박종화, 박영준, 선우기성, 안호상, 이동준, 이수경, 조효원, 최옥자, 홍난희.

감사 : 김두종 최상수

설계자 : 국보건설단 대표 강봉진

지도위원 : 강원용, 고재욱, 김종필, 김팔봉, 김활난, 김연준, 노기남, 박두병, 박순천, 박찬현, 방우영, 백낙준, 유진오, 이병철, 이범석, 이갑성, 이 인, 이청담, 이효상, 임영신, 장기봉, 장기영, 장태화, 정일권, 조진만, 최덕신, 최두선, 최현배, 홍재선

• **공사시공 계획**

1차년도(1968)

1) 대지조성

2) 개천궁 골조공사

2차년도(1969)

1) 개천궁 마무리공사

2) 역사관 골조공사

3) 관리관 골조공사

4) 정문공사

3차년도

1) 역사관 마무리공사

2) 관리관 마무리공사

3) 민족관 광장공사

4) 조경공사

5) 동상

6) 조각

7) 회화

8) 잡공사

• **1970년 10월 3일 개천절 행사계획**

합계 870,000,000원

모금계획

명칭	금액	비고
재일교포 모금	150,000,000	특정재벌인 부담
재미교포 모임	50,000,000	특정재벌인 부담
극장 모금	50,000,000	2,500,000명×20원
국민 모금	200,000,000	20,000,000×10원
경제인모금	170,000,000	특정재벌인 부담
국고보조금	250,000,000	

1968- 150,000,000

1969- 75,000,000

1970- 25,000,000

합계 870,000,000

발행처-단기 4300년 기념사업회

서울시 종로구 창선동 112의2호

전화 74-8251

2) 국사찾기협의회 국사개정 요청(1978)

- 국사찾기협의회 설립취지서(1975)

1. 설립 취지

단기 4278년(서기 1945) 8월 15일의 광복은 조국의 정치적 자주독립과 아울러 민족사적 자주독립으로서의 민족얼을 되찾기 중흥계기여야 했다.

그런데, 의식구조화된 모화사상과 왜적이 남긴 식민중독으로 말미암은 사대적 유산인 엄청난 날조·변조·왜곡·오찬(誤撰) 등 전 세대까지의 남의 사관, 특히 식민사관을 그대로 방치한 채 얼은 따라오지 않은 허울만의 반쪽 광복 30년을 방향없이 관성적으로 표류하여 왔다.

방향 없는 표류란, 前進을 닮은 타락의 방황에 불관한 것이며, 자주사관 없는 博覽强記란 학식을 닮은 誤學의 史禍라면 여기 사가들이 엄히 자숙해야 할 그 사명상의 계명이 연원하는 것이다.

민족사관이란 두 말할 것도 없이 국민윤리상 가치구조의 기조가 되는 基底哲學이어야 하며, 따라서 민족사관의 올바른 정립 없이 전개되는 온갖 형태의 국가적 노력은 沙上樓閣에 불과한 것이다.

그것은 자주의 방향성과 그 맥락의 일관성을 잃는 국민성의 퇴화로 말미암아 그 永昌은 고사하고 그 민족, 그 국가는 생존경쟁권에서 언젠가는 자연도태되어 形跡도 없이 영원히 소멸된다는 인류의 史鑑이 우리에게 가르쳐 준 법칙이었기 때문이다. 그러함으로 유신·새마을운동·국가안보·멸공평화통일 등 당면한 국가시책의 그 지도 원리는 마땅히 민족사관의 기반 위에 바탕하여야 할 것이다.

이것은 우리의 相剋 사관인 유물사관에 기반을 두는 공산침략에 대항하는 우리의 근본원리요 기본원칙이기 때문이다.

그런데 불행히도 우리의 지난날의 검인정국사교과서·현행 국정교과서, 그리고 양산되는 뭇 사서들이, 허울만의 반쪽이 빚은 무의식 중의 不作爲的 害國史筆性向으로 말미암아, 각급학교 학생 전반에게 끼친 사관오도의 해독은 헤아릴 수 없을 만큼 튼 것이었으며, 이런 그릇된 사관 속에 성장한 학생들이 차츰 성인층 내지 사회의 담당층을 형성하여 감에 따라 드디어 국민전체의 방향감각 곧 사관·통념을 크게 빗나가게 함으로써 엄밀한 뜻에서의 민족사관은 바야흐로 상실·소멸의 위기에 처하였으니 이것이야말로 이에서 더한 국난은 없는 것이라 하겠다.

왜냐하면 사관의 방향착오는 자칫 우리의 상극사관인 유물사관과의 일부 혼동 내지 전면혼동으로 비약시켜, 逐次浸透式의 자연스러운 유도성을 띨 이른바 간접유물사관의 자동용인의 우려가 짙기 때문이며, 이것은 적화전략의 견지에서 명약관화한 현대전략사상·전쟁지도원리에서의 상식이기 때문이다.

이에 있어 우리는 국사의 광복, 곧 「우리역사찾기」의 구국적 구사운동을 초학파의 대승적 입장에서 벌이기를 결의하게 된 것이며, 본 「국사찾기협의회」를 발기하고, 다음 운동원칙의 결정 및 당면 목표를 설정한다.

원칙 제1, 전 세대까지의 사대성과 식민사관인 중화사관 지엽으로서의 「捏造朝鮮史」와 일제침략도구로서의 「變造朝鮮史」등에 의한 그릇된 고정관념을 이땅에서 拔本塞源한다.

원칙 제2, 장차 실지광복을 뒷받침할 행동철학 바탕 곧 조국통일을 목표로 하는 흔들림이 없는 민족사관을 정립한다.

원칙 제3, 주체성의 결여로 인한 민족성의 위축성향과 사대·모방성의 타율가치관을 지양하고 우리 역사에 뿌리박은 일관된 우리의 자주가치관과 우리의 생존·영창의 법칙에 따라 이에 알맞은 기본적인 체제철학의 완성을 기한다.

원칙 제4, 소승적인 학파별을 초월한 관학·재야사학계를 망라한 대승적인 단합은 물론이려니와 바른 사관의 확립을 위한 우리국사찾기에 직·간접적으로 연관되는 분야와의 대의의 상호협조로써 민족정기 중흥에 공헌한다.

一. 본 협의회는 「단군조선은 실재의 상고시대로서 우리 국사의 상한으로 본다」

따라서 인류의 유사의 다른 문화권과의 비교심정도 없이 함부로 단군조선을 신화시대로 덮어버리는 맹단이나 또한 국조를 실존인물 아닌 신화적 가공우상설로 대치하는 혹세의 경망은 이를 단호히 용인하지 않는다.

이에 있어서 국조의 실존과 그 조국의 이념에 대한 우리의 확신과 인정과 신앙은 곧 반유물사관적인 민족사관의 확립에 절대관계가 있음을 그 인식을 새로이 한다.

깊이 생각컨대, 민족성 형성의 역사적 과정을 바로 보는 바른 민족사관은 현재를 극복할 이념선택의 방향과 미래의 생존권 개척을 감당할 국민기풍의 진작에 결정적인 영향요소임을 재인식하고 앞으로 국조의 실존과 그 조국이념에 대한 국민의 공명도를 높이는 운동에 힘쓴다.

二. 본 협의회는 「단군조선 이래 반만년의 역사강역은 현재의 한반도에 跼縮된 판도가 아니라 그 강역의 동은 연해주 일원, 북은 흑룡강 유역, 서는 바이칼호, 남은 산동반도 일원 및 황하, 회수, 양자강에 걸친 중원대륙 등을 동서남북으로 경위삼아 일연하는 대강역이었음을 밝힌다.」

따라서 종래의 한반도내 한사군설(평안도 대동강유역 중심) 따위 그릇된 사대적인 반국사적 통념은 특정한 고금의 국내사가들의 사료의 오찬에 기인된 필욘 인과임을 확인한다.

특히 외제의 침략도구인 고등심리전략교서애 불과한 한무제와 그 역대의 사관들인 동중서 사마천 그리고 역사의 최대 활용자인 당 태종, 최근의 일제 등에 의한 날조·변조사기 따위를, 외세의 압력 밑에서 복창 복사의 되풀이로서 마치 정사 사실처럼 그것을 기정사실화하여 준 외제 모략이 매개역사필들에 기인하여, 후세의 고정관념으로 오늘과 같은 오도사관(대동강 중심의 한사군 따위 국축사관)이 발생하게 되었음을 통탕하면서 본 협의회는 진실된 사료와 시대배경의 엄정한 자주적 규명과 고증들에 의거하여 이를 심정하고 이에 대한 국민들의 인식을 바로잡는 운동에 힘쓴다.

三. 본 협의회는 「현행 국정국사교과서는 마땅히 그 반도국축사관을 탈피한 대륙사관에 입각하여 개정되도록 그 방향 촉구에 힘쓴다. 특히 단군신화설과 한반도내 한사군설의 訂正은 시급을 요하며 當路者로 하여금 不成口實로 時日을 遲延함이 없이 이것을 문교의 정책대강으로 채택하도록 촉구하기에 힘쓴다.」

우리는 현실적 또 역사적으로 「국사찾기」의 절대적 당위성과 필요성을 절감하기 때문에 역사학을 통한 구국운동인 「국사찾기협의회」에 欣然 참가할 것을 다짐하며 아울러 국민적 성원과 편달을 바라마지 않는 바이다.

1975년

倍達文化院長(安浩相)

韓國古代史學會(文定昌)

檀檀學會(李裕岦)

基督同友會(李大偉)

한국고전문우회(林承國)

알타이 人文學會(朴時仁)

月刊 自由社(朴蒼岩)

白岳文化研究所(崔 仁)

- **국정국사의 교과서 사용금지 및 정사편찬기구의 재구성촉구에 관한 요구서** 1978.10.11.*

(전략) 본인 등은 이 나라의 국민으로서 국정교과서가 그릇 편찬된 데 대하여 부끄러움을 금할 수 없으며 또 국사를 전공하는 역사학도로서 심한 모욕감과 자존심에 대한 상처를 느끼는 것이며 명예감에 크나큰 충격을 느끼고 있습니다. 이하에 객관적 진실을 입증할 수 있는 자료와 근거 및 정사편찬의 긴급성, 현행 국사교재의 사용금지 타당성을 주장하는 본인 등의 서면요구 사항을 표명하거니와 자료 7의 (8)에서 보는 바와 같이 북괴 괴뢰정권은 고조선의 영토를 중국 영토 깊숙히 있었던 것으로 주장하고 있어서 본인 등은 이와 같은 사실에 대하여도 귀하의 깊은 배려가 있기를 바랍니다. (끝)

[1] 건의이유

(1) 국정 국사의 오류를 바로 잡기 위해

(가) 국정 국사는 반도사관으로 기술 되었다.

(나) '고조선은 B.C. 4세기를 전후하여…출발했다'라고 되어 있다.

(다) 국사연표에 위만이 B.C. 194년에 고조선 왕이 된 것으로 써서 구체적인 한국사가 이때 시작된 것처럼 서술했다.

(2) 국정 국사는 패배주의적 의식을 고취하기 위해 서술한 조선총독부 발행 〈조선사〉(35권)의 범죄를 충실히 되풀이 하는 사상점 범죄를

* 1978년 9월 29일 국사찾기협의회는 문교부장관 앞으로 행정소송을 내고, 10월 11일에 보충 자료를 문교부장관 앞으로 제출했다. 뒤에 1980년 6월 27일 재판부가 행정소송에 대한 소를 각하했다.

범하고 있다.

(가) 국사연표에 위만 침입 탈취 사건부터 시작하여 한국사가 외국 식민지로부터 시작된 인상을 짙게 함

(나) 국사 교과서 대표집필자 김철준 교수의 〈국사개론〉에도 "한나라의 식민지로부터 한국사가 시작되었다"고 망언.

(다) 왜색식민사학 〈조선사〉가 만든 한사군 이론을 그대로 답습하여 한사군을 비정. 한사군 위치는 〈사기〉에도 나오지 않음.

(라) 통일신라의 영토를 대동강-원산만 이남으로 축소. 그나마 당의 승인을 받은 것으로 나옴.

[2] 반증자료

(1) 반도사관

(가) 고구려 : 고구려의 영토는 대륙이다. 고죽국(현 북경)과 삼국사기 모본왕 조를 보면 어양, 상곡, 태원 등 중국 산서성까지 고구려 영토였음.

(나) 백제 : 통전, 양사, 북사, 주서를 따르면 백제는 양자강 북쪽과 요서 지방 등 중원대륙을 점령하고 있었음.

(다) 신라 : 만주원류고를 따르면 신라는 만주까지 차지하고 있었음.

(2) 한국사의 시폭

조선이라는 국호는 동양사 최초의 국호이다. 중국 최초의 지리서인 〈산해경〉(하나라 우임금의 저서, 또는 그 신하 백익의 저서라 함)에 이미 조선이라는 이름이 적혀 있다.

(3) 한사군 문제

(가) 〈사기〉에 한사군이 나오지 않고 반대로 조선인 4군이 나온다.

(나) 〈증보문헌비고〉에도 한사군을 한반도에 비정하지 않는다.

(다) 북괴는 김석형, 이지린에 의해 한사군을 요하 하구로 비정하고 있다. 민족사의 정통성은 오류 시정부터.

(4) 통일 신라의 왜곡 : 만주원류고에 따르면 신라가 만주를 점령했음

[3] 결언

(1) 그릇된 국정 국사는 국민의 조국관을 흐리게 하고 결과적으로 국민의 정신전력을 약화 저해한다.

(2) 조선사편수회에 관련된 학자가 물러나는 것은 물론, 그 학자 밑에서 수학하고 식민사학의 제 원칙을 믿고 있는 학자와 국정 국사 편찬에 직간접으로 관여한 학자는 모두 퇴진시킨 후 '정사편찬기구'를 즉각 구성토록 하라.

3) 서울시 단군성전 건립 문제(1985)

• **단군성전건립추진위원회 구성** 1985.2.28.

단군성전 건립을 위한 1차회의를 1985년 2월 28일 롯데호텔에서 개최했다. 염보현 서울시장 주재로 열린 이날 회의에서는 각계대표 16명으로 구성된 단군성전건립운영위원회(위원장 염보현 서울시장)와 11명으로 구성된 추진위원회를 각각 발족시켰다.

• **성명서 : 대한예수교장로회 총회** 1985.11.14.

성 명 서

1985년 9월 19일에서 24일까지 서울 영락교회당에서 회집된 대한예수교장로회 제 70회 총회는 소위 단군전 건립 추진에 대해 반대할 것을 만장일치로 결의한 후 전국적으로 반대추진위원회를 조직하여 교단 산하 5천 교회, 1백 50만 신도를 대상으로 반대 서명운동 전개와 지방대회를 개최할 것 등을 결정하였다.

한국 기독교가 이 땅에 들어온 이래 오직 나라 사랑의 정신에서 민족의 개화와 독립을 위해 반공전선에서, 그리고 민주화를 위해 적지 않은 희생을 감내하면서도 크게 기여해 왔음을 어느 누구도 부인하지 못할 것이다. 단군전 건립을 반대하는 것도 먼저는 순교를 영광으로 아는 신앙 양심에서요, 그리고 나라사랑의 정신에서이다.

성서의 많은 선지자들은 그들이 처한 시대를 통찰하고 엄중한 경고의 소리를 쉬지 않았음을 알고 있는 우리는 단군전 건립을 추진하는 이면에 어떤 특정 정치세력에 의한 독재체제를 굳히는 데 이용하고자 하는 숨은 뜻이 있음을 발견하고 우려하지 않을 수 없다. 표면상으로는 "정부가 단군성전을 조성할 계획이 없다"고 하면서도 음성적으로, 우회적인 방법으로 계속 추진하고 있음에 우리는 더욱 그러한 의혹을 강하게 느끼기에 다음과 같이 우리의 입장을 밝힌다.

1. 단군은 우리나라 개국신화에 등장하는 가상적 인물이지 신이 아니다. 그럼에도 불구하고 국가 기관이 그를 신격화하여 "신전" 또는 "성전"을 건립하여 학생과 국민에게 참배케 한다면 그것은 곧 국가가 우상숭배를 조장하는 행위가 된다. "너희는 너를 위하여 우상을 만들지 말고 거기 절하지 말며 섬기지 말라"(출 20:2~6)고 명하신 유일신 하나님을 믿는 기독교는 국가 권력에 의한 우상숭배 조장 행위를 단호히 배격한다.

2. 오늘의 현실은 막대한 외채와 국제무역 마찰, 정치적 갈등과 학원문제, 남북관계 및 주변 열강의 보이지 않는 흉정, 농어촌 및 도시 영세 근로자들의 민생문제 등 우리로 하여금 잠시도 마음의 여유를 허락치 않고 있다. 이러한 때에 막대한 예산으로 단군전을 지어 여기에 참배시킴으로 흩어진 국민의 마음을 한데 묶어 보겠다는 안이한 발상을 관철시키려는 행위는 결코 애국적이 아니다.

3. 우리는 단군을 개국신화의 가상적 인물로서 그가 지니는 상징적 의미를 인정하는 데 인색치 않는다. 그러나 개국신화로서의 단군과 어떤 정치적, 종교적 목적의 이용물로서의 단군은 엄격히 구분되어야 한다. 특정 정치적 목적을 지닌 집단과 일부 국수적 종교인들의 의기가 투합하여 신화의 마술적 요소를 대중 심리 조작에 이용하려는 책략은 제거되어야 한다. "단군의 개국 이념"인 홍익인간 정신을 정부가 솔선수범하여 전 국민의 생활 현장에서 구현토록 하라. 그렇게 될 때 한국 교회는 순수하게 단군신화의 민주적 의미를 해석하며 그 이념을 기리고자 하는 일에 협력하게 될 것이다.

4. 민족의 구심점을 형성하는 일은 관권에 의하여 일방적으로 성취될 수는 없다. 더구나 의식적인 단군전을 지어 놓고 여기에 참배시킴으로 민족적 구심점을 형성할 수 있다는 사고는 국민에게 신사참배를 강요하다 나라를 패망시킨 군국주의 일본의 전철을 밟는 것이 될 것이다. 자유 민주주의를 국시로 하는 우리 대한민국에서 민족적 구심점을 형성하려는 작업 역시 민주적이어야 한다. 그것이 무시된다면 극단적인 국론 분열만을 초래할 뿐이요, 결국 정부나 이 사업을 추진하는 당사자들에게도 아무런 유익이 없을 것이다.

5. 우리는 "단군성전 건립"이라는 발상이 일부 과잉 충성자들의 단견이 빚어 낸 결과로서 천만 기독교인으로부터 심한 불신을 당하고 있음을 상기시킨다. 그리고 이일을 기화로 기독교를 "반민주적"으로 규정지어 국민으로부터 분리시키려 하는 어떠한 책략도 그 뜻을 이루지

못할 것임을 경고하면서 다음과 같이 정부 당국에 강력히 요구한다.

1) 단군전 건립 문제는 모든 국민의 뜻을 수렴해야 할 책임을 지닌 대통령의 슬기롭고 신속한 결단으로 전면 중지시키도록 하라.

2) 이번 사태의 근원인 서울시는 "단군성전 건립운영위원회"와 "단군성전 건립추진위원회"를 해체하고 "단군성전 건립계획"을 백지화하라.

3) 정부는 민간 또는 종교단체가 단군전을 건립하는 일에 행정적, 재정적 지원을 하지 않을 것과 지방관서가 역시 같은 지원을 하지 못하도록 철저히 감독하라.

1985년 11월 14일

대한예수교장로회 총회

• **단군전 건립 반대에 관한 제안설명**(1986.9.)

단군전 건립 반대에 관한 제안설명*

1. 과거의 사건

단군을 국조로 하여 그를 섬김으로써 국론을 통일해 보려는 시도는 과거에도 두 차례 있었다.

* 제71회 예장 총회 회의록에서 발췌한 것으로써(108~112쪽) '단군전건립반대위원회 보고서(대한예수교장로회 총회 사이비이단문제상담소, 1993)' 중 〈참고문서 1〉의 내용이다. 허호익 교수의 한국신학마당, http://theologia.kr/board_tangun/48070 인용.

첫 번째는 1966년 1월에 있었다. 당시 박정희 정부는 국고 1억원을 들여 남산에 단군상을 건립하여 신앙심을 불러일으키고 주체의식을 함양키로 각의에서 의결하였다. 이러한 정부의 계획은 즉각 교계의 반발을 불러 일으켜 교계의 반대운동은 전국적으로 확산되었고 결국 단군상 건립 계획은 백지화 되었다.

당시 기독공보는 사설을 통하여(1966. 2. 12.자) 단군상 건립 반대 이유를

1) 실제 건국과는 관계가 없는 가상적인 인물인 단군상을 세워 국민들에게 추앙을 강요한다면 이는 국민을 지나치게 우롱하는 것이요

2) 세계문화에 젖은 우리 국민에게 고대 단군상을 만들어 놓고 이를 중심으로 민족자립 주체의식을 가지라 함은 국민을 소홀히 여김이요

3) 한 종파의 교조인 단군을 국민 전체의 상징적 존재로 군림시키려 함은 다른 종교에 대한 침해라고 주장하며 정부 최고 책임자로서의 박대통령의 지시를 시급히 철회하라고 요구하였다.

또한 당시 경기노회는

1) 단군은 역사적 실재 인물이 아니기에 동상이 있을 수 없으며

2) 실재 인물이 아닌 이상 그의 동상은 하나의 우상일 수 밖에 없고 단군을 교조로 하는 종파가 세울 것이지 정부가 남산에 세울 수는 없다.

3) 근대화에 역행하는 것이며

4) 우상을 섬기는 나라는 망한다는 주장을 하며 반대 성명서를 내었다.

한국기독교교회협의회(NCC)는 단군상 건립 계획을 분석하고 반대

성명서를 발표하였다. 이유는

1) 기독교는 하나님만을 섬길 뿐이며 그 외에는 모두 피조물이므로 이를 신으로 섬기는 것을 거부한다. 민족 주체성을 살리고 민족적 구심점을 만들기 위한 상이라면 단군을 신화(神化)하지 않을 수 없게 되며, 결국 단군을 민족신으로 숭배하는 종교적 집단의 의도와 합치되어 단군의 종교화는 용이하게 달성될 것이며 국민의 종교적 대상으로 강요될 가능성이 예견된다.

2) 새 역사 건설에 매진하려는 정부가 신화의 낭만 속에서 복고적 향수를 느끼는 대중 심리를 마술적으로 이용하려는 불진실한 책략을 지양하라.

3) 민주 국가의 정부가 이미 다원화한 사회를 고대 신화에 의해 갑자기 일원화하려는 무모한 역행을 지양하라.

4) 국민정신을 통일하려면 집권자의 조급한 명령에 의해서가 아니라 관계자의 깊은 연구가 있고 국민 여론에 판정을 본 다음에 정책화해야 한다 고 하였다.

두 번째는 1970년 2월로 광주 무등산에 있는 증심사에 단군신전을 건립키로 하고 추진위원회를 구성하였다(위원장:이은상). 이들은 1천 5백만원 예산 중 5백만원은 모금하고 1천만원은 국고에서 보조해 주도록 요청, 당시 내무장관의 약속을 받았다. 이에 광주 기독교계는 반대위원회(위원장:정규오 목사)를 조직하고 70년 2월 14일 광주 학생회관에서 신도대회를 갖고 결의문을 발표하였다.

결의문은 건립계획을 취소할 것을 주장하고 국고보조를 반대한다며 우상숭배는 국가를 망치는 일이므로 끝까지 투쟁할 것을 천명하였다. 정규오 목사는 신도대회 설교를 통해 우리는 곰의 자손이 아니며 사실 아닌 것을 조작한다고 해서 국민정신이 하나가 되고 홍익인간이 되겠는가고 묻고 일제의 신사참배가 단군신화와 같은 것이라며 반대를 분명히 하였다. 결국 단군신전 건립계획은 취소되었다.

당국이 전면에 나서 단군상을 건립하려 한 1966년 당시 한.일 국교정상화를 둘러싼 극심한 국론 분열과 정부의 힘에 의한 통치가 단군상 건립 계획의 배경을 이루고 있음과 오늘의 단군전 건립 계획이 나온 상황이 매우 흡사함을 발견할 수 있다.

2. 단군 신화의 근거

단군 신화의 근거는 중국의 위서와 고기 두 가지에 근거를 두고 있다. 위서는 단군 왕검이 아사달에 도읍을 두고 개국하여 조선을 세웠다는 것이다. 고기는 천제 환인의 서자 환웅이 태백산 신단수 밑에 내려와 웅녀와 결혼하여 단군을 낳았고 단군이 조선을 세웠다는 것이다.

이 신화는 전설로서 전해 내려오다가 고려 충렬왕 때 중 일연이 쓴 〈삼국유사〉에 소개됨으로써 바로소 국조로 등장하게 된다. 당시 김부식은 정사(正史)로서 〈삼국사기〉를 썼지만 이 정사책에는 단군설화가 오르지 못하였다. 그러면 고려 충렬왕 때 비로소 단군이 국조로 등장하게 된 배경은 무엇인가? 당시 고려는 중국의 원(元) 나라의 속국으로서 갖은 압박과 천시를 당했다. 이에 대응하여 민족적 자각을 불러일으키기 위하여 그를 국조로 숭상하고 그의 신격과 위대함을 강조하게 된 것이다. 그리고 이조 때 평양에서 단군사당을 지었고, 이때 대종교 또는 단군교가 생기게 되었다. 그러나 일제는 우리 민족의 혼을 뺏기 위해 우리 나라 역사에서 단군설화를 삭제하였으며 해방 후 교과서에 다시 수록하고 단기를 쓰게 되었다. 그러나 5.16 후 단군의 역사적 사실을 인정하기 어렵다 하여 단기를 서기로 바꾸고 교과서에서 단군 신화를 삭제하였다. 다시 현 민정당 정권은 민족 주체성을 강조한다는 이유로 교과서에 단군 신화를 다시 수록했으며 작년(1984년)부터는 대통령이 개천절의 의미를 강조하며 기념식장에 직접 참석하기 시작하였다. 그런 상황 속에서 이번에 단군신전 건립운동이 대두된 것이다.

3. 단군신전 건립 계획

지난(1985년) 2월말 서울시는 염보현 서울시장을 위원장으로 하여 "단군성전 건립 운영위원회"와 김진원 부시장을 위원장으로 한 "단군성전 건립 추진위원회"를 조직하였다.

서울시는 자라나는 세대에 민족혼을 일깨워 주기 위해 30~40억원을 들여 사직단에 있는 사직공원을 성역화하고 공원안에 있는 16평 규모의 단군상을 크게 확장하여 성전으로 만들기로 하였다. 이를 위해 85년 5월에 설계에 착수하여 86년 초에 공사를 시작하여, 87년에 완공한다는 일정을 세웠다. 이에 대해 4월초 한국 기독교 지도자협의회장 유호준 목사가 서울 시장을 방문하여 "국민의 세금으로 특정 종교의 사당을 세울 수 없으며, 중.고등학생을 참배케 하면 우상 숭배를 조장하는 것이 되므로 반대한다"는 뜻을 전하였다. 서울시는 이에 대해 태도를 분명히 하지 않은 채 계획을 중단하고 있다.

그러던 차제에 "군단위 국조 단군 봉안회"라는 괴단체가 조직되어 전국 시.군에까지 "단군 봉안궁전"을 건립하되 1천 5백평의 대지에 2백2평 규모의 천진궁, 신도문, 대강당, 사무실, 숙실 등을 짓는다는 것이다. 예산은 20억원인데 회원의 회비 및 찬조금 10억, 대특지가 및 정부보조 10억원으로 조달하며 따라서 전국적으로 8조 2천억원을 투자하도록 되어 있다. 이에 대해 문화공보부는 정부와는 아무 관계가 없으며 단지 "지방의 유림들이 지방의 군수 등 공직자들의 의사를 묻지도 않고 고문에 추대하는 등 명의를 사용하였다"고 밝히고 있다. 4. 기독교의 반대 이유　기독교가 단군전 건립을 반대하는 이유는 두가지로 대별된다.

첫째는 단군전 건립이 우상숭배로 이어지기 때문이요, 둘째는 형식적인 것으로 국민의 일체감을 형성하려는 정부의 의도에 동의할 수 없다는 것이다.

1) 단군신화는 건국에 관한 하나의 전설에 불과할 뿐 건국 사화(史話)로 인정할 수 없다. 따라서 단군은 역사적 실재 인물이 아니다.

2) 하나의 독립 국가의 개국 이념이라고 보는 데에 무리가 있는 줄 알면서도 민족의 존재에 대한 근거로 삼아 가치를 부여하고 나아가 전 민족적 신앙으로 변형시키는 데에는 문제가 있다.

3) 단군을 개인적 신앙의 대상으로 하는 것은 종교의 자유가 있는 나라에서 시비할 수 없는 일이지만 국가 또는 국민 전체의 신앙대상으로 하려는 의도가 숨어 있으므로 반대한다.

4) "단군신전"(또는 성전)의 "신전" 또는 "성전"이라는 표현 자체가 이미 종교화 한 것이다. 신전 또는 성전은 단순한 인간의 기념물이 아

닌 숭배의 장소를 의미한다. 이것은 일본의 신사를 모방하려는 발상이다.

5) 정부는 어느 종교에도 초연해야 하는데 단군을 개국조라 하여 성전을 지어 준다면 그것은 편파적이고 위헌적인 일이다. 그간 우리 정부는 문화재 보호라는 구실로 수 많은 사찰을 복건 중수하였다. 이 일에 많은 국민의 세금을 사용했다는 것은 납득할 수 없는 처사다.

6) 뿌리찾기, 조상공경이라 하지만 그러한 일은 사당이나 세워 제사를 지내고 묘 앞에서 음식물을 차려 놓고 절하는 등의 형식적인 것이 전부가 아니다.(기독교는 오히려 마음으로, 실제적으로 조상을 공경하고 그들의 바른 정신을 이어받도록 교육한다.) 참으로 단군 정신을 구현하는 길은 국민의 그 이념인 홍익인간 정신을 체득하여 생활 현장에서 구현하도록 하는 데 있다.

7) 현재 우리 나라의 상황이 정신적 구심점을 필요로 하는 것이 사실이다. 그러나 그것이 하루 이틀에 형성되는 것이 아니고 한 두 사람의 강변이나 더구나 관권에 위하여 일방적으로 이루어질 수는 없다. 막대한 비용을 들여 건물을 세운다고 해서 그것이 곧 민족의 구심점이 된다는 것은 안이한 사고방식이며 일부 국수주의자들의 공감만을 얻을 뿐이다.

8) 정신적으로 민족을 단합시키고 화합시키려면 그 방법은 다양해야 한다. 자유 민주주의를 표방하는 우리 사회에서 절대 유일사상이나 전제적인 획일적 방법으로 실효를 거둘 수 없다. 9) 신전건립을 강행하고 참배를 강요한다면 오히려 국민화합을 깨트리고 극심한 국론 분열 만을 일으킬 것이다.

10) 세계 어느 민족이 신화를 형상화하여 국조, 국신으로 섬기고 있는가? 신사를 만들어 놓고 여기에 참배시킴으로 국민정신을 통일시켜 보려다가 결국 패망한 군국주의 일본의 전철을 밟으려 하는가?

11) 기독교는 이 민족을 사랑하고 있으며 어느 종파보다 앞서서 나라의 독립과 반공전선에서 싸웠다. 애국심이 언제부터 소수 국수주의자들의 전유물이 되었는가?

12) 지금은 막대한 외채문제로 나라가 근검 절약을 강조하고 있다. 그런데 아무런 득이 없는 일을 위해 수십억원의 세금을 낭비할 수는 없다.

13) 기독교는 우상을 반대한다. 일제시 신사참배 투쟁에 경험을 갖고 있는 한국 기독교는 순교를 영광으로 알고 끝까지 투쟁할 것이다.

4) 한문화운동연합 단군상 건립 문제(1999~2003)

• **통일기원 국조 단군상을 건립하며** 1999.1.

동방에 찬란한 정신문화를 꽃피웠던 동이배달 겨레의 유구한 역사는 세계사 속에서 실로 자랑스러운 것이었다.

B.C 7197년 중원대륙 천산에 안파견 한인(환인, 桓人) 천제께서 하늘로부터 천부삼인을 받아 세상에서 나라를 세우셨으니 국호는 한국(환국, 桓國)이다.

한국(환국)의 마지막 왕이신 지위리 한인(환인)천제께서 B.C 3898년 태자(거발한)에게 천부삼인과 천부경을 하사하시니 이를 받아 무리 3000명을 이끌고 천산에서 삼위 태백산 기슭으로 옮겨 신시를 세우고 국호를 '배달'이라 선포하셨다.

18대 거물단 한웅(황웅)천황께서는 웅족의 황녀를 황후로 맞아드려 태자를 낳으니 한배검(왕검)단군이시다. 한배검께서는 38세 되던 B.C 2333년 수도를 아사달(오늘날의 백두산 기슭)로 천부삼인과 천부경을 이어받아 홍익인간 재세이화의 정신으로 조선(단군조선=고조선)을 세우셨다.

배달시대 18대 조선시대 47대의 제왕들은 홍익인간 재세이화의 큰 뜻을 가지고 나라를 다스렸음을 볼 때 모두 성인 중의 성인이심이 분명하며 그 핏줄을 이어받은 배달겨레는 세계에서 찾기 힘든 유일한 문화민족임에 틀림이 없다. 그러나 그로부터 부여, 고구려, 백제, 신라, 발해, 고려, 조선, 일제 식민시대에 이르는 약 2천년이 지나는 동안 우리는 사실 6,962년의 역사를 부정하고 일제 식민사관에 동조하여 단군 이전의 역사는 신화로 취급하여 성인이신 단군을 곰의 자식으로 전락시키는 웃지 못할 현실에 처하게 되었으니 이 어찌 통탄스럽지 아니한가?

이를 평소 애통스럽게 여기고 평생을 민족 정신 광복에 전념해 오신 한문화운동연합 총재 일지 이승헌님의 제안으로 뜻을 같이 하는 동지들의 힘을 모아 분단 반세리를 넘긴 민족의 통일을 기원하는 마음과 민족사 바로 세우기의 정신을 담아 전국에 360개의 통일기원 국조 단군상 건립을 추진키로 하고 한문화운동연합회원들의 도움으로 여기에 통일기원국조단군상을 세운다.

이곳을 참배하는 모든 사람들이 우리의 뿌리를 기억하며 가슴속에 홍익인간 재세이화의 큰 정신을 간직하고, 겨레의 얼을 되새겨 밝고 강한 민족으로 살아갈 것을 다짐하자.

이 동상은 신라시대 화가 솔거가 그렸다고 추정되는 조선 시대 한배검님의 영정을 원형으로 하여 조각가 이흥수가 제작하였다.

4332년 정월

한문화운동연합 총재 일지 이승헌

통일기원단군상 건립추진위원 일동

• **성명서 : 한국기독교총연합회 외** 1999.6.14.

공공시설 내 단군상 설치를 반대한다.

IMF 경제난국을 비롯한 온갖 사회불안 요소들이 이 나라 국민의 마음을 불안하게 하고 있는것이 오늘의 현실이다. 그런데 이러한 국민불안 심리에 편승하여 단학선원과 단군을 신봉하는 종교인사들로 구성된 소위 한문화운동연합이라는 사설단체가 민족정신의 회복, 효정신회복,조국 통일기원이라는 명목하에 전국 초중고등학교를 비롯한 공공 시설 내에 단군상을 설치하고 있음을 실로 개탄할 일이 아닐 수 없다. 이에 우리는 공공시설내 단군상 설치를 아래와 같이 반대한다.

1. 단군상은 이 나라 청소년들에게 그릇된 역사관을 심어준다. 역사적 사실로 정립되지 않고 학자들간에 논란되고 있는 신화적 인물을 민족전체의 국조 내지 숭앙의 대상으로 인정하여 공공시설내에 단군상을 설립하는 것은 잘못된 일이다. 올바른 역사관을 정립해야 할 이 나라 청소년들에게 그릇된 역사관을 심어주는 일이므로 절대 반대한다. 이는 스스로 단군의 직계 계승자로 자임하는 김일성의 그릇된 논리에 편승하는 일종의 역사왜곡적 처사임으로 부당하다.

2. 공공시설내 단군상 건립은 위헌이다. 일개 종파의 종교시설물을 마치 국교인양 공공 학교나 공공 시설내에 설립하는 것은 헌법 제20조 1항 "모든 국민은 종교의 자유가 있다" 2항 "국교는 인정하지 않는다"는 헌법에 위배되는 행위임으로 즉시 철거해야 한다.

3. 공공시설 내에 단군상 설치를 묵인하는 것은 교육부가 감독책임을 유기하는 처사이다. 올바른 가치판단을 함양해야 할 청소년들이 수학하고 있는 공공학교내에 단군사묘(祠廟)의 일원인 단군상을 설치 내지 이를 묵인하는 것은 "국가 및 지방단체는 학교 및 사회 교육시설을 지도 감독한다"고 규정하고 있는 교육기본법 제2항 17조에 저촉되는 위법행위임으로 정부책임하에 철거를 촉구한다.

지금은 이 나라 국민모두가 IMF 경제 난국, 부정부패, 사치방종을 비롯한 온갖 부조리를 극복하기 위해 허리띠를 조이며 혼신의 노력을 해야 할 때라고 생각한다. 이러한 때에 21세기를 감당해 갈 이 나라 주인공들인 청소년들에게 그릇된 역사관이나 민족관을 심어줄 위험성을 내포하고 있는 단군상 하나에 4백여만원의 비용을 들여 곳곳에 3천여기를 설치하여 국토를 동상으로 덮게 하려는 황당한 계획은 북한에 김일성 동상을 수만 개 세운 저의와 같으므로 반드시 취소되고 철거되어야 한다. 이에 정부는 이 위법적이고 수치스런 계획의 실상을 철저히 조사하여 이에 대한 신속한 조치를 취해 줄 것을 강력히 촉구한다.

1999년 6월 14일

한국기독교총연합회 대표회장 지 덕

한국기독교지도자협 회 대표회장 최 해 일

기독교윤리실천운동 대표 손 봉 호

한국복음주의협의회 회장 정 진 경

• **성명서: 한국기독교교회협의회**(1999.10.15.)

단군상 건립에 대한 우리의 입장

한국기독교교회협의회는 단군상 건립 문제로 일어난 민족공동체의 갈등을 우려하면서 다음과 같이 우리의 입장을 정리한다. 이와 같은 입장 표명을 통해 한국기독교교회협의회는 한국의 기독교인들이 민족구성원으로서 올바른 역사의식을 가지고 처신함으로 단군상 문제로 빚어진 민족공동체의 갈등이 하루속히 해소되는 동시에 우리 민족이 열린 민족의식을 가지고 세계사에 참여하게 되기를 기대한다.

1. 민족사에서 단군신화의 위치와 교회의 위상

우리가 알고 있는 단군신화는 삼국유사에 처음 나오는 것으로, 거기에는 역사적 사실과 신화적 요소가 혼재되어 있다. 그 후 단군은, 그 실재를 논증하려는 노력과는 무관하게, 민족사의 중요한 고비마다 민족주체성과 독립운동의 상징으로 중요한 역할을 감당하였음도 인정한다. 따라서 이와 같은 역사적 이해없이, 단군신화의 신화적 요소만 들어 무조건 거부하려 한다든지, 반대로 비신화화(非神話化)나 학문적인 검증 없이 이를 역사적 사실로 무조건 수용하려는 것은 둘 다 편향된 사고의 반영이다. 한국교회는 단군신화를 '민중의 이야기'로서 민족의 중요한 정신적 유산으로 인식하고, 그 민족적.민중적.정치적 그리고 경제적 의미를 존중하여야 할 것이다. 그 이유의 하나는 한국교회 역시 한민족의 어려운 시기, 일제치하와 해방 이후 혼란기에 독립운동과 민주화를 위하여 민중들의 편에 서서 일하였기 때문이다. 따라서 한국교회는 단군신화는 물론, 유사한 개국신화들과 상고사에 대해 깊이 탐구하여 그 결과로 얻은 역사적 진실을 민족적 에너지로 삼아야 한다.

2. 한국교회를 향한 제언

한국교회는 최근에 단군의 신격화를 막는다는 명분으로 단군의 존재를 부정하는 듯한 자세를 취해 오해를 불러일으키고 있다. 그러나 일제강점기 단군을 말살하여 한민족의 독립사상을 배제하려고 했던 전례에 비추어 볼 때, 오늘날 한국교회가 상고사에 대한 학문적 검토 없이 단군 존재를 부정하려는 것은 자칫 반민족적인 행위로 비칠 수 있음을 우려한다.

따라서 한국교회는 단군문제를 비롯한 상고사 연구에 많은 관심을 기울이는 한편 그 연구를 지원해야 할 것이며, 단군신화를 단순히 하나의 신화나 특정 종교의 교리와 관련된 문헌으로서가 아니라 민족의 중요한 자산으로 받아들여야 할 것이다. 한국상고사에 대한 학계의 객관적 연구는 앞으로 단군 및 '단군조선'의 실체를 밝혀줄 뿐만 아니라, '위서(僞書)'에 근거하여 유포되고 있는, 검증되지 않은 상고사에 대한 진위도 밝혀줄 것으로 기대한다. 학계의 객관적인 심층연구로 단군의 실체가 분명하게 밝혀진다면, 단군은 민족공동체의 긍지를 심어줄 것이며 민족적인 '존경의 대상'이 될 것이다. 그러나 단군의 실체여부에 관계없이 한국기독교회는 단군을 '신격화'하는 데에는 단호히 반대하며, 단군을 민족우월주의 내지는 국수주의를 충동하는 근거로 삼으려는 기도도 용납하지 않을 것임을 분명히 한다.

3. 단군상 건립 주체에 대한 제언

우리는 한국교회에 단군신화를 비롯한 상고사 연구에 적극 나설 것을 촉구하면서, 현재 건립된 단군상이 단군의 역사화와 자라나는 세대를 위한 민족교육에 얼마나 기여할 수 있을 것인지 의문을 가지면서 단군상 건립 주체에 제언한다.

단군상을 어떤 동기에서 건립하였는지 모르지만 건립 주체측이 세운 건립기에 그 의도가 표명되어 있다고 본다. 그런데 건립기에는 아직 국사학계의 학문적인 검증을 거치지 않은 내용들이 명시되어 있다. 이와 같이 학계의 객관적 검증을 거치지 않은 채, 일반 국민들의 역사인식과는 동떨어진 내용을 근거로 건립한 단군상은 우리나라 상고사 인식에 혼선을 야기할 뿐만 아니라, 홍익인간 재세이화 등의 훌륭한 민족적 이념을 민족우월주의 혹은 국수주의를 충동하는 가치관으로 변질시킬 위험마저 내포하고 있다. 또 단군상이 세워진 장소가 대부분 초.중.고등학교라는, 감수성이 예민한 어린 세대들의 교육장이라는 점을 감안하면 이런 우려는 증폭될 수밖에 없다. 여기에다 '건립기'에 특정 종교의 경전으로 확정된 천부경이 명시되어 있어 단군상 건립의도가, 세종대왕상이나 이순신상에서 보여주는 것과는 달리, 순수하지 않다는 것이 드러난 이상, 단군상은 스스로 철거하는 것이 마땅할 것이다.

1999년 10월 15일

한국기독교교회협의회 총 무 김 동 완

단군상문제대책위원회 위원장 전 병 금

• **진정서 : 단군상건립반대를위한기독교대책위원회**(1999.8.23.)

존경하는 金大中 대통령 각하*

한 세기를 마감하고 새로운 한 세기를 맞이하려는 숨가쁜 역사 속에서 오랫동안 쌓인 민족의 한(恨)과 갈등을 동서의 화합과 남북의 화해라는 통치 철학으로 새로운 천년을 희망과 번영으로 맞기 위해 오늘도 불철주야 고뇌하시는 대통령 각하께 우리 주 예수 그리스도의 은혜와 평강과 위로와 축복이 넘치도록 임하시길 기원합니다.

금세기 마지막으로 맞은 8.15 광복절에서 밝히신 국정 쇄신 계획을 통해 우리 국민들은 참으로 이 시대에 적절한 지도자를 모시고 있다는 확신과 함께 신뢰를 아낌없이 보내고 있으며, 특히 1천 2백만 그리스도인들은 대통령 각하의 건강과 함께 솔로몬의 지혜, 다윗의 용기, 그리고 이사야의 비전을 덧 입혀 달라고 하나님께 기도하고 있습니다. 그러나 최근 우리 나라는 국론이 극도로 분열되고 계층간 종교간의 갈등이 첨예하게 대립하는 잘못된 사건이 생겨 국가 발전에 발목을 잡고 있습니다.

그것은 다름 아니라 단군을 숭상하는 한 사설단체가 가짜 단군신상을 360 여 개를 공공 기관인 전국 초.중.고 교정과 공원, 도로 등에 건립했기 때문입니다. 비록 단군이 국조라고 하지만 역사적으로 그 실존이 명확하지 않고, 신화적 인물이어서 국사학계는 이에 대한 찬반이

* http://theologia.kr/board_tangun/48063

격론으로 팽팽히 맞서 있을뿐 아니라, 국교가 있을 수 없는 민주사회에서 공공 기관에 단군상을 건립함으로 기독교 지역연합회의 반대 시위와 성토대회가 경향 각지에서 거세게 일고 있습니다.

한국 기독교는 과거 일제(日帝)가 일본+황실의 조상을 신(神)으로 모신 신사에 참배를 강요했을 때 우상숭배라고 반대했지만 저들의 총칼의 위협에 굴복하여 몇 분의 순교자외에는 신사참배에 가담하는 수치스러운 역사를 지니고 있습니다. 그러나 이제는 동족에 의해 단군 신상이 건립되어, 건립 취지문에 있듯이 '국민들에게 참배'케 하려는 의도로 전국 공공시설에 건립되고 있어, 한국 기독교는 제2의 오류를 범하지 않기 위하여 일제히 이에 대해 철거를 촉구하고 있습니다.

우리가 연구한 바에 의하면, 단군은 삼국유사에서 단군(壇君)으로 표기되어 있어 이는 당시 제단(祭壇)을 지키는 제사장의 보편적 직명이었는데, 언제부터 단군(檀君)으로 한문 표기가 바뀌져있습니다. 이것은 역사의 왜곡입니다. 또한 왕검(王儉)이란 정치 지배자를 의미하므로, 단군 왕검은 종교와 정치를 함께 지배한 최고의 통치자이며, 홍익인간(弘益人間), 제세이화(濟世理化)의 이념으로 백성을 다스렸다고 합니다. 그 이념은 훌륭한 사상으로 민족 정신의 하나의 자원이 될 것이지만, 김지하 시인 같은 이는 단군 숭상하는 단학선원(丹學禪院)에서 심신을 연단하던 중 신비한 체험을 통해 단군 사상 전파에 국가의 미래를 맡기려는 의도에서 민족정신회복시민운동연합을 이끌고 있습니다. 그러나 복잡한 현대사회의 문제를 검증되지 않은 한갓 신화에서 인류문화의 유일한 해결 사상으로 삼으려는 것은 너무 단순하고 비현실적이 아닐 수 없습니다.

우리나라에 단군을 신으로 섬기는 종교단체가 7개 가량 되고 있습니다. 단군은 국조이기 이전에 이미 단군교의 교주이며, 단군교는 단군에 의한 접신(接神)과 주술(呪術) 또 사이비 의료행위를 하고 인간의 길흉화복(吉凶禍福)을 점지해주고 있으며, 고대로부터 우리의 샤머니즘(巫教)의 원 뿌리가 되고 있습니다. 또한 삼국유사에 의하면 1908살에 단군이 죽어 산신(山神)이 되었다고 했는데, 우리 무속신앙의 산 신, 산 신령의 정체가 바로 단군이기 때문에 이번 단군 신상이 공공시설에 수백 개가 건립됨을 기화로 미신이 급격히 확산될 가능성이 있음을 우려하지 않을 수 없습니다.

또 전국 204명의 교장들이 학교에 단군상을 설치 허락하고서, '아이들에게 민족의 뿌리에 대한 인식을 위해 단군상이 절대로 필요하다'는 성명서를 일간지에 발표했는데, 뿌리 없는 나무가 말라죽는 것처럼 실제가 아닌 신화에 불과한 단군은 우리 민족의 정신적 뿌리로서 적당치 않습니다. 그런 의미에서 교육의 기본 이념 중 하나가 실사구시(實事求是)가 아니겠습니까 ? 진실교육, 실제교육 만이 건전한 민족과 국가를 형성할 수 있지 실존성이 희박한 단군과 그 가짜상(단군을 본 사람이 아무도 없으니)을 어린이 교육장인 학교에 세운다는 것은 거짓을 가르치는 죄악이 아닐 수 없습니다.

국가마다 개국 신화가 있고 국조가 있지만, 우리나라 같이 초등학교나 중고등학교에 수백 개의 단군상을 건립하고 가르치는 나라는 우리밖에 없습니다. 세종대왕이나 이순신 장군처럼 국가 발전에 공헌한 인물의 동상을 한 두 개 세우는 것이 아니라 실존 자체가 의문시되고 이미 특정 종교의 교주로 신격화 되어 버린 단군의 상을 수백 개나 공공시설에 건립한 것은 마치 김일성이 자신의 동상 수백 개를 북한 땅 공공시설에 세운 것과 같이 독재적이고 치졸한 방법이 아닐수 없습니다. 교장들은 우리들의 반대 방문을 받고 단순하게 생각하고 세우라고 했지만 상부의 지시가 없이는 철거하기 어렵다고 말하고 있기 때문에, 대통령 각하께서 현명한 판단을 하셔서 이에 대해 선한 조치를 취하심으로 이 문제로 인하여 더 이상 국론이 분열되고 종교간 갈등이 없도록 해 주시길 간절히 바랍니다.

한국기독교는 이 나라의 근대화와 독립운동, 반공주의와 민주주의 발전에 앞장서 왔습니다. 세계화 시대에 온 국민의 화해와 단합을 통해 21세기와 새 천년의 험난한 파도를 해치고 나아가야 할 시점에 단군상을 공공시설에 건립하는 민족 회귀(回歸)주의는 폐쇄적 민족주의와 국수(國粹)주의화 될 가능성이 있는 시대 착오적인 작태이며, 선진국을 향한 발길에 발목을 잡는 격이므로 현명하신 대통령 각하께서 이를 막아주셔야 할 것입니다. 지금 몇몇 지역의 기독교 연합회에서는 단군상이 건립된 학교에 등교 거부 운동과 함께 전학 움직임도 일고 있어 우려되는 현상입니다. 현명하신 대통령각하의 용단을 기대하면서 하나님의 크신 은총이 늘 함께 하시기를 기원합니다. 감사합니다.

1999년 8월 23일

단군상건립반대를위한기독교대책위원회

공동대표　한국기독교총연합회 대표회장 지 덕

한국기독교지도자협의회 대표회장 최해일

한국복음주의협의회 대표회장 정진경

기독교윤리실천운동 대표회장 손봉호

한국기독교목회자포럼 대표회장 한완석

상임회장

대한예수교장로회(통합) 총 회 장 유의웅

대한예수교장로회(합동) 총 회 장 길자연

예수교대한감리회 감 독 신신묵

사무총장

한국기독교총연합회 총 무 류재하

• **성명서 : 단군상 철거에 대한 경북 기독교연합회**(23개 시군) (2001.3.20.)

성명서

나라의 발전은 국가의 기틀이 보편 타당한 이념과 건전한 문화의 토대위에 세워질 때 활력을 얻게 됨을 생각하여 대한민국이 최근에 와서 여러 가지 국론분열을 가져오는 일들로 인하여 하나되어야 할 이 때에 대립되는 현상을 안타깝게 생각하는 바이다.

일본의 역사왜곡에 대해서는 심각하고 강력하게 시정을 요구하는 우리가 정녕 우리 자신들의 허물에 대해서는 살피지 못하는 안타까움을 유감스럽게 생각하며 예수님의 부활하신 부활절을 맞이하여 이 나라의 미래와 소망이 부활될 것을 바라며 가짜 단군상으로 인한 거짓을 버리고 진리를 추구하는 이 나라 이 민족되기를 간절히 소원하면서 우리 경북 기독교총연합회(23개 시군과 2400여 교회)는 다음과 같이 촉구하며 결의한다.

1. 정부 당국에 바란다.

국민의 정부로 출범한 현재의 정부는 민주화를 기반으로 하는 개혁주의 세력으로 신성한 정치를 기대한만큼 대한민국의 선진창출을 위해 혹세무민(惑世誣民)의 우려 및 헌법 위반의 염려와 국민의식을 혼란에 빠뜨릴 수 있는 거짓 단군상을 공공장소에 당장에 철거할 것을 촉구한다.

가짜 단군상으로 인한 관련 목사를 사태의 심각성이나 도주 등의 염려가 없음에도 불구하고 주일에 긴급 구속하는 등 형평성을 잃어버린 법 적용에 대해여는 사과할 것과 현재 법정에 구속된 모든 관련자들을 그 원인제공과 정당행위의 당위성을 감안하여 무혐의로 석방할 것을 강력히 촉구한다.

2. 교육인적자원부 장관에게 바란다.

나라의 100년 대계는 교육에 달렸다고 하는 만큼 국민에게 희망을 주는 교육당국이 되기를 촉구한다. 교육사업에 여러 가지 어려움과 복잡한 일이 있겠으나 공교육을 실시하는 공공학교에 역사적으로나 학술적으로 검증되지 않은 거짓 단군상을 세운 것은 교육계의 불찰임을 자각하고 교육의 밝은 미래를 위해 종교성이 드러난 사설단체가 교육용으로 위장하여 기증한 단군상은 모든 공교육 현장에서 철거할 것을 강력히 촉구한다.

3. 지방 행정 당국에 바란다.

국가나 지방의 공무원이 관리하는 공공장소인 공원등지에 세워진 단군상이 어떠한 경로로 세워졌는지 일반 국민은 이해할 수가 없으며 고유인물(47명의 단군)이 아닌 가상적 단군상을 세우는 일에 묵인함으로 국민의 정서에 심각한 악영향을 줄 수 있는 단군상을 행정책임자는 살펴서 즉각 철거할 것을 촉구한다.

4. 종교성이 드러난 '홍문연(구 한문연)에 바란다.

현대종교(1997.10월호 58p 기(氣) 신봉하는 단학선원 위험수위 넘었다」, 「설립자 이○○을 살아있는 단군으로 섬기며 지나친 상업화로 세력확장」)의 발표와, 구 '한문연 이○○총재 자신이 2000년 8월 28일 미국 뉴욕의 유엔본부에서 '뉴 밀레니엄종교 영성 정상평화회의」를 개최하면서 세계 종교지도자들을 모으로 스스로 「새천년평화재단」 총재 자격으로 회의를 주관한 것과, 2000년 9월 30일 오후 3~4시 탑골공원에서 마로니에 공원까지 '47대 단군과 손잡은 예수 부처를 형상화'하여 한민족 탄생축하 거리퍼레이드를 계획한 일은 타종교에 대한 모독이요, 자신들의 종교성을 더욱 은밀이 드러낸 행위이다.

그러므로 '홍문연'(구 한문연)은 종교성이 없다고 국민과 교육계를 우롱한 죄를 회개하고 종교성을 띤 공공장소의 가짜 단군상을 철거하라.

5. 교회와 성도들에게 바란다.

우상숭배는 하나님의 심판을 면할 수 없다. 그러므로 우리 성도들은 나라와 민족을 위하여 눈물로 기도하며 스스로 기독인의 사명을 감당하지 못한 죄를 통회하고 경북의 모든 성도는 힘을 합하여 복음적인 개혁주의 신앙을 견지할 것을 결의한다.

경북 기독교총연합회와 성도는 공공장소의 360여개의 종교성이 드러난 가짜 단군상이 완전 철거될 때까지 이 나라와 민족 위해 기도하며 부활의 주님과 부활신앙으로 1~2계명을 지키는 일에 앞장설 것을 결의한다.

경북기독교총연합회

• **성명서 : 통합공과에 대한 53개 한국 민족단체 연합 성명서**

(2003.9.8.)

국민 여러분! 그리고 정부 관계자 여러분! 우리의 국조가 단군입니까? 아브라함입니까?

우리 민족단체들은 한국기독교총연합회가 최근 출판하여 배포할 예정인 주일학교 교육용《통합공과》(초등부 중등부 고등부용 청장년부 4가지)가 국조 단군을 전면 부인하고 우리 민족의 뿌리조차 뒤흔드는 내용으로 일관하고 있는 것에 분노를 느끼면서 온국민 앞에《통합공과》를 고발합니다.

첫째, 우리 국민 대부분이 단군을 국조로, 한민족의 정신적 구심으로 생각하고 있음에도 불구하고 한국기독교총연합회는《통합공과》를 통해 단군의 실체를 전면 부인하는 천인공노할 작태를 벌이고 있습니다.

우리 나라는 단군이 고조선을 건국한 날을 기념하는 개천절을 4대 국경일의 하나로 삼고 있으며, 단군의 홍익인간 정신은 우리의 교육이념입니다. 그리고 지난 1999년 7월 20일 한국의 6대 종교지도자들은 성명을 통해 "단군은 어느 한 종교의 신앙의 대상이 아니며, 한국의 역사와 문화의 뿌리이며, 건국의 상징이다"라고 천명한 바 있습니다.

정부기관의 하나인 국사편찬위원회는 21세기 새 천년을 맞이해 한국의 역사적 인물 제 1호로 단군을 선정했습니다. 그만큼 단군은 우리 국민의 의식 속에 살아 있습니다.

상황이 이러 함에도 불구하고《통합공과》는 기독교의 하나님과 단군을 나란히 언급 하면서 단군 중시를 마치 단군 숭배의 종교행위인 것처럼 고의적으로 왜곡시키고 민족 허무주의를 유포시키고 있습니다.《통합공과》가 자라나는 청소년들에게 심각한 민족 정체성의 혼란을 초래할 것은 자명합니다. 이에 우리 민족단체들은《통합공과》의 다음과 같은 내용을 소개하면서 국민의 참다운 심판을 바랍니다.

"단군을 섬기는 것은 무서운 죄인 것이죠. 이런 죄를 지으면 어떻게 될까요?" (초등부, 23쪽)

"단군은 신이 아닌 이야기 속 인물이다. 단군은 단군일 뿐 믿지는 말자! 참된 신은 오직 한 분 하나님뿐이다. 살아 계신 하나님만 믿으며 살자!" (초등부, 27쪽)

"단군신화는 역사적 자료나 고고학적 증명이 뒷받침되지 않은 하나님을 떠난 허망한 인생들이 만들어낸 상상의 산물인 허구일 뿐이다. 즉 설화나 신화로 구전되어 오던 이야기를 역사의 옷을 입힌 혹세무민의 반역사적 행위인 것이다." (중등부, 14쪽/ 고등부, 14쪽)

"단군이 우리 민족의 시조라는 가설이 성립되려면, 다음의 2가지 조건을 만족시켜야한다. (1) 단군이 중국 만주 지방과 현재의 우리 나라 전체를 다스렸다는 증거가 있어야 한다. (2) 다스림을 받았던 백성들 모두 자식을 낳지 않고(혹은 낳지 못하고) 죽었으며 단군만 자식을 낳아서 오늘의 우리 나라 사람들이 되었다는 증거가 있어야 한다. 그러나 두 조건 중에 어느 것 하나도 만족시킬 수 없다. 그러므로 역사적으로나 학적으로 그리고 생물학적으로 단군은 우리 민족의 시조가 아니다." (중등부, 50 쪽/ 고등부 61~62쪽/ 청장년부, 47~48쪽)

둘째, 단군의 홍익인간 정신은 인류평화와 통일의 밑거름이 될 수 있는 보편적인 가치입니다. 앞에서 언급한 한국의 6대 종교지도자들의 성명에도 "단군의 홍익정신은 한국과 세계 인류평화를 위한 초석이며 분단된 한민족의 동질성을 회복하는 바탕이다"라고 천명한 바 있습니다.

그럼에도 한국기독교총연합회는 《통합공과》에서 단군의 홍익인간 정신이 통일과 국제화시대에 역행한다고 매도하였습니다. 홍익인간 정신이 고대 전제군주의 통치이념이라면서 민족의 고유정신을 폄하시키고 있습니다.

특히《통합공과》는 아무런 근거도 없이 단군과 이스라엘의 부족신인 여호와 하나님을 대비하고 단군의 정신과 기독교 신앙을 대비하면서 민족정신을 폄하시키는 어처구니없는 망발을 하고 있습니다. ≪통합공과≫는 마치 일부 기독교인들이 통일국가의 모습을 기독교 나라로 상정하고 있는 게 아닌가 하는 의구심마저 불러일으킵니다. 이것은 다른 신앙을 갖고 있는 국민들의 통일의지를 짓밟는 행위라고 할 수 있습니다.

우리 민족의 고유 정신과 특정 종교의 신앙간에 갈등을 조성하는 한국기독교총연합회의 작태야말로 사회분열을 노리는 가증스런 행동이라 하지 않을 수 없습니다.《통합공과》에 실린 내용을 국민 앞에 그대로 폭로합니다.

"1. 단군으론 안돼요, 남과 북 통일. 단군으론 안돼요, 민족 대화합. 단군으론 정말 안돼요, 행복한 나라. 단군은 이야기 속 주인인공일 뿐. 2. 하나님은 하셔요, 남과 북 통일. 하나님은 하셔요, 민족 대화합. 하나님은 정말 하셔요, 행복한 나라. 하나님은 한 분뿐인 살아 계신 주."- 복음가요 '돈으로도 못 가요'의 개사 (초등부, 48쪽)

"홍익인간(弘益人間)이란 인간이 인간을 이롭게 할 수 있다는 사상이 아니라 신의 입장에서 인간을 널리 이롭게 한다는 해석이 옳으며, 재세이화(在世理化)란 통치의 대상이 미개하다고 생각하여 깨우쳐 주어야 한다는 고대 군주의 통치이념 중 하나라는 것입니다." (고등부, 25쪽)

"단군의 정신으로 세계를 바라보면 시야가 줄어들고, 세계를 생각하는 생각의 폭이 작아집니다. 기독교인의 신앙으로 세계를 바라보면 시야가 늘어나고, 세계를 품에 안을 수 있는 마음을 갖게 됩니다." (초등부, 67, 68쪽)

셋째, 단군상은 지난 1998년 당시 IMF 여파로 사회적 분위기가 침체에 빠져있을 때 홍익문화운동연합을 비롯한 민족단체들이 나서서 단군의 홍익인간 정신이 정신적 구심점이 될 수 있다는 점에 착안하여 세운 것이고, 종교행위와는 아무런 관련이 없습니다. 이 때문에 전국 초중고등학교와 유명공원 369곳에 세워진 단군상은 민족정신을 중시하는 많은 국민들의 열렬한 호응을 얻었습니다.

그럼에도《통합공과》는 단군상에 대해 종교행위로 몰아붙이는 파렴치한 논리를 전개하고 있습니다. 사실 단군 및 단군상을 공격하는《통합공과》의 제작은 한국기독교총연합회 단군상대책위원회가 지난 2002년 11월 1일 "단군상 철거와 기독교적 민족정신 확산 방안"을 결의한 데 따른 후속조치입니다.

이른바 단군상대책위원회가 만든 이 방안에는 △단군상을 설립한 해당 학교장 고발 △북한의 단군릉과의 연계성 부각 △단군상을 미신조장행위로 몰아붙이기 등이 포함되어 있어 사회적 대립을 촉발시키고 있습니다.

이에 앞서 일부 기독교 목사와 광신도들은 80여 차례 단군상 훼손행위를 저지르는 가운데 현장에서 체포 구속된 불행한 사례까지 발생한 바 있습니다. 이번《통합공과》로 교육받은 기독교 청소년들이 만에 하나라도《통합공과》에 영향을 받아 단군상을 '바벨탑'으로 간주해 불법적인 공격에 나선다면 이보다 더한 비극이 어디에 있겠습니까.

우리 민족단체들은 단군의 홍익인간 정신이 나라가 융성할 때는 예술혼으로 살아나 신선도, 풍류도, 화랑도 등으로 발전했고, 민족의 수난기에는 호국의 정신으로, 일제침략기에는 독립운동의 구심으로 되살아나곤 하였다는 역사적 사실을 국민 여러분들에게 강조하고 싶습니다. 한민족의 역사적 정체성은 단군과 홍익인간 정신에서 찾아질수 있다는 것은 삼척동자도 다 아는 사실입니다.

때문에《통합공과》의 다음과 같은 내용을 저술한 사람들의 정신상태를 도저히 이해 할 수 없습니다. 국민 여러분이 내용을 읽어보시면 금새 아실 수 있듯이 논리적 접근은 온데 간데 없고 단군상과 아무런 관련이 없는 '미신' 문제를 끌어들이는 등 상식 밖의 내용으로 가득합니다.

"단군신화는 단지 신화일 뿐인데 그것이 진실인양 단군 신상을 각 초중고등학교에 건립하여 학생들의 영혼을 죽이고 있고 백성들을 우상숭배의 길로 빠지게 하고 있습니다." (중등부, 29쪽)

"단군상 설치는 민족의 장래를 망치는 반민족적인 행위이며 제2의 바벨탑을 쌓는 행위인 것이다." (중등부, 13쪽/ 고등부, 13쪽/ 청장년부, 37쪽)

"단군상을 세워 온 국민의 우상화를 조장하고 종교간의 갈등을 조장하고 있는 단군주의자들의 실체와, 이미 우리 안에 만연되어 있는 미신과 무속행위 등과 같은 단군 샤머니즘의 현상들의 심각성을 인식하고 기독교인들의 일치된 힘으로 단군 샤머니즘과 같은 우상을 몰아내는 것이 진정한 나라사랑이며 기독교인들의 시대적 사명임을 깨닫게 한다." (고등부, 69쪽)

"단군상을 세워놓고 참배하는 것은 성경적으로 우상숭배행위이다. 그것은 일제에 의 한 신사참배 강요와 같은 것으로서 우리의 신앙을 시험하는 것이다." (고등부, 75쪽)

"단군상이 철거되어야 하는 이유….단군상이 설치됨으로써 우리 나라가 무속과 미신의 세상으로 변하기 때문이다." (고등부, 84쪽)

"우리 나라는 1998년 11월부터 단군상을 설치하기 시작한 이후에 미신이 기승을 부리고 있으며….이러한 미신행위와 더불어 우리 사회는 도덕적 타락의 시대로 달려가고있다." (청장년부, 60쪽)

국민 여러분! 건전한 기독교인 여러분!

우리 민족단체들은 국조 단군을 둘러싸고 더 이상 한국기독교총연합회를 비롯한 일부 단체들과 반목과 대결을 원하지 않습니다. 건전한 기독교인 여러분과 목회자 여러분들이 나서서 한기총의 《통합공과》의 배포를 반대해 나서기를 간곡히 부탁 드립니다.

정부 관계자 여러분!

우리 민족단체들과 한국기독교총연합회를 비롯한 일부 단체간의 갈등이 더 악화되기 전에 정부가 적절한 대책을 세워 줄 것을 간절히 바랍니다.

우리 민족단체들은 경제사정의 악화에 따라 사회분위기가 침체되어 혼란스런 이때 한국기독교총연합회의 무분별한 종교이기주의에 휘말리고 싶지 않습니다. 부디 우리 사회를 분열과 대결로 몰아가고, 심지어 종교분쟁까지 일으키려는 악의에 가득 찬 한국기독교총연합회의《통합공과》가 온 국민들의 규탄에 의해 배포가 중지될 것을 희망하면서 정부에게 우리의 요구를 밝힙니다.

〈우리의 요구〉

첫째, 민족정기를 말살하려는《통합공과》가 배포되거나 교육되어서는 안 됩니다. 정부는 차제에 일부 기독교 단체의 몰지각한 행동을 철저히 조사하고 다시는 이같은 행위가 발생하지 않도록 조치해주기 바랍니다.

둘째, 정부는 상고사 연구를 활성화시켜 국조 단군의 홍익인간 정신을 통해 민족의 정체성을 되찾을 수 있도록 노력해주기 바랍니다.

셋째, 정부는 일부 기독교 단체 관계자들이 지금 이 순간에도 단군상 훼손에 혈안이 되어 불법행동을 자행하고 있는 것과 관련하여 철저히 조사하고 대응해주기 바랍니다

5) 남북 역사학자들의 공동보도문(2002)

단군 및 고조선에 관한 북남 력사학자들의 공통학술토론회 공동보도문 (2002.10.3)*

력사적인 6 ·15 북남공동선언의 정신에 기초하여 민족의 화해와 단합, 통일을 이룩하려는 7천만 겨레의 지향과 열망이 높아지고 있는 때에 개천절을 맞으며 북의 력사학학회와 남의 단군학회의 공동 주최로 평양에서 단군 및 고조선에 관한 북남 력사학자들의 공동학술 토론회를 가지었다.

토론회에는 북과 남의 력사학자들과 고고학자들, 대학교원들, 개천절 기념 행사에 참가하고 있는 북과 남의 대표들이 참가했다. 토론회에서는 단군조선의 건국 년대와 사회 성격, 중심지와 령역, 단군 관계 고고학 및 문헌 자료 검토, 단군 신화에 대한 력사적 고찰 등의 문제들이 론문 발표 및 좌담회 형식으로 진지하고 허심탄회하게 론의되었으며 다음과 같은 문제들에서 인식을 같이 했다.

첫째, 단군은 실재한 력사적 인물이며 우리 민족의 첫 국가인 단군조선을 세운 건국 시조이다.

둘째, 우리 민족은 유구한 력사를 가진 단군 민족이며 우리는《삼국

* 2018.12. 1. http://theologia.kr/index.php?mid=board_tangun&page=26&document_srl=48213 인용.

유사》를 비롯한 여러 사서들에 고조선의 중심지가 평양이라는 기록을 중시 한다.

셋째, 고조선은 오늘의 조선반도와 동북아시아의 넓은 지역을 기본 령역으로 한 강대국이었다.

넷째, 북과 남의 력사학자들은 반만 년의 유구한 민족사를 빛내고 우수한 민족성을 고수하기 위한 학술적 유대를 강화하고 협조를 공동으로 활발히 벌인다.

다섯째, 북과 남의 력사학자들은 민족 앞에 지닌 사명감을 깊이 간직 하고 북남 력사학자들의 련대를 강화하며 애국애족의 립장에서 민족사 연구를 심화시켜 나감으로써 우리 민족끼리 힘을 합쳐 조국을 통일하는 위업에 적극 이바지해나갈 것이다.

북측 력사학학회, 남측 단군학회

2002년 10월 3일

평양

2. 단군 관련 참고 문헌 목록

1) 『단군문헌』 수록 문헌 자료 목록

- 『단군문헌: 단군의 하늘·땅·사람-우리의 뿌리를 찾아서』(강화군 발행, 2014)의 198~223쪽에 실린 문헌자료 목록을 발췌함.
- 표시는 목록 중에서 『단군문헌』 본문 속에 사진 도판이 실려있는 경우를 나타냄.

역사

상고사

『上古紀』, 乾洞寓舍 書, 筆寫本, 1864.
『大東古代史論』, 朴殷植 著, 1911.
『朝鮮上古史講義』, 張道斌 著, 德興書林, 1927.
『朝鮮上古史鑑』, 安在鴻 著, 民友社, 1947.
『朝鮮上古史』, 申采浩 著, 鐘路書院, 1948.
『조선고대사회연구』, 李德星 著, 正音社, 1949.
『中國文獻에 의거한 韓國上古史 연구』, 鄭斗玉 撰, 共榮印刷株式會社, 1961.
『朝鮮上古民族史』, 崔棟 著, 東國文化史, 1966.
『古朝鮮史研究』, 文定昌 著, 柏文當, 1969.
『韓國古代官制史研究』, 兪尙根 著, 明知大學出版部, 1969.
『東夷古史研究의 초점』, 金奎承, 범한서적, 1974.
『한국학기초자료선집 고대편』, 이기동 외, 한국정신문화연구원, 1987.
『桓檀古記』, 桂延壽 編, 1911.
『桓檀古記』, 檀檀學會 編, 光吾理解社, 1979.
『桓檀古記』, 鹿島 昇 譯, 新國民社, 1984.

『주해 환단고기』, 김은수 편, 가나출판사, 1985.
『환단고기』, 임훈 역, 배달문화원, 1986.
〈환단고기-KBS역사스페셜 추적 환단고기 열풍〉, KBS 영상사업단 편, 1999.
『檀奇古史』, 大野勃 原著, 金海菴 李華史 飜譯, 朝鮮福音社, 1949. 재판
『檀奇古史』, 大野勃 原著, 金斗和 李華史 飜譯, 警察教養協助會, 1950.
『정통 檀奇國史』, 등사본, 1954.
『檀奇古史』, 大野勃 原著, 鄭海柏 飜譯, 上古文化史, 1959.
『檀奇古史』, 발해국 대야발 원저, 개마서원, 1981.
『揆園史話』, 北崖子 著, 1675.
『규원사화』, 북애자 저, 신학균 역, 대동문화사, 1968.
『神檀民史』, 金教獻, 大倧教西二道本社, 1923.
『神檀民史』, 金教獻 著, 大倧教總本司, 1946.
『神檀實記』, 金教獻 著, 大倧教中央教堂, 1923.
『神檀實記』, 金教獻 著. 檀崖 尹世復 譯解本, 1930년 무렵.
『신단실기』, 김교헌 저, 대종교총본사, 1952.
『檀祖事攷』, 김교헌·박은식·유근 저, 대종교협제회, 1911.〈?〉
『단조사고』, 김교헌·박은식·유근 엮음, 김동환 해제, 한뿌리, 2006.
『檀典要義』, 檀典要義 發行所 編, 檀典要義 發行所, 1925.
『正史』, 申泰允 著, 順天鮮華當, 1945.
『檀奇國史』, 金基福 著, 國旗保存社, 1954.
『桓檀彙記 1(弘益四書)』, 檀檀學會, 檀檀學會刊, 1971.
『인류시원사』, 김재환 저, 백수사, 1974.
『五千年東史英選 (上·下)』, 兪致興 著, 연기군화양정사, 1977.
『檀國總史 1~5卷 別册』, 金在煥 著, 三一堂, 1981.

조선역사

『三國史記』, 金富軾 著, 木版本, 1145.
『東國史略』, 權近 外 著, 活字本, 1403.
『高麗史』, 金宗瑞·鄭麟趾 外 著, 活字本(甲寅字本), 1451.
『三國史節要』, 徐居正 等, 活字本(乙亥字), 1476.
『東國通鑑』, 徐居正 等 編, 活字本(甲辰字), 1484.
『歷代世年歌』, 尹淮 注釋, 權踶 著, 木版本, 1488.
『東國史略』, 朴祥 著, 木版本, 1500년 무렵.
『標題音註東國史略』, 柳希齡 著, 木版本, 1550년 무렵.
『東史纂要』, 吳澐, 慶州 鷄林府, 1614.

『震史』, 著者未詳, 筆寫本, 1640년 무렵.
『東史補遺』, 趙挺 著, 木版本, 1646.
『東史撮要』, 編者未詳, 木版本, 1700년 무렵.
『東國歷代總目』, 洪萬宗 著, 木版本, 1705.
『東史會綱』, 林象德 著, 活字本, 1711.
『東史綱目』, 安鼎福 著, 活字本, 1778.
『朝野輯要』, 李長演 編, 筆寫本, 1780년 무렵.
『楓巖輯話』, 柳光翼 編, 筆寫本, 1780년 무렵.
『古今歷代標題註釋十九史略通攷 卷之一』, 曾先之 編次, 木版本, 1785.
『三秀齋見聞錄』, 編者未詳, 筆寫本, 1800년 무렵.
『海東雜錄』, 權鼈 著, 筆寫本, 1800년 무렵.
『朝鮮史畧』, 尙友亭謄本, 筆寫本, 1807.
『海東繹史』, 韓致奫 著, 1820년 무렵.
『朝鮮史研究草』, 申采浩 著, 朝鮮圖書株式會社, 1924.
『大東遺事』, 著者未詳, 筆寫本, 1829.
『藥坡漫錄』, 李希齡 著, 筆寫本, 1832.
『東方歷代』, 著者未詳, 筆寫本, 1862.
『東國歷史』, 李圭桓 著, 學部編輯局, 1899.
『歷史輯略』, 李鐘泰 著, 1905.
『大東歷史』, 崔景煥 編, 皇城城西精舍, 1905.
『東宙曉鑑』, 李丙揆 編著, 筆寫本, 1911년 무렵.
『韓國痛史』, 朴殷植 著, 中國 上海, 1915.
『國史』, 張道斌 著, 國史院, 1916.
『東史綱目』, 安鼎福, 朝鮮古書刊行會, 1919.
『朝鮮史略』, 金宗漢 著, 大東印刷株式會社, 1923.
『朝鮮留記』, 權悳奎 著, 京城 尙文館, 1924.
『朝鮮歷史要領』, 張道斌 著, 高麗館, 1924.
『半萬年朝鮮歷史』, 玄采 譯述, 德興書林, 1928.
『菊露秋寫』, 姜璘 著, 活字本, 1928년 무렵.
『大東史綱』, 金龍學 著, 大東史綱社, 1929.
『朝鮮니약이』, 著者未詳, 筆寫本, 1929.
『東鑑節要』, 李道復 著, 木活字, 1930.
『五千年朝鮮歷史』, 高裕相 編輯, 滙東書館, 1930.
『東國歷史』, 鉛活字本, 1940년 무렵.
『古事通』, 崔南善 撰, 三中堂, 1943.

『朝鮮歷史』, 世昌書館編輯部, 世昌書館, 1945.
『朝鮮五千年興亡史』, 權琦喚 著, 普文印刷所, 1946.
『朝鮮史』, 權悳奎 著, 正音社, 1946.
『常識國史』, 申鼎言 著, 啓蒙俱樂部出版, 1946.
『韓國通史』, 朴殷植 著, 金榮世 編輯, 三乎閣, 1946.
『朝鮮留記略』, 權悳奎 著, 尙文館, 1946.
『조선역사』, 김성칠 지음, 조선금융조합연합회, 1946.
『韓國略史』, 韓鴻求 著, 淸州上黨印刷所, 1946.
『朝鮮歷史』, 崔南善 撰, 東明社, 1946.
『朝鮮歷史讀本』, 발행처 미상, 1946.
『檀君五千年史 朝鮮歷史』, 三文社, 1946.
『조선역사』, 김성칠 저, 정음사, 1947.
『朝鮮歷史』, 曺秉烈 著, 月山樵舍, 1947.
『國民朝鮮歷史』, 崔南善 著, 東明史, 1947.
『朝鮮史大觀』, 李丙燾 著, 同志社, 1948.
『東國歷史撮要 (乾·坤)』, 奉昌模 編, 1948.
『國史大觀』, 李丙燾 著, 白暎社, 1948.
『朝鮮史教程』, 全錫淡 著, 乙酉文化史, 1948.
『朝鮮史大綱』, 鄭弼善 著, 靑年啓蒙協會, 1948.
『國史大要』, 孫晉泰 著, 乙酉文化史, 1948.
『朝鮮史概說』, 京城大學 朝鮮史研究會, 弘文書館 1949.
『解放新版 朝鮮歷史』, 鄭碧海 著, 中央出版社, 1949. 3판
『世界歷史要領』, 崔南善 著, 文硏社, 1950.
『國史講義』, 張道斌 著, 國史院, 1955.
『우리나라역사』, 최남선 저, 동국문화사, 1955.
『우리나라의 발달(사회생활) 6-1』, 문교부, 대한문교서적주식회사, 1955.
『國史概觀』, 金哲埈 外, 明學社, 1958. 再版
『大韓歷史』, 張道斌 著, 國史院, 1959.
『처음 나라를 세우다-단군왕검』, 박기당 만화, 글동산, 1981.
『하나되는 한국사』, 고준환 지음, 한국교육진흥재단, 1992.

국사교과서

『今文啓蒙』, 編者未詳, 木版本, 1440년 무렵.
『童蒙先習』, 朴世茂. 閔齊仁 著, 木版本, 1500년 무렵.
『東國通鑑提綱』, 洪汝河 著, 木版本, 1672.

『紀年兒覽』, 李萬運 著, 筆寫本, 1778.
『兒戲原覽』, 張混 編, 木版本, 1803.
『蒙學史要』, 金用默 撰, 木版本, 1868.
『國民小學讀本』, 學部編輯局 編, 學部木活字本, 1895.
『朝鮮歷代史略』, 學部編輯局 編, 學部木活字本, 1895.
『朝鮮歷史』, 學部編輯局 編, 學部木活字本, 1895.
『朝鮮略史十課』, 學部編輯局 編, 學部 木活字本, 1895.
『東國史略』, 玄采 譯述, 普成館, 1906.
『初等小學 卷7』, 徽文義塾 編, 徽文義塾印刷部, 1906.
『幼年必讀』, 玄采 編, 日韓圖書印刷, 1907.
『幼年必讀釋義』, 玄采 編, 日韓圖書印刷, 1907.
『東國史略』, 玄采 編譯, 中央書館, 1908.
『初等大韓歷史』, 鄭寅琥 著, 右文館, 1908.
『初等本國歷史』, 柳謹 著, 徽文館, 1908.
『初等大東歷史』, 朴晶東 著, 同文社, 1909.
『朝鮮小史』, 小田省吾講 著, 京城法政學校, 1920.
『倍達族歷史』, 金教獻 著, 臨時政府教科書編纂, 1922.
『朝鮮歷史千字文』, 沈衡鎭 著, 新活字本, 1928.
『初等國史』, 李周洪 著, 明文堂, 1945.
『國史教本』, 震檀學會, 軍政廳文教部, 1946.
『초등공민』, 군정청학무국, 군정청, 1946.
『초등조선역사』, 尹旿重 編, 槿興印書館 朝鮮語辭典刊行會 校閱, 1946.
『초등국사』, 조선어학회 편, 군정청학무국, 1946.
『초등국어교본』, 조선어학회 편, 군정청문교부, 1946.
『中等朝鮮歷史』, 黃義敦 著, 三中當, 1946.
『國史掛圖解說』, 조선교육괘도협회 편, 영광인쇄본, 1947.
『參考 朝鮮歷史』, 辛東燁 著, 서울大雅出版, 1947.
『中等國史』, 中等教育研究會, 明文堂, 1947.
『大東千字文』, 김균 著, 筆寫本, 1948.
『새국사교본』, 이병도 지음, 동지사, 1948.
『中等國史』, 崔南善 著, 東明社, 1948.
『우리나라생활 역사부분』, 김성칠 지음, 정음사, 1949.
『國史重要問題答案集』, 國家試驗準備叢書 第一輯, 大韓通信法政學會 編者, 1953.
『초등국사』, 경성시, 남프린트사, 1955.
『中等國史』, 대구동아등사소, 1955.

『간추린 國史』, 學園社編輯局 編, 學園社, 1956.
『우리나라 역사』, 金庠基 지음, 章旺社, 1957.
『국사통론』, 김성칠 지음, 문림사, 1959.
『중등국사』, 역사교육연구회, 정음사, 1960.
『사회생활 6-1』, 문교부, 대한문교서적주식회사, 1961.
『우리의 조상』, 이항녕 글, 문예진흥문고1, 계몽사, 1980.
『고등학교 국사 (상)』, 국사편찬위원회, 국정교과서, 1982. 초판
『고등학교 국사 (상)』, 국사편찬위원회, 국정교과서, 1982. 초판
『단군』, 이덕호 엮음, 일광사, 1983.
『단군』, 오찬식 편집 홍성찬 그림, 한국위인전기1, 아이템풀 시험정보은행, 1997.
『고등학교국사』, 국사편찬위원회 국정도서편찬위원회, 교학사, 2002. 초판(2006. 2008. 개정)

삼국유사

『三國遺事』, 一然 著, 木版本, 1285.
『三國遺事』, 一然 著, 木版本, 1512.
『原文和譯對照 三國遺事』, 一然 著, 朝鮮研究會古書珍書刊行 第二期 第十四集, 1915.
『三國遺事』 1~5 册, 一然 著, 京都帝國大學文學部 編, 京都帝國大學文學部藏版, 1921.
『三國遺事』, 一然 著, 平岩佑介抄 譯, 自由討究社 藏版, 1923.
「三國遺事」, 啓明第十八號特輯, 一然 著, 崔南善 譯, 啓明俱樂部, 1927.
『三國遺事』, 朝鮮史學會, 國書刊行會 東京, 1929. 재판
『朝鮮野史全集 三國遺事』, 一然 著, 癸酉社編輯部 編, 癸酉出版社, 1934.
『三國遺事』, 一然 著, 史書衍譯會 譯, 高麗文化史 版, 1946.
『完譯 三國遺事』, 一然 著, 古典衍譯會 譯, 學友社, 1954.
『原文兼 譯註 三國遺事』, 一然 著, 李丙燾 譯註, 東國文化史, 1956.

제왕운기

『帝王韻紀』, 李承休 著, 1287.
『帝王韻紀·動安居士文集の解說』, 朝鮮古典刊行會 編, 朝鮮古典刊行會, 1930년 무렵.
『帝王韻紀』, 李承休 著, 朝鮮古典刊行會 撰, 朝鮮古典刊行會, 1939.
『帝王韻紀』, 李承休 著, 竹簡 筆寫.

소실된 자료

『三皇內文經』, 紫府先生
『神誌秘史』, 神誌 發理 撰
『古朝鮮秘詞』
『朝代記』
『澄心錄』, 朴提上 著

역사 연구서

『朝鮮史研究抄』, 申采浩 著, 洪命熹 刊, 朝鮮圖書株式會社, 1929.
『朝鮮史研究 (上·下卷)』, 鄭寅普 著, 서울신문사, 1946.
『檀君神話의 新研究』, 金載元 著, 正音社, 1947.
『朝鮮史溫古』, 金東仁 著, 相互出版社, 1947.
『箕子朝鮮考』, 丁仲煥 著, 東亞大學校 出版部, 1964.
『科學的으로 闡明된 檀君과 其 治域』, 叀允淑 述, 竹山家畜病院, 1966.
『檀君朝鮮史記研究』, 文定昌 著, 柏文堂, 1966.
『略述檀君新說』, 叀允淑 述, 竹山家畜病院, 1969.
『단국역사에 관한 연구』, 안호상 지음, 배달(檀)문화연구원, 1973.
『國祖檀君』, 韓燦 著, 檀君精神宣揚會, 1981.
『단군조선의 농경문화-향가의 기원 홍익인간』, 강무학 저, 관악, 1982.
『나라역사 6천』, 안호상 저, 학예사, 1983.
『잃어버린 역사를 찾아서』, 서희건 편, 고려원, 1986.
『檀君實史에 관한 文獻考證』, 李相時 著, 가나출판사, 1987.
『大倍達民族史 1~5권』, 李裕笠 著, 高麗家, 1987.

지리 향토

『世宗實錄地理志』, 鄭麟趾 外 編, 活字本, 1454.
『東國輿地勝覽』, 盧思愼 等著, 活字本, 1530.
『新增東國與地勝覽, 李荇·洪彦弼 增補, 1530.
『平壤誌』, 尹斗壽 著, 木版本, 1590.
『東國地理誌』, 韓百謙 著, 木版本, 1615.
『妙香山誌』, 雪嵓著, 木版本, 1630년 무렵.
『東國與地誌』, 柳馨遠 著, 筆寫本, 1656.
『震維勝覽』, 李重煥 著, 筆寫本, 규장각본 1700년 무렵.
『竹牖集』, 吳澐 著, 筆寫本, 1783.
『江華府誌』, 金魯鎭 著, 木版本, 1783.

『海東沿革圖』, 著者未詳, 木版本, 1800년 무렵.
『海西邑誌』, 著者未詳, 筆寫本, 1871.
『關西邑誌』, 著者未詳, 筆寫本, 1871.
『大韓新地志』, 張志淵 著, 徽文館, 1907.
『我邦疆域考』, 丁若鏞 著, 活字本, 1811.
『八道邑誌歌』, 著者未詳, 筆寫本, 1867.
『朝鮮地誌』, 玄采 編, 學部編輯部, 廣文社, 1885.
『大韓地誌』, 玄采 編, 學部編輯部, 筆寫本, 1899.
『大韓疆域考』, 張志淵 著, 新活字本, 1903.
『大韓地理問答篇』, 玄采 編, 博文書館, 1908.
『新朝鮮全誌』, 南宮濬 著, 惟一書館, 1913.
『朝鮮疆域誌』, 張志淵 著, 文友社, 1928.
『全鮮名勝古蹟』, 金逌東 編, 東明社, 1929.
『江都誌』, 朴憲用 編, 二林商會, 1932.
『平壤誌』, 張道斌 著, 平壤商工社, 1935.
『朝鮮寰輿勝覽』, 李秉延 編集, 安秉台 校閱, 普文社, 1938.
『어린이 국사지리서 (상)』, 신정인 저, 啓蒙俱樂部, 1946.
『朝鮮常識問答』, 崔南善 著, 東明社, 1946.
『조선역사지도』, 최남선 지음, 동명사, 1947.
『寧邊志』, 寧邊郡民會 編, 寧邊郡民會, 1971.
『倍達族 疆域形勢圖』, 李源台 編, 李東俊家, 1972.
『海東地圖』, 筆者未詳, 彩色筆寫本, 1750년 무렵.
『八道地圖』, 木版本, 1800년 무렵.
『大東地志』, 金正浩 著, 筆寫本, 1860년 무렵.

철학

홍익인간

『弘益人間 풀이』, 조병원 저, 광주사범학교, 1948.
『倧道와 弘益人間』, 鄭鳳和 著, 青資文化社, 1969.
『歷史考證-弘益人間論』, 姜舞鶴 著, 삼신서적, 1977.
『홍익인간이념-한국사상의 근원』, 신성우 지음, 홍익인간학회, 1981.
『弘益人間論』, 姜舞鶴 著, 明文堂, 1983.
『홍익인간 이념 연구』, 학회보 편, 홍익인간학회, 1983.

『弘益國家論』, 李根昌 著, 韓國財經社, 1991.
『홍익인간 이념 연구』, 정영훈 외 저, 한국정신문화연구원, 1999.

철학

『精神哲學通編』, 全秉薰 著, 精神哲學史, 1920.
『黃帝檀君』, 谷陽道人 于藍田 謹啓 中華民國9, 1920.
『참된 解放과 世界平和』, 金泰星 著, 京城圖書出版社, 1945.
『哲學論叢』, 安浩相 著, 乙酉文化史, 1948.
『하나의 哲學』, 安永泰 著, 同心社, 1949.
『一民主義의 本質(본바탕)』, 安浩相 著, 一民主義硏究院, 1950.
『민족심리학』, 金泰午 著, 東邦文化史, 1950.
『民主主義의 歷史와 種類』, 安浩相 著, 一民出版社, 1953.
『독립정신』, 이승만 지음, 태평양출판사, 1954.
『國史와 指導理念』, 李丙燾 著, 一潮閣, 1955.
『檀君哲學釋義』, 金泂鐸 著, 石版本, 1956.
『哲學心經』, 李石泉·金一誠 編, 鄭石崗 發行, 1959.
『韓國人 夷』, 著者未詳, 發行處未詳, 謄寫本, 1960년 무렵.
『민주적 민족론 한백성이론』, 안호상 지음, 어문각, 1961.
『新人本民主主義』, 崔仁 著, 榮文社, 1963.
『배달의 종교와 철학과 역사』, 안호상 지음, 어문각, 1964.
『國祖哲學釋義』, 김종성, 등사본, 1965.
『生命哲學講義 天道十三講』, 韓泰然 著, 榮進文化社, 1967.
『민족의 주체성과 화랑얼』, 안호상 지음, 배달문화연구원, 1967.
『민족중흥의 원리와 방법』, 안호상 지음, 재건국민운동 중앙회, 1970.
『배달·동이겨레의 한옛역사』, 안호상 지음, 배달문화연구원, 1972.
『韓國人과 檀君哲學(1)』, 金桂鴻 編著, 檀君哲學會, 1973.
The Ancient History of The Korea-Don-I Race, 안호상 지음, 대한교과서, 1974.

도덕

『道德淵源』附 忠賢錄, 金遺東 著, 大東晋文社, 1924.
『道德』, 朝鮮道德促進會 編, 朝鮮道德促進會, 1946.
『初等人倫讀本』, 光明教化 檀君時代演繹序, 精神教育養成會扶安支部, 1951 제3版.
『道義原論』, 金斗憲 著, 乙酉文化史, 1957.

『중학도의 1』, 문교부, 대한교과서주식회사, 1958.
『道義韓國誌』, 金晙會 著, 1959.
『도덕록』, 배진규 편저, 태동문화사, 1964.
『韓國古代道德의 研究』, 金得榥 著, 大地文化史, 1984.
『道德教典』, 李成宰 著, 覺世文化史, 1995.

사상

『天祖檀君의 訓令』, 日月閣人 晶明 著, 海印島彌勒山正心道總本山, 1946.
『弘益大典』, 李固善 著, 靈芝山東臺下 无尤精舍, 1952.
『韓國思想史』, 金得榥 著, 南山堂, 1958.
『한국사상사』, 박종홍 지음, 서문당, 1972.
『民族思想의 發見』, 崔光烈 著, 集文堂, 1973.
『韓國思想의 源泉』, 李相日 外 共著, 養英閣, 1973.
『韓國民族思想史大系 古代篇』, 李瑄根 編, 亞細亞學術研究會, 1973.
『커발한문화사상사 卷1~2』, 李裕笠 著, 檀檀學會, 1976.
『韓國의 始原思想』, 朴容淑 著, 文藝出版社, 1985.
『韓民族의 뿌리思想』, 宋鎬洙 著, 개천학술원, 1985.

도가·선맥

『青鶴集』, 趙汝籍 著, 寫本, 1500년 무렵.
『格庵遺錄』, 南師古 著 李桃隱 複寫, 桃源精舍, 1644.
『海東異蹟』, 洪萬宗 著, 筆寫本, 1666.
『旬五志』, 洪萬宗 著, 筆寫本, 1679.
『性命雙修 萬神圭旨』, 尹眞人의 제자, 1600년 무렵.
『鄭鑑錄』, 著者未詳, 筆寫本, 1800년 무렵.
『修眞秘錄』, 李容兌 著, 大倧教總本司, 1947.
『제2깨닫는법-단군문화와 진리문답』, 李容兌 著, 대종교총본사, 1962.
『古今觀我丹心典』, 崔庸 著, 文洪模 外, 선화인쇄, 1968.
『대도진법 단권』, 백암본소, 石印本, 1970.
『白頭山族 天氣丹法』, 李判岩 著, 사법행정문화원, 1976.
『丹田呼吸法』, 黃武淵 著, 醫藥社, 1979.
『丹』, 김정빈 지음, 정신세계사, 1984.
『朝鮮道教史』, 李能和 輯述, 李鍾殷 譯註, 普成文化史, 2000.
『符都誌』, 박제상 저, 김은수 역, 한문화, 2002.

화랑도

『震檀風月道 花郎學史』, 朴魯哲 著, 國仙學研究, 1947.

『花郎道』, 金東仁 著, 漢城圖書, 1949.

『花郎道』, 國防長官推薦, 鷄林社 編著, 1950. 3판

『花郎道研究』, 李瑄根 著, 東國文化史, 1954.

『花郎의 血脈』, 花郎道普及會 編, 花郎道普及會, 1956.

『花郎外史』, 金凡父 著, 凡父先生遺稿刊行會, 1967.

『배달임금(단군)과 배달나라(단국)의 고유한 도의원리들과 화랑도에 관한 연구』, 안호상 저, 배달문화연구원, 1966.

종교

종교 사전

『引經相照 傳道必携 百教會通』, 李能和 著, 朝鮮佛教月報社, 1912.

『宗教寶鑑』, 尹庠勳 編輯, 崔基龍 方, 1915.

『宗教大典』, 金斗和 著, 朝鮮圖書株式會社, 1925.

『朝鮮宗教史』, 作者未詳, 謄寫本, 1950년 무렵.

『韓國原始宗教史』, 고려대교수, 원고, 1950년 무렵.

『종교의 비교연구와 그 결론』, 邊宗浩 著, 心友園, 1959.

『한국원시종교사』, 愚菴, 친필원고, 1960년 무렵.

『韓國宗教史-韓國精神史大系 第二集, 金得榥 著, 白岩社, 1963.

『韓國新興宗教總鑑』, 李康五 著, 韓國新興宗教研究所, 大興企劃, 1992.

단군 종교

『大倧教神圓經』, 白峯, 筆寫本, 1903.

『檀君教佈明書』, 古經閣13人, 太白山大崇殿, 1904.

『大倧教神圓經』, 白峯, 筆寫本, 1903, 근대 사경문.

『檀君教五大宗旨 佈明書』, 1909.

『檀君教總本部宗令』, 李裕馨 筆, 檀君教本部, 1913.

『檀君教總本部日記』, 著者未詳, 檀君教總本部, 1914.

홍암 나철 필적, 弘巖 羅喆, 1916.

『한얼노래』, 李克魯 編, 대종교총본사, 1915.〈?〉

「重光歌」, 홍암 나철, 1916.

『檀經』, 洪甲均 編, 檀君教本部, 1916.

『檀典』, 洪甲均 編, 檀君教本部, 1916.

『本司行日記』, 成世英 筆, 筆寫本, 1922.

『天乙仙學經 天』, 鄭薰謨 編, 始興檀君校本部, 1935.

『檀君教復興經略』, 鄭鎭洪 著, 啓新堂, 1937.

『眞理圖』, 筆寫本, 1940년 무렵.

『검결풀이 합편』, 鄭烈模 編, 大倧教總本司, 1946.

『範禮規略 合編』, 鄭烈模 編, 大倧教總本司, 1946.

『한검바른길』, 정열모 편, 대종교총본사, 1948.

『大倧教 弘範 及 規制』, 大倧教總本司 編, 大倧教總本司, 1948.

『大倧教의 槪觀』, 정열모 편, 대종교총본사, 1949.

「布告文」, 大倧教道員一同, 등사본, 1950년 무렵.

『대종교규범』, 대종교 규범개정위원, 대종교총본사, 1953.

『譯解倧經 四部合編全』, 정열모 편, 대종교총본사, 1953.

「조선말 큰사전」 대종교어휘표 유네스코 한국총람 대종교편 합편, 한다물 편, 한밝 인쇄, 총사편집부, 1956.

『綜理講義錄』, 倧理講修會 編, 大倧教, 1956.

『대종교경전』, 대종교종경종사편찬위원회 편, 대종교총본사, 1969.

『신리대전 (신역)』, 대종교종경종사편수위원회 편, 대종교총본사, 1967.

『회삼경 (신역)』, 대종교종경종사편수위원회 편, 대종교총본사, 1969.

『신사기 (신역)』, 대종교종경종사편수위원회 편, 대종교총본사, 1969.

『大倧教 重光六十年史』, 大倧教倧經史編修委員會, 大倧教總本司, 1971.

『壬午十賢 殉教實錄』, 맹주천 編, 대종교총본사, 1971.

『韓國重興宗教教祖論 弘巖羅喆大宗師』, 申哲鎬 著, 大倧教 總本司, 1979.

『단군교요람』, 태백산인 한산, 단군교(한배교)종무청, 1981.

민족 종교

『神教叢話』, 紫霞禪師 著, 1893.

『金先生廉白記』, 鄭鎭洪 編, 檀君教本部, 1924.

『玄道宗憲』, 金祥國 編, 玄道總本館, 1928.

『金剛道師道德歌 (1~10권)』, 崔東根 編, 金剛道本部, 1929.

『一言』, 崔鍾萬 書, 皇皇道, 1946.

『海印經』, 姜大成 著, 石版本, 1946.

『海印經註解』, 姜大成 著, 石版本, 1946.

『金剛大道의 由來略史』, 金剛大道, 1950.

〈신금일 인선불체〉, 한지에 석채, 1950년 무렵.

『人類光明化運動으로』, 光明道德普及部 編, 檀君時代演繹序出版, 1950.
『때가 왔다! 광명대도의 만교귀일 때가 왔다! 光明大道의 萬敎歸一』, 鄭曉橓 著, 光明敎化叢書, 精神敎育養成會, 1951.
『眞理의 巨宮 亨編辰號』, 鄭驍橓 著, 光明敎化叢書, 檀君時代演繹序出版, 1951.
『倍達民族 手持讀通 祖經集』, 宋玉根 著, 馬山桓德壇, 1953.
『眞理의 巨宮 利編子號』, 鄭驍橓 著, 光明敎化叢書, 檀君時代演繹序出版, 1955.
『弘益人間 天經』, 光明敎化叢書, 檀君時代演繹序出版,1955.
『眞理의 巨宮 利編辰號』, 鄭驍橓 著, 光明敎化叢書, 檀君時代演繹序出版, 1958.
『금강도 종리문답』, 금강도본부 편, 금강도본부, 1959.
『金剛大道 概觀』, 金剛道, 金剛道總本部, 1959.
『후천』, 저자미상, 발행처미상, 1950.
『金剛道敎典』, 金剛道, 檀聖授敎金剛道總本部, 1952.
『生化正經』, 三德敎 編, 三德敎, 1956.
『虛空에 眞實』, 聖和堂信道契, 三一道德 聖和堂, 1959.
『檀君授敎金剛道本部運營要綱』, 金剛道, 본부용, 1959.
『단군영사경』, 단군교교주불법사님, 단군교, 1960년 무렵.
『天檀經』, 著者未詳, 鉛活字本, 1960년 무렵.
『道德歌詞』, 道德會 編, 謄寫本, 1960년 무렵.
『太極道通鑑』, 朴景浩 外, 太極道本部, 1960.
『東道敎』, 東道敎, 趣旨文 宗團代表者會議 加入原書, 1961.
『宗憲』, 東道敎, 東道敎總本部, 1961.
『口傳心授 大道眞理』, 金雲洲 著, 道德礎基會, 1963.
『人道精神』, 韓聖圭 著, 人道精神宣揚會, 1965.
『興起道德歌』, 李青鶴 著, 金剛道典經課, 1969.
『天乙眞經 天印法輪』, 宋榮大 編著, 天印道場, 1970.
『檀君聖殿의 哲理白書』, 尹熙炳, 桓檀史學會, 1970년 무렵.
『天王道 民族固有의 祭政哲學』, 大宗文化硏究院, 大地出版社, 1976.
『奉頌文』, 김달선 편, 태을산 단군기도원, 1983.
『開天經典』, 朴桂林 譯, 大韓公報社, 1986.
『한얼말씀』, (사)한얼교중앙회 부설 한겨레민족종교성전편찬위원회, 정화사, 1988.

단군 숭봉 단체·사묘

단군 숭봉 단체

檀君崇寧會, 1945.

檀檀學會, 1954.

檀君聖祖奉安聯合會, 1958.

檀君聖祖修道院, 1962.

倍達文化研究院, 1963.

檀君崇慕會, 1964.

顯正會, 1968.

자료

「正祖御製 檀君廟致祭文」, 正祖(朝鮮王 1752~1800)製, 1788.

「崇靈殿致祭文」, 필사 제문,

『神宮建築誌』, 日神韓宮奉敬會建築所 編, 刊行者 未詳, 1910.

敬賀辭, 李始榮 親筆遺墨, 1949.

『檀君奉安錄』, 金正學 編, 檀君奉安會, 1953.

『檀君景慕詩集 第一卷』, 檀君景慕會 編, 檀君景慕會,1954.

『國祖檀君誌』, 江城君書院 編, 檀君時報社, 1956.

『檀君史記抄要』, 檀君殿建立委員會 編, 海南印刷所, 1959.

『東道教』, 東道教總本部 編, 東道教總本部, 1961.

「檀君聖廟奉築期成會 委囑狀」, 趙永完, 檀君聖廟奉築期成會, 1963.

「단군 호남숭모회 목적 및 규약」, 단군호남숭모회, 단군숭모회, 1964.

『修道寶鑑』, 姜吉龍 著, 檀君聖祖修道院 藏版, 1966.

「단군숭영회 법인설립허가서」, 단군숭영회, 문화공보부 장관, 1970.

檀君崇寧會 中央本部 會員證, 趙擎韓 書, 檀君崇寧會, 1973.

단군숭영회 중앙본부 임명장, 조경한 글, 사단법인 단군숭영회 중앙본부, 1977.

사묘

평양 단군묘·숭령전, 1429.

구월산 삼성사, 1480년 무렵.

남산 와룡암 단군묘(檀君廟), 1605.

단군숭배 신교, 1890년경

백두산 대숭전, 1904.

서울 대종교 총본사 천진전, 1909.

작산 단군전, 1913.
모촌 단군전, 1913.
곡성 단군전, 1916.
해남 단군전, 1923.
시흥 단군전, 1930.
단군성주교(檀君聖主教), 1936.
어래산 단군전(숭령전), 1945.
밀양 천진궁, 1946.
은적산 단군성전, 1946.
개태도광사창운각, 1946.
계룡 천진전, 1948.
증평 단군전, 1948.
장하 단군전, 1948.
대전 단묘, 1958.
익산 단군성묘, 1951.
대구 단군성전, 1955.
서울 남산 단군굴, 1957.
왜관 국조전, 1961.
유성 단군대황전, 1958.
연산 단군천진전. 개천탑, 1958.
내산 천조전, 1959.
남선 단군전, 1964.
마산 단군전, 1960.
진주 단군전, 1960.
순창 단군전, 1961.
거창 단군전, 1962.
부산 단군전, 1962.
김제 단군정신선양회 교당, 1962.
서산 단군전, 1963.
부여 단군전, 1964.
도봉산 단군전, 1965.
한얼교, 1967.
대전 보문산 청심등대세계평화탑, 1967.
서울 사직동 단군성전, 1968.
거발한 개천각, 1969.

천부경

天符經, 農隱遺集의 갑골문자 천부경

天符經, 정훈모 친필, 권태영 소장본, 1917~1926.

檀君天符經, 卦, 1950년 무렵.

『턴디창죠젼』, 저자미상, 필사본, 1930년 무렵.

檀君聖祖天符經八十一字 原文, 崔元軾 書, 1952.

檀君天符三圖檀君天符三印, 필사그림, 1980년 무렵.

『天符經講述』, 宋玉根 著, 晉州天陽壇, 1953.

『天符經解論』, 韓圭性 著, 博文出版社, 1968.

『天符經源典』, 金白龍 著, 회상사, 1987.

『천부경의 비밀과 백두산족 문화』, 권태훈 구술 및 감수, 정재승 안기석 엮음, 정신세계사, 1989.

『天符經研究』, 朴性和 著, 民族正統思想研究委員會, 1993.

『천부경연구』, 한배달 편, 한배달, 1994.

『弘益桓檀經』, 姜孝信 編著, 東樞桓醫學研究院, 2002.

삼일신고

『三一神誥』, 太白山大崇殿, 1904.

『三一神誥』, 金教獻 編, 大倧教總本司, 1912.

『三神諸講義』, 申泰允 著, 三仁洞精舍, 1938.

『檀聖三一神誥 全』, 金剛道本部 編, 金剛道本部, 1959.

『삼일신고 (신역)』, 대종교종경종사편수위원회 편, 대종교총본사, 1967.

참전계경

『聖經八理 (상·하권)』, 발행지미상, 1921.

『聖經八理』, 단군교대종사 정훈모 편, 단군교본부, 1921.

『檀君禮節教訓聖經八理 三百六十六事 (上·下)』, 朴魯哲 編, 檀君禮節教訓 學術研究院出版部, 1965.

『단군예절교훈팔리 삼백육십육사』, 박노철 편, 등사본, 1967.

『聖訓八理 檀君 366 事訓』, 홍익인간학회, 申盛宇 編者, 우리출판사, 1983.

천주·기독교

『聖書的 立場에서 본 韓國歷史』, 咸錫憲 著, 新生館, 1961.

『뜻으로 본 韓國歷史』, 咸錫憲 著, 崇義社, 1963.

『韓國宗教와 基督教』, 柳東植 著, 大韓基督教書會, 1965.

『攝理로 본 世界의 歷史』, 崔在仁 著, 裕林文化史, 1976.
『배달에 비친 성서-민족의 뿌리』, 정도행 저, 경서원, 1984.
『단군신전과 신사참배』, 편집부, 도서출판아가페, 1985.
『단군신화는 민족화합의 원리가 될수 있는가?』, 영락교회선교관, 1986.
『단군전 건립운동 비판과 오늘의 기도운동』, 김영혁 편집, 한국복음주의협의회, 1987.
『중학교 종교 (중)』, 한국기독교학교연맹, 한국기독교학교연맹, 1996.
『웅녀와 단군의 성서읽기』, 황종렬 편, 국태원, 1997.
『단군상문제공청회』, 한국기독교교회협의회(KNCC), 단군상대책위원회, 1999.

불교

『朝鮮佛教通史』(3卷 2冊), 李能和 著, 新文館, 1918.
『제석님과 제석굿』, 방창환 조흥윤 공저, 문덕사, 1997.

사회

풍속·민속

『兎園策府』, 蔣王, 敦煌文書 筆寫本, 650년 무렵.
『國朝五禮儀』, 申叔舟 等著, 活字本, 1474.
『日省錄』, 安鼎福 著, 筆寫本, 1744.
『征西伂遊記』, 淸州人 松隱, 筆寫本, 1844.
『巫堂來歷』, 著者未詳, 筆寫本, 1825~1885.
『朝鮮王朝實錄』, 1413(太宗13)~1865(高宗2) 間 記錄, 1413.
『文苑黼黻』, 鄭昌順 外 著, 活字本(韓構字), 1787.
『春官通考』, 柳義養 著, 筆寫本, 1788.
『科表私集』, 編者未詳, 筆寫本, 1800년 무렵.
『致祭謄錄』, 禮曹 編, 筆寫本, 1815년 무렵.
『續日知錄』, 編者未詳, 筆寫本, 1857.
『祈雨祭謄錄』, 禮曹 編, 筆寫本, 1889.
『朝鮮巫俗考』, 李能和, 啓明 第十九號 啓明俱樂部, 1927.
『兒時朝鮮』, 崔南善 著, 東洋書院, 1927.
『崇惠殿誌』, 金學銖 編, 慶州金氏宗中 刊, 1933.
『宗廟の 祈願』, 條田治策 著, 李王職, 1938.
『朝鮮貨幣考』, 柳子厚 著, 學藝社, 1940.
『四千年 歷史國 朝鮮史話』, 金熙洋 著, 檀民出版社, 1946.
『五千年 朝鮮史話集』, 王明 著, 朝鮮出版社, 1948.

『韓國의 歲時風俗』, 崔常壽 著, 弘人文化史, 1960.
『說話 韓國의 歷史』, 李相玉 著, 敎文社, 1961.
『四千年 史話傳說集』, 高揚會 編, 眞文出版社, 1968.
『한국의 향토신앙』, 鄭壽根 著, 乙酉文化史, 1975.
『한국의 민속 종교사상』, 一然·神誌·李能化 外 著, 李秉燾·安浩相·李烈圭 外 解題 譯, 三省出版社, 1978.
『도리도리 짝자꿍 道理道理 作作窮 제96-3』, 鄭鎭仲 著, 사본, 1980년 무렵.
『한국의 민속』, 김성배 지음, 집문당, 1980.
『한국의 巫』, 조흥윤 지음, 정음사, 1983.
『先儒의 天主思想과 祭祀問題』, 朱在用 著, 가톨릭출판사, 1988.
『단군이야기 (구술)』, 임철제, 한국구전설화3 황해도 편, 평민사, 1988.
『단군의 일곱째 아들이 살았던 거북바위』, 최덕원, 한국구비문학대계6-12 전남보성군 편, 한국정신문화연구원, 1988.

민족

「夢拜金太祖」, 朴殷植 著, 1911.
『讀史新論』, 申采浩 著, 1908.
『韓國魂』, 申圭植 著, 1914.
『朝鮮及 朝鮮民族』, 崔南善 外, 朝鮮思想通信社, 1927.
『朝鮮民族運動.鑑』, 在上海日本總領事館 (秘本), 1932.
『朝鮮民族史 第一回 講座資料』, 朝鮮總督府 朝鮮史編纂委員, 1937.
『新民族主義와 新民主主義』, 安在鴻 著, 民友社, 1945.
『朝鮮民族史槪論』, 孫晋泰 著, 朝鮮文化叢書 第11集, 1948.
『民族理論의 展望』, 金斗憲 著, 乙酉文化史, 1948.
『民族의 脈搏』, 李殷相 著, 民族文化史, 1951.
『한국의 얼』, 閔石麟 編著, 公報室, 1955.
『朝鮮民族更生의 道』, 崔鉉培 著, 正音社, 1962.
『빛나는 겨레의 얼』, 安明善 著, 成文閣, 1962.
『민족의 혈맥』, 이선근 지음, 청우회청년위원회, 1969.
『民族의 氣魄』, 李鍾浩 編, 檀君崇寧會, 1971.
『祖國民族의 星座』, 李栢龍 編著, 道義文化史, 1975.
『한국민족교육사상사』, 金益洙 著, 洙德文化史, 1978.

문화

『朝鮮文化史大全』, 青柳綱太郎 著, 朝鮮研究會, 1924.
「대한독립선언서」, 박치화 외 11인, 1919, 등사본영인.

『玄道說明書要旨』, 현도총본관사종부, 1928.
「경극전봉건기성회 취지 규칙」, 봉건기성회, 1924
『민족문화독본』 하권, 양주동 편, 청년사, 1946.
『문화의 창조』, 안호상 지음, 동국문화사, 1961.
『한국문화사대계1』 民族·國家史, 高麗大學校民族文化研究所 編, 高麗大學校民族文化研究所出版部, 1964.
『우리나라문화사』, 이홍직 지음, 민교사, 1965.
『한국민족문화의 기원』, 김정배 저, 고려대학교출판부, 1976.
『민족문화논총(第1-10卷 7冊)』, 韓國古典研究會 編, 民族文化史, 1981.

단군 운동

뭉치자! 단군의 자손들이여!, 10월 3일 개천절 기념 포스터, 1945.
봉황대단군묘봉호회결성취지서, 곡성군수. 각면장. 학교, 1947.
강화도 마니산 참성단 채화, 1946.
단성전 헌폐회원증, 단성전, 1947.
강화마니산 참성대에서 개천절 기념행사 사진, 1948.
찾아내자 민족정신 찾아내자 民族精神 朝鮮은 光明의 發祥地, 鄭驍橓 著, 光明教化.
檀君時代演繹序, 1949.
開天節을 경축하자!, 1950년 무렵.
敬啓, 檀君奉讚會 編, 檀君奉讚會, 1952.
제2대 대통령 재선 축하 포스터, 1952.
단군 삐라, 유엔군, 1952.
귀순독려 단군 삐라, 유엔군, 1952.
『申翼熙先生演說集』, 申昌鉉 編, 柳致松 發行, 1953.
『핏줄기에 흐르는 大韓魂』, 朱大闢 著, 동서문화사, 1954.
三一運動史, 三一精神宣揚會 編, 三一精神宣揚會慶尙北道支部, 1955.
국조단군성상, 작자 미상, 포스터, 1956.
檀君湖南崇慕會 後援會 規約, 檀君聖廟湖南崇慕會, 1963.
檀君聖廟奉祝期成會趣旨文, 趙永完 書, 檀君聖廟奉祝期成會, 1963.
단군성묘 봉축 인사말씀, 趙永完 書, 檀君聖廟湖南崇慕會, 1965.
10월의 행사 포스터, 새교실, 1970년 무렵.
檀君朝鮮 遺史記, 李守山 書, 檀君奉城會, 1981.
단군한배달큰잔치, 단군한배달큰잔치 준비위원회, 한민족운동단체연합, 1985.
홍암나철, 문화관광부 선정, 2005 이달의 문화인물 관계자료, 문화관광부, 2005.

논쟁

『朝鮮史』, 朝鮮史編纂委員會 著, 朝鮮史編纂委員會, 1925.
『韓國의 神話』, 張籌根 著, 成文閣, 1961.
『실존인물 檀君』, 姜舞鶴 著, 국문, 1981.
『단군조선의 實存』, 강무학, 청화, 1985.
『단군신전과 신사참배』, 편집부 편, 아가페, 1985.
『日帝植民地史觀 複寫版 國史를 暴露한다』, 崔在仁 著, 國史光復會, 1999.
『단군신화는 없었다』, 김종서 지음, 민족문화, 2001.
『망국적 한국역사 소송 진행문』, 한국정신문화선양회 편, 한국정신문화선양회, 2005.

어문학

어원·고어

신지글자, 神誌鹿圖篆字
『古今釋林』, 李義鳳 編, 筆寫本, 1789.
『古今歷代法帖』, 博文會, 木版本, 1859.
『東言攷略』, 鄭喬 纂 著, 古今書海館, 1909.
『國語文法』, 周時經 著, 博文書館, 1910.
『古今法帖略選. 全』, 朴榮培 編, 玄公廉家, 1922.
『朝鮮文學史』, 安廓 著, 韓一書店, 1922.
『朝鮮語補充』, 著者未詳, 筆寫本, 1923.
『海東歷代名家筆譜』, 白斗鏞 著, 翰南書林, 1926.
『四千年間 朝鮮俚語 解釋』, 金東縉 著, 德興書林, 1928.
『朝鮮口傳民謠集』, 金素雲 編, 東京 第一書房, 1933.
『朝鮮歌謠集成 古歌編 第一輯』, 金台俊 編, 朝鮮語文學會, 1934.
『朝鮮古歌研究』, 梁柱東 著, 博文書館, 1942.
『中等漢文 卷一』, 張鉉參 編, 白嶺社, 1947.
『알기쉬운 한글강좌』, 한글학회 유열 지음, 朝鮮金融組合聯合會, 1949.
『중등국어』, 李秉岐 編, 金龍圖書株式會社, 1949.
『國文學全史』, 李秉岐·白鐵 共著, 新丘文化史, 1957.
『어원으로 증명하는 한민족역사 한국상고사』, 朴炳植 지음, 崔鳳烈 옮김, 교보문고, 1994.
『우리말로 본 단군신화』, 정호완 지음, 명문당, 1995.
『한글은 단군이 만들었다』, 정연종 지음, 죠이정인터내셔날, 1996.

『언어로 풀어보는 한민족의 뿌리와 역사』, 정연규 저, 한국문화사, 1997.
『가림토 5000만의 상고사 길라잡이』, 박인수 글 그림, 거근당, 1999.
『언어속에 투영된 한민족의 상고사-환인, 환웅, 단군시대의 언어재료분석』, 정연규 저, 한국문화사, 2000.

시·소설

『海東樂府』, 李福休 著, 筆寫本, 1800년 무렵.
『海東萬古歌』, 著者未詳, 筆寫本, 1800년 무렵.
『민   뎐덕힝녹 閔中殿德行錄』, 著者未詳, 宮體筆寫本, 1800년 무렵.
『皇華集』, 英祖 命編, 活字本(芸閣印書體字), 1773.
『八道遊覽歌』, 作者未詳, 한글 필사본, 1900년 무렵.
『近古詩選』, 李賢汲 詩, 筆寫本, 1780.
『二十一都懷古詩』, 柳得恭 著, 1778.
『朝鮮名勝詩選』, 成鳥淑士 編者, 衍文社, 1915.
『時文讀本』, 崔南善 編, 新文館, 1922.
『海東竹枝』, 崔永年 著, 奬學社, 1925
『檀君節』, 소년잡지 표지후면 낙장, 1910.
『當選時調 朝鮮의 노래 "괴(魁)"』, 東亞日報, 1932.
『아름다운江山』, 정태진 편, 신흥국어연구소, 1946.
『神檀吟社 檀君』, 大提學 茂亭 鄭萬朝, 考評經營院, 1950.
『文章讀本』, 李光洙 著, 德基出版社, 1954.
『史考千文』, 金煥昌 著, 啓蒙社, 1956.
『國史歌』, 柳相殷 著, 한국양노사업협회, 1959.
『한국역대 名詩全書』, 李丙斗 譯, 文獻編纂會出版部, 1959.
『韓中詩史 (上·下)』, 公報室 編, 公報室, 1960.
『大韓五千年歌史』, 權秉碩 編, 石印本, 1960.
『檀羅國祖相大略歷』, 朴道義 著, 永和堂印刷所, 1961.
『半萬年史歌集』, 黃周奉 編者, 泰東文化史, 1962.
『愛情오천년』 太古篇 新羅篇, 韓贊奭 著, 藝苑社, 1965.
『檀君 (附 考證論)』, 姜舞鶴 著, 민족사상선양사, 1967.
『開天節 詩集』, 李淳熙 編, 이문출판사, 1968.
『月海詩集 華麗한 꿈』, 朴巖 著, 三一閣, 1971.
『역사소설 檀君』, 姜舞鶴 著, 밀알, 1986.
『白頭山』, 高銀 著, 創作社, 1987.
『대동이』, 박문기 저, 정신세계사, 1987.

『桓檀詩』, 桓檀詩同人 지음, 호롱불, 1989.
『백두민족』, 박정자 지음, 하락도서, 1992.
『소설 한단고기 (상·하)』, 김태영 저, 유림출판사, 1992.
『소설 三一神誥』, 趙聖石 지음, 세손, 1992.
『石菴詩文集』, 鄭坰兌 著, 青石會, 1994.
『연재소설 단군』, 김태영 글, 김희섭 그림, 문화일보, 1995.
『소설 단군』, 김태영 지음, 유림, 1995.
『참성단을 찾아서』, 공석하 저, 뿌리, 1996.
『짐은 이것을 역사라 부르리라』, 김현기·유정아 공저, 한겨레신문사, 1997.
『단군은 이렇게 말했다』, 박정진 지음, 화담, 1998.
『꼬마단군』, 정우상역사이야기, 정우상 지음, 도서출판 산하, 1999.
『단군지장』, 김민준 지음, 별과 우주, 2000.
『단군의 나라』, 이동희 지음, 풀길, 2000.

수필·기행

『유람가』, 필사본, 1900년 무렵.
『邑誌歌抄』, 필사본, 작자미상, 1867원문 근세 풀이본
『白頭山觀參記』, 崔南善 著, 漢城圖書 株式會社, 1927.
『檀君聖跡巡禮』, 玄鎭健 著, 東亞日報, 1932.
『朝鮮遊覽歌』, 崔南善 著, 東明社, 1947.
『古都勝地大觀』, 李無影 編, 朝鮮旅行社, 1948.
『祖國江山』, 李殷相 著, 민족문화사, 1954.
『그 산하 그 인걸』, 송지영 저, 배영사, 1979.
『檀君紀行』, 朴成壽 著, 教文社, 1988.
『아름다운 나라-박정자 사진·기행시집』, 박정자 지음, 시도출판사, 1993.
『배달의 얼은 저리도 흐르는데-단군사면 문화기행』, 박한규 저, 대웅출판사, 1995.
『계룡산』, 이길우 저, 대문사, 1996.
『백두산 별곡』, 김신철 외 14인, 월간아동문학사, 1996.
『백두대간기행 산천을 닮은 사람들』, 고은 외 지음, 효령출판, 1998.

예술·방송

예술 작품

檀君聖域, 申翼熙 筆, 서예작품, 1950년 무렵.
檀君聖域 其命維新, 서예작품, 白史 李允榮, 1950년 무렵.

三一神誥, 韓福完 筆, 서예작품, 1960년 무렵.
檀君無等山神殿 許百鍊 獻納圖錄, 檀君無等山神殿建立委員會, 1974.
弘益人間, 許百鍊, 서예작품, 1966.
별이 빛나는 참성대, 작자미상, 사진작품, 1970년 무렵.
檀君圖, 墨鷺 李用雨, 한국화, 1970년 무렵.
白頭山天池圖, 월정 장우성, 1975.
弘益人間, 조경한, 서예작품, 1979.
단군한배검께서 사시던 한밝산, 안호상, 1982.
桓雄遺業, 崔光守, 한국화, 1984.
檀君聖殿建立基金마련 仁田申德善書藝展, 백상기념관, 1987.
다다익선, 백남준 작 비디오아트, 국립현대미술관, 1980년 무렵.
홍익인간, 일중 김충현, 서각현판, 1989.
단군 장승, 작자미상, 나무조각, 1990년 무렵.
檀君聖域, 申翼熙 筆, 書刻 懸板, 1990년 무렵.
檀君祖, 김양동, 한국화, 1995.
光天神命은 民族의 靈地, 李愚鉉, 한국화, 1992.
스키타이 단군, 백남준 작 비디오아트, 리움미술관 소장, 1993.
겨레여 민족이여 아! 대한민국이여, 도금옥, 유화, 1998.
天符經, 東塢 金春泰, 서예작품, 1998.
國祖檀君聖像圖, 鄭水燮, 한국화, 2000년 무렵.
檀君一百五十代孫, 월정 장우성, 한국화, 2001.
단군의 힘·통일의 그날까지, 김산호 작, 경복궁전시장, 2002.
天國의 神話 대단군, 이현세 작, 다크북, 2003.
단군본풀이 굿놀이연극, 극단현빈 2008 정기공연작 안내책자, 한국음악홀, 2007.
天符經 篆刻, 정병례, 전각작품, 2007.

음악·방송

檀君節, 최남선, 소년, 1909.
대한의 노래, 이은상 작사, 현제명 작곡, 1931.
개천절 노래, 정인보 요, 김성태 곡, 1949.
달도하나 해도하나, 김건 작사, 이봉룡 작곡, 남인수 노래, 아세아레코드, 1949.
軍歌集, 國防部陸軍本部 作戰教育局長, 國防部陸軍本部, 1949.
『배달의 맥박-독립군시가집』, 독립군시가집 편찬위원회·한철수 편, 송산출판사, 1956.
檀君 영화 시나리오, 강무학 원작, 단군정신선양회, 1969.

단군님, 이인재 작곡, 인덕 작사, 삼화레코드사 악보, 1969.
의식의 노래, 개천절행사 레코드 테입, 문화공보부, 1970.
단군님의 큰은덕, 박진우 작곡 영진 작사, 발행자 불명 악보, 1960~ 1997.
단군할아버지, 김규환 작곡 영진작사, 서라벌레코드사 악보, 1984.
古代探査 : 단군, KBS 제작, 한국방송사업단, 1988.
역사노래 악보집, 박문영 작사 작곡, 서울: 바하기획, 1992.
4325년의 단군 이야기, SBS 프로덕션 제작, SBS 프로덕션, 1996. -비디오카세트
단군에 관한 10가지 질문, KBS 영상사업단 제작, KBS 영상사업단, 1995. -비디오카세트
단군은 우리에게 무엇인가, KBS 영상사업단 제작, KBS 영상사업단, 1996. -비디오카세트
단군신화, 삼성에버랜드, 최첨단 레이져쇼, 1998.
단군신화, 김영동 작품집, 김영동 음반, 서울음반, 2000.
개천절특집 2004 단군이야기, MBC 심야스페셜, 2004년 10월 5일.

기념품

단군 사진엽서, 1920년 무렵.
단군초상 연하엽서, 중국상해 배달공사, 1937.
상주중학교 단기4289. 졸업앨범, 1956.
단군 그림이 있는 자개 공예품, 정근명 작, 우신자개공예, 1967.
檀君朝鮮史記, 도서명을 새긴 동판, 1969.
단군 그림 노트, 김용환 그림, 1970년 무렵.
단군 그림 카렌다, 김용환 그림, UN군 발행, 1972.
단군 영정 첨부 봉피, 1982.
단군수첩, 단군정신선양회, 선양회 회원증, 1986.
단군성전 기념우표, 현정회 발행, 1990년 무렵.
단군왕검 일부인, 단기 4328. 개천절 기념 일부인이 찍힌 봉피, 1995.
단군메달, 제4329주. 개천절 범민족대회기념, 1996.
國祖檀君 메달, 한국조폐공사 제조, 1999.
단군 탁상용 카렌다, 단군민족일체화협의회, 1999.
단군이름을 가진 명품 蘭, 사진으로 만든 탁상용 카렌다, 1999.
단군신화, 수예작품, 1990년 무렵.
홍익인간 기념우표, 정보통신부, 2000.
개천절기념 단군상 타이, 현정회 제작, 2000년 무렵.
인두화 단군 그림, 이상태 작, 강원도 고성 청남화랑, 2000년 무렵.

홍익인간 기념우표 소인 봉피, 정보통신부, 2001.
단군왕검 특별우표, 우정사업본부, 2008.
단군왕검 특별우표 일부인, 우정사업부, 2008.

기록 문헌

문집

『東事類考』, 作者未詳.
『三峰集』, 鄭道傳 著, 木版本, 1394.
『陽村集』, 權近 著, 木版本, 1400년 무렵.
『牧隱集』, 李穡 著, 木版本, 1404.
『雙梅堂篋藏文集』, 李詹 著, 木版本, 1410년 무렵.
『春亭集』, 卞季良 著, 木版本, 1430년 무렵.
『應製詩註』, 權近 著, 權擥 編, 木版本, 1462.
『四佳集』, 徐居正 等, 木版本, 1488.
『秋江集』, 南孝溫 著, 木版本, 1501.
『三灘集』, 李承召 著, 木版本, 1515.
『梅月堂集』, 金時習 著, 筆寫本, 1521.
『慕齋集』, 金安國 著, 木版本, 1550년 무렵.
『企齋集』, 申光漢 著, 木版本, 1550년 무렵.
『漁村集』, 沈彦光 著, 活字本, 1572.
『東皐遺稿』, 李浚慶 著, 木活字本, 1586.
『草澗先生文集』, 權文海 著, 筆寫本, 1600년 무렵.
『栗谷先生全書』, 李珥 著, 木版本, 1611.
『淸虛堂集』, 休靜 著, 木版本, 1612.
『惺所覆瓿藁』, 許筠 著, 寫本, 1620년 무렵.
『大東野乘 丙辰丁巳錄』, 任輔臣 著, 筆寫本, 1623.
『石洲集』, 權韠著, 木版本, 1632.
『芝峯集』, 李睟光 著, 木版本, 1633.
『汾西集』, 朴瀰 著, 木版本, 1638.
『松塘集』, 兪泓 著, 木版本, 1641.
『先祖野塘遺稿』, 金南重 著, 零本, 1650년 무렵.
『大東野乘 再造藩邦志』, 申炅 著, 1613~1653.
『遲川集』, 崔鳴吉 著, 木版本, 1664.

『磻溪雜藁』, 柳馨遠 著, 1665.
『潛谷遺稿』, 金堉 著, 活字本(整理字體), 1670.
『東溟集』, 鄭斗卿 著, 木版本, 1680년 무렵.
『記言』, 許穆 著, 木版本, 1689.
『先祖野塘先生遺稿』, 金南重 著, 稿本, 1700년 무렵.
『文貞公遺稿』, 閔維重 著, 1700년 무렵.
『崧岳集』, 林昌澤 著, 活字本, 1700년 무렵.
『臥游錄』, 南學鳴 編著, 1700년 무렵.
『斗室寤言』, 李煥模 著, 筆寫本, 1700년 무렵.
『星湖全集』, 李瀷 著, 筆寫本, 1700년 무렵.
『雪巖集』, 秋鵬 著, 木版本, 1700년 무렵.
『迂齋集』, 趙持謙 著, 活字本, 1700년 무렵.
『損窩遺稿』, 崔錫恒 著, 寫本, 1717.
『藥泉集』, 南九萬 著, 筆寫本, 1723.
『列聖朝受教』, 鳳城開刊, 木版本, 1727.
『鴻史』, 池光翰 著, 木版本, 1731.
『星湖僿說』, 李瀷 著, 筆寫本, 1740.
『明隱集』, 金壽民 著, 1750년 무렵.
『旅菴全書』, 申景濬 著, 石版本, 1756.
『圓嶠集』, 李匡師 著, 寫本, 1770년 무렵.
『伊溪集』, 南夢賚 著, 謄寫本, 1778.
『保晩齋叢書』, 徐命膺 著, 零本, 1783.
『浮查集』, 成汝信 著, 木版本, 1785.
『五山集』, 車天輅 著, 活字本, 1791.
『修山集』, 李種徽 著, 活字本(芸閣印書體字), 1799.
『芹窩集』, 金熹 著, 木版本, 1800년 무렵.
『梧溪日誌集』, 李宜白 著, 1800년 무렵.
『頤齊全書』, 黃胤錫 著, 1800년 무렵.
『樊岩集』, 蔡濟恭 著, 木版本, 1803.
『梅窓集』, 鄭士信 著, 木版本, 1821.
『苟全集』, 金中清 著, 木活字, 1830년 무렵.
『浩亭集』, 河崙 著, 木版本, 1847.
『北亭集』, 李宗周 著, 刊行者未詳, 1847.
『耘石外史』, 洪敬謨 著, 筆寫本, 1850년 무렵.
『竹下集』, 金時和 著, 筆寫本, 1853.

『冠巖全書』, 洪敬模 著, 稿本, 1863.
『林下筆記』, 李裕元 著, 筆寫本, 1871.
『晩醒集 卷之九』, 朴致馥 著, 金錫祜 外編, 1896.
『醉竹遺稿』, 金炳球 著, 稿本, 1800년 무렵.
『蓬西遺稿』, 辛汎 著, 木活字, 1902.
『雲養集』, 金允植 著, 黃炳郁 編, 石版本, 1913.
『珠淵選集』, 青柳綱太郎, 珠淵選集出版社, 1920.
『藥山漫稿』, 吳光運 著, 木版本, 1924.
『起菴文集』, 金禹昌 著, 木版本, 1928.
『海東倫綱錄』, 鄭寅燦 編, 大聖文學院,1933.
『岌山集, 安永鎬 著, 木版本, 1937.

족보·전기

『四禮便覽 附 檀君歷史』, 李縡 著, 木版本, 1844.
『關帝聖蹟圖誌全集』, 檀國顯聖殿藏版, 朴珪壽 編, 1876.
『裵氏世德錄』, 裵學周 著, 1909.
『朝鮮科宦譜』, 徐丙贊 等編, 活字本(完營印書体字), 1918.
『鐘德誌』, 柳興世 編, 유씨종무소, 1923.
『朝鮮偉人傳』, 張道斌 著, 高麗館, 1925.
『感時漫語』, 李始榮 著, 1934.
『晋州蘇氏族譜』, 蘇鎭浩 編著, 1935.
『白凡逸志 金九自敍傳』, 金九 著, 國史院, 1947.
『在釜清州韓氏宗會 會員簿』, 在釜清州韓氏宗會, 1948.
『韓國梁氏上世記要』, 양대연 著, 梁俊模 發行, 1950.
『人倫讀本』, 宋炳成 著, 檀君奉成會, 1956.
『世界偉人略傳』, 鄭聖杰 編, 獎學出版社, 1957.
『輪鑑錄』, 鄭淳圭 著, 月池詞儒會所 編, 1959.
『清州韓氏史』, 韓贊奭 外 編, 政治新聞社, 1959.
『東國姓籍寶鑑』, 書万燁 著, 1962.
『李東寧一代記』, 金錫營 著, 乙酉文化史, 1979.

연혁사

『海東高僧傳』, 覺訓 著, 1215.
『龍飛御天歌』, 木版本, 1447(世宗29) 刊行. 1613, 중간본-大提閣.
『王山寺王陵史蹟』, 坦瑛 書, 筆寫本, 1687.
『新羅國東吐含山華嚴宗佛國寺事蹟』, 一然 撰, 崔致遠 撰, 木版本, 1708.

『東典考』, 撰者未詳, 筆寫本, 1862년 무렵.
『同文廣考』, 李敦仲 著, 筆寫本, 1900년 무렵.
『二十世紀 朝鮮論』, 金大熙 著, 中央書館, 1909.
『逸士遺事』, 張在軾(張志淵相續者) 編, 滙東書館, 1922.
『朝鮮文明史』, 安廓 著, 匯東書館, 1923.
『朝鮮史編修會事業概要』, 朝鮮總督府朝鮮史編修會, 1938.
『朝鮮解放一年史』, 民主主義民族戰線 編輯, 友却書館 刊, 1946.
『홍익대학교 연혁』, 교명연유, 1946.
『단국대학교 연혁』, 교명연유, 1947.
『韓國獨立運動史』, 李瑄根 著, 尙文館, 1956.
『民族獨立鬪爭史 使料 海外編』, 興論社, 1956.
『한국교육사』, 박상만 지음, 대한교육연합회, 1956.
『韓國體育史』, 羅絢成 著, 榮文社, 1959.
『韓國年中行事大觀』, 李義宅 編, 國民報社, 1959.
『한국통치기구발달사』, 朴相吉 著, 成文閣, 1969.
Korea guide, Edward B. Adams, Samwha printing Co., Seoul, Korea, 1976
『女性韓國史』, 方基煥 지음, 世一社, 1980.

학술·정기간행물

잡지

『檀鐸』, 鄭薰謨 編, 檀鐸社, 1921.
『한빛』, 이윤재 편, 한빛사, 1928.
『開闢』, 최종정 편, 개벽사, 1920.
『別乾坤』, 차상찬 편, 개벽사, 1926.
『震檀學報』, 震檀學會 編, 震檀學會, 1934.
『朝鮮歷史講壇』, 張道斌 主幹, 京城朝鮮歷史講壇社, 1929.
『朝鮮 第百三十七號』, 朝鮮總督府總務課長, 朝鮮總督府, 1929.
『三育』, 李沂 編, 三育社, 1930.
『衆明』, 李昌煥, 衆明社, 단군 영정, 1933.
『日月時報』, 朴淵祚 編, 日月時報社, 創刊號, 1935.
『新興 第九號』, 新興社 編, 新興社, 1938.
『太極』, 檀學會 編, 太極社, 1945.
『白民』, 白民社, 1945. 12.

『普光』, 普光社 李成英 編, 普天教中央本部, 1923.
『歷史學報』, 歷史學會 編, 歷史學會, 1952.
『東方學志』, 東方學硏究所, 延禧大學校, 1954.
『서울대학교 논문집 인문사회과학』, 서울대학교인문사회과학, 1954.
『民俗學報』, 韓國民俗學會, 1956.
『史學硏究』, 韓國史學會 編, 韓國史學會, 1959.
『국사상의 제문제 제1-6집』, 이홍직 외, 국사편찬위원회, 1959.
『한국사상 강좌 1. 2』, 한국사상편집위원회 편, 고구려문화사, 1959.
『民族文化硏究 1號』, 趙東卓 編, 고대민족문화연구소, 1964.
『白山學報』, 白山學會, 1966.
『커발한』, 단단학회발기회, 우문당출판사, 1965.
〈단군조선은 이렇게 말살됐다〉, 이상시, 잡지 기고문스크랩, 1970년 이후
『讀書新聞』 396號, 崔錫老 編, 讀書新聞社, 1978.
『한밝음-창간호』, 한얼학사회, 정화사, 1983.
『歷史탐험』, 월간중앙 10월호 별책부록, 중앙일보, 2003.
『대종교보』, 대종교총본사, 대종교, 1962.
『普化』, 普化教 教化部, 東道教普化教會本部, 1965.
『天民』, 충남논산 화기동, 天民齊, 1964.
『한얼』, 한얼청년회, 한얼사, 1970.
『國學 第二號』, 金昌眞 편, 國學專門學校 國學 編輯部, 1955.
『월간문학』 1969. 4. 5. 6월호 시나리오 단군, 구상, 월간문학사, 1969.
『홍익』, 단군정신선양회 편, 단군정신선양회, 1971.
『월간 얼』, 申浩相 編, 正華社, 1973.
『개천민족회보』, 개천민족회, 송호수, 1984.
『顯正』, 顯正會 編, 顯正會, 1973.
『青史』, 青史編纂委員會 編, 青史編纂委員會, 1955.
『自由』, 자유사, 1979.
『한국종교학』, 한국종교학회, 서울대학교출판부, 1972.
『月刊 弘益人間 창간호』, 홍익인간학회, 홍익인간월보사, 1986.
『한배달』, 사단법인 한배달, 한배달사, 1987.
『民族正氣』, 李鍾南 編, 民族正氣守護協議會, 1987.
『國學硏究』, 國學硏究所 編, 韓國正統文化硏究會, 1988.
『韓國史 市民講座 2集』, 李基白 外, 一潮閣, 1988.
『민족혼』, 우리를 생각하는 모임, 바람과 물결, 1988.
『한국학연구 檀君問題 특집 第36輯』, 韓國學硏究所, 1989.

『한 文化』 봄호, 이승헌, 한 문화원, 1989.
『계간 丹學』, 이갑성 편, 한 문화원, 1991.
『배달문화』, 윤내현 외, 민족사바로찾기국민회의, 1991.
『桓檀誌』, 金成俊 編, 환단지사, 1992.
『民族史硏究 第一輯』, 呂運虔·吳在城 共著, 한국 우리民族史硏究會, 1993.
『한』, 한모임 지음, 도서출판 한, 1995.
『단군학연구』, 단군학회 편, 단군학회, 1999.
『弘益文化新聞』, 裵貞哲 編, 弘益文化新聞社, 1993.
『한민족』, 한민족학회 편, 교문사, 1989.
『월간 신시 月刊 神市』, 시사춘추, 1991.
『붉달』, 신세기 통신, 사외보, 1997.
『겨레얼』, 고종환 발행, 겨레얼찾아가꾸기모임, 1997.
『세계무속신문』, 강희철 편, 무속신문사, 2000.
『한배달』, 월간 한배달사, 2000.
『단군나라』, 현정회 편, 현정회, 2002.
『홍익세계』, 계간 홍익세계 편, 한민족학회, 2003.

논문(대담·학술발표)

「檀君考」, 學術誌編纂委員會 尹世復 著, 建國大學校學術院, 1959.
「檀君考」, 송의수 저, 학술지 『홍익』('71. 11.), 弘益大學校, 1971.
「우리 겨레의 고유신앙은 어떤 것인가?」, 젊은 세대를 위한 민족신앙쎄미나, 한얼청년회, 1976. 7.
檀君精神宣揚 學術講演會, 단군정신선양회 제1~5회, 1979~1984. 모음 6책
「샤마니즘의 現代的 意味」, 東洋샤마니즘 學者大會錄, 圓光大學校民俗學硏究所, 第2回 國際民俗學 學術會議.
檀君情神宣揚 學術發表會錄 第1會, 檀君情神宣揚會, 1980.
「한국전통사상과 국민윤리」, 國民倫理學會, 1982.
「한국고대문화의 재인식」, 國史編纂委員會, 1983.
「韓國民族의 源流」, 國史編纂委員會, 1983.
「東亞 古代文獻의 信憑性 問題」, 翰林大學 아시아문화연구소, 1985.
「동아 고대문헌의 신뢰성 문제」, 翰林大學 아시아문화연구소, 別紙 韓.中.日의 古代史書, 1985.
「한국사연구휘보색인」, 國史編纂委員會, 1985.
「단군신화는 민족화합의 원리가 될수 있는가」, 한국복음주의 협의회 공개신학 쎄미나, 영락교회선교원, 1986.

「韓國上古史의 諸問題」(主題發表 論文), 上古史學術會議, 韓國精神文化研究院, 별책 論評, 1987.
「檀君實事에 관한 文獻考證」, 고려대학교 민족문화연구소, 1987.
「단군신화의 재조명」, 단국대개교50주년 기념 국제학술회, 단국대학교, 1997.

논문(1969년까지 한정 수록)

「三聖祠」, 박은식, 『서우』 제1호, 서우학회, 1906.
「國朝故事 (원·속편)」, 玄櫱, 『대한자강회월보』 제8호·제9호, 대한자강회, 1907.
「讀史新論-단군시대〉」, 신채호, 『대한매일신보』, 1908. 8. 27~12. 13.
「國史史論-단군시대」, 錦頰山人, 『소』 3권 8호, 신문관, 1910.
〈고조선인의 支那沿海 식민지〉」, 최남선, 『월간 청춘』 6호, 신문관, 1915.
「稽古箚存-檀君暨夫餘時節〉」, 최남선, 『월간 청춘』 14호, 신문관, 1918.
「단군신화 一 熊」, 『개벽』 제1호, 개벽사, 1920.
「단군신화 一 熊」, 『조선』 186, 조선총독부, 1920.
「단군 역사」, 백두산인, 『단탁』 제1호, 단탁사, 1921.
「조선신교원류고 (1~10회)」, 이능화, 『동명』 2권 8호~20호(통권25~37호), 동명사, 1923.
「조선사연구초-평양패수고」, 신채호, 『동아일보』 1926. 1. 3~10. 26.
「10월3일을 당하여 단군을 추모함」, 김도태, 『동광』 제7호, 동광사, 1926.
「고조선과 태극」, 안곽(안백산), 『동광』 제8호, 동광사,1926.
「고조선민족의 이대별(二大別)」, 안곽(안백산), 『동광』 제7호, 동광사, 1926.
「단군」, 김완근, 『청』 제6호 제5호, 청년잡지사, 1926.
「단군고증에 대한 신기록의 발견」, 황의돈, 『동광』 제7호, 동광사, 1926.
「壇君論-조선을 중심으로 한 동방문화 연원연구」, 최남선, 『동아일보』 1926. 3. 3~7. 25.
「단군사료 一 小發見과 余의 희열」, 장도빈, 『동광』 제7호, 동광사, 1926.
「단군설화に 就ての 관견(상)」, 안곽(안백산), 『조선사학』 제4호, 조선사학동호회, 1926.
「단군설화に 就ての 관견(하)」, 안곽(안백산), 『조선사학』 제4호, 조선사학동호회, 1926.
「상달 개천절의 종교적 의의」, 최남선, 『동광』 제7호, 동광사, 1926.
「한겨레의 피줄」, 정일우, 『동광』 제7호, 동광사, 1926.
「고조선 단군」, 이능화, 『동광』 제12호, 동광사, 1927.
「단군존호의 변」, 사문환, 『현대평론』 제1권 제5호, 현대평론사, 1927.
「동명왕과 단군」, 고북선, 『현대평론』 제1권 제9호, 현대평론사, 1927.
「개천절」, 최남선, 『신생』 제2호, 신생사, 1928.

「古朝鮮四郡疆域考 1~2」, 이병도, 『한빛』 2권 4호(4·5월 병합호), 2권 5호(8월 병합호), 한빛사, 1928.
「壇君과 三皇五帝-神道를 통해서 보는 고조선 급 지나의 원시규범적 類同」, 최남선, 『동아일보』 1928. 8. 1~12. 16.
「단군굴의 령적을 가진 영변의 묘향산(상·하)」, 최남선, 『한빛』 2권 4호. 2권 5호, 한빛사, 1928.
「檀君及其硏究」, 최남선, 『별건곤』 제12·13합병호, 개벽사, 1928.
「壇君神典에 들어 있는 歷史素」, 최남선, 『중외일보』 1928. 1. 1~1. 20.
「신단민사(一~四), 김교헌 유고」, 『한빛』 제2권 제1호~4호, 한빛사, 1928.
「최육당의 아시조선을 읽고」, 이윤재, 『한빛』 2권 1호, 한빛사, 1928.
「단군사적에 관한 考究의 一端」, 장도빈, 『조선역사강단』 제1권, 조선역사강단사, 1929.
「檀君詩」, 장도빈, 『조선역사강단』 제1권, 조선역사강단사, 1929.
「단군에 관한 조선고서적의 주요문구」, 장도빈, 『조선역사강단』 제1권, 조선역사강단사, 1929.
「조선상고문화의 발원과 외국인의 기록」, 장도빈, 『조선역사강단』 제1권, 조선역사강단사, 1929.
「朝鮮上古地理史考」, 장도빈, 『조선역사강단』 제1권, 조선역사강단사, 1929.
「조선신사지(1~8)」, 이능화, 『조선(됴선문)』 135호(1월호)~142호(8월호), 조선총독부, 1929.
「조선역사강의」, 장도빈, 『조선역사강단』 제1권, 조선역사강단사, 1929.
「조선역사강좌-신시시대에서 고조선까지」, 양세환, 『신생』 2권 1호, 신생사, 1929.
「壇君小考」, 최남선, 『월간 조선』 제186호, 조선총독부, 1930.
「조선역사강좌-제1편」, 최진순, 『학생』 제2권 1호~9호, 개벽사, 1930.
「조선역사강화(1·2)」, 최남선, 『동아일보』 1930. 1. 14~1. 15.
「조선상고문화사」, 신채호, 『조선일보』 1931. 10. 15~12. 3.
「조선상고사」, 신채호, 『조선일보』 1931. 6. 10~10.14.
「조선상고문화사」, 신채호, 『조선일보』 1932. 5. 27~5. 31.
「고조선의 국풍 화랑도란 무엇인가」, 백낙준, 『동광』 제40호, 동광사, 1933.
「조선역사강화 1·2」, 이창환, 『중명』 창간호 1권 2호, 중명사, 1933.
「震檀辨」, 이병도, 『진단학보』 1, 진단학회, 1934.
「단군신화연구(1~13)」, 김태준, 『조선중앙일보』 1935. 12. 6~12. 24.
「檀朝古風遺韻」, 박노철, 『신동아』 5권 10호, 신동아사, 1935.
「王儉辨解」, 김명식, 『삼천리』 제7권 제10호, 삼천리사, 1935.
「조선민족의 전성시대」, 신채호, 『삼천리』 제7권 제1호, 삼천리사, 1935.
「조선역사강화(1)-상고편」, 一覽生, 『한글』 3권 1호 제20호, 조선어학회, 1935.

「단군능」, 이광수, 『삼천리』 제8권 제4호, 삼천리사, 1936.
「檀君史考覽-조선사편집에 취한 考徵」, 신채호, 『신조선』 5권 1호, 신조선사, 1936.
「단군신화에 대한 과학적 비판(1·2·완)」, 이청원, 『조선중앙일보』 1936. 3. 5~3. 7.
「단군신화연구(一~ 三)」, 김태준, 『역사과학』 제5권 제2·3·4호, 백양사, 1936.
「讀史餘感數題 4회-특히 단군 실제·비실제론에 대하여」, 전무길, 『조선중앙일보』 1936. 8. 4~8. 7.
「아사달사회의 발달-조선개국사의 측면관」, 안재홍, 『조광』 제2권 제2호, 조광사, 1936.
「무지의 폭로-단군기자문화설」, 김태준, 『비판』 제5권 제8·9호, 비판사, 1937.
「가사에서 본 고조선의 연애관」, 김태준, 『사해공론』 제4권 제8호, 사해공론사, 1938.
「단군전설의 민속학적 고찰」, 장승두, 『조선』 283호, 조선총독부, 1938.
「檀君·壇君」, 손진태, 『문장』 1권 3호, 문장사, 1939.
「조선의 신화」, 최남선, 『매일신보』 1939. 2. 16~3. 13.
「단군사에 대하야」, 김용국, 『춘추』 제5권 제1호, 조선춘추사, 1946.
「단군기원론-호 "단기"사용을 중심으로」, 임경일, 『국학』 3, 국학대학 국학연구회, 1947.
「단군론-소선원시사회에의 일시론」, 김태준, 『신천지』 제2권 제1호, 서울신문사출판국, 1947.
「단군에 관한 일고찰」, 이병도, 『신천지』 제2권 2호, 서울신문사출판국, 1947.
「단군론, 예수중심의 신앙생활」, 신앙생활사 주필, 『신앙생활』 제11권 제3호, 신앙생활사, 1952.
「公無渡河歌(箜篌引) 小考」, 양재연, 『국어국문학』 제5호, 국어국문학회, 1953.
「檀君古記箋釋」, 최남선, 『사상계』 5월호 1권 2호, 사상계사, 1954.
「단군신화와 토테미즘」, 김정학, 『역사학보』 7, 역사학회, 1954.
「東夷와 淮夷·西戎에 대하여」, 김상기, 『동방학지』 제1집, 연희대학교 동방학연구소, 1954.
「단군시원제와 세계공통기원제의 재검토」, 유홍렬, 『신태양』 4권 1호, 신태양사, 1955.
「동이와 회이·서융에 대하여(속·완)」, 김상기, 『동방학지』 제2집, 연희대학교 동방학연구소, 1955.
「아사달과 조선-특히 그 명칭에 대하여」, 이병도, 서울대학교 논문집 『인문·사회과학』 제2집, 서울대학교, 1955.
「단군전설소고」, 暘坡, 『해군』 46, 해군본부정훈감실, 1956.
「단군신화의 민속학적 고찰」, 김지용, 『청주대학 창립10주년기념논문집』, 청주대학교, 1957.
「단군신화의 시적 의미(상)-심청전의 결언」, 김우종, 『현대문학』 38, 현대문학사, 1958.

「단군신화의 시적 의미(중)」, 김우종, 『현대문학』 39, 현대문학사, 1958.
「단군신화와 민족의 이념」, 이홍직, 『국사상의 제문제』 제1집, 국사편찬위원회, 1959.
「당골 조직의 소원적 고찰-단군신화를 중심으로 한 속신체계 구명의 시도」, 김택규, 『어문학』 5호, 한국어문학회, 1959.
「일연과 역사철학-단군신화에 관한 고찰(상·하)」, 한상연, 『동아일보』 1959. 2. 10~2. 11.
「고조선의 형성과 위만조선」, 조좌호, 『고시계』 5, 국가고시학회, 1960.
「단군시대의 우리의 사상과 신앙」, 안호상, 『학술원회보』 3, 대한민국학술원, 1960.
「단군신화에 대한 연극적 고찰」, 이광래, 『예술원보』 4집, 예술원, 1960.
「箜篌引新攷」, 서수생, 『어문학』 제7호, 한국어문학회, 1961.
「단군신화에 대한 신학적 이해-창조설화의 토착화 소고」, 장병일, 『기독교사상』 12월호 통권 49호, 대한기독교서회, 1961.
「단군신화의 문학적 시고(試攷)-문학 발생을 중심으로」, 김무조, 『국어국문학지』 3, 부산대학교 국어국문학회, 1961.
「고대의 한국사상에 관한 연구-특히 한얼사상을 중심하여」, 안호상, 『아세아연구』 5권 1호, 고려대학교 아세아문제연구소, 1962.
「곰의 독백-단군신화와 민족성」, 최성호, 『서광』 5, 광주사범대학 학도호국단, 1962.
「단군의 肇國 설화에 대한 12의 질의」, 이종항, 『경북대학교 논문집』 6, 경북대학교, 1962.
「단기와 고구려 건국연대의 사적 고찰」, 김창규, 『상원』 4, 충남대학교 문리과대학, 1992.
Dae-Jong-Gyo : Religion of God-Human Being, An, Ho-sang, Korea Journal 3-5, 1963
「기독교토착화와 단군신화-윤성범교수의 소론과 관련하여 삼위일체적해석의 신학적 문제성을 중심으로」, 박봉랑, 『사상계』 7월호(123호), 사상계사, 1963.
「단군신화는 Vestigum Trinitatis이다-전경연 박사에게 답함」, 윤성범, 『기독교사상』 7-9, 대한기독교서회, 1963.
「단군신화의 문제점」, 이기백, 『서강타임스』, 서강대학교 서강학보사, 1963.
「단군신화의 역사적 해석」, 홍이섭, 『연세춘추』 341호, 연세춘추사, 1963.
「단군신화의 정신분석(상, 하)-한국인·원시사고 및 무의식사고에 있어서의 상징의 특성」, 이병윤, 『사상계』 11월호 127호, 1월호 130호, 사상계사, 1963.
「所謂 前理解와 단군신화-윤성범박사의 논문 "환인· 환웅· 환검은 하나님이다"를 비판한다」, 전경연, 『기독교사상』 8·9월 합본 통권 제68호, 대한기독교서회, 1963.
「하나님관념의 세계사적 성격-박봉랑박사의 비평에 답함」, 윤성범, 『사상계』 9월호 125호, 사상계사, 1963.
「한국신화의 정신분석학적 연구」, 이병윤, 『최신의학』 6권 5호, 최신의학사, 1963.

「한백사상-배달민족의 고유한 사상」, 안호상, 『불교사상』 14, 불교사상사, 1963.
「한씨 위씨 고조선의 흥망고」, 오기선, 『교육자료(1학)』 제7권 제6호, 교육자료사, 1963.
「환인·환웅·환검은 곧 하나님이다-기독교 입장에서 본 단군신화」, 윤성범, 『사상계』 5월호 121호, 사상계사, 1963.
「국사상에 나타난 건국설화의 검토」, 김상기, 『학술지』 제5집, 건국학술연구원, 1964.
「檀君朝鮮是非論」, 안계현, 『청맥』 1권 3호, 청맥사, 1964.
「동방개국전설고-건국신화의 유형과 모티프에 대한 연구」, 『상일이상백박사회갑기념논총』, 기념논총간행위원회, 1964.
「민족신화의 문제-단군신화의 학적 의의와 이념적 처리에 대하여」, 조지훈, 『한국문화사서설』, 탐구당, 1964.
「나라이름 '조선'에 관한 고찰」, 안호상, 『아세아연구』 8-2, 고려대학교아세아문제연구소, 1965.
「단군한배검의 역사와 개천절의 유래」, 안호상, 『교육평론』 제8권 83호(통권84호), 교육평론사, 1965.
「배달의 고유한 사상과 신앙」, 안호상, 『자유춘추』 9, 자유춘추사, 1965.
「한국신화의 문학적 연구-단군신화를 중심으로」, 전규내, 『인문과학』 제13집, 연세대학교 인문과학연구소, 1965.
「국조단군성상건립은 민족자주성확립의 기초」, 안호상, 『종교계』 3, 종교계사, 1966.
「단군동상건립에 관한 시비」, 김정진, 『종교계』 3, 종교계사, 1966
「단군신화의 성격과 가치」, 백민, 『새인간』 제6호, 새인간사, 1966.
「단군왕검의 내력과 그 이념」, 안호상, 『현대문학』 155, 현대문학사, 1966.
「배달임금(단군)과 배달나라(단국)의 고유한 도의 원리들과 화랑도에 관한 연구, 안호상, 『동아논총』 3, 동아대학교, 1966.
「국사교육 대중화를 위한 단군신화의 현대적 해의」, 이창식, 『연구논문집』 제15집, 부산시교육연구소, 1967.
「단군신화는 인정되어야 하나」, 김태곤, 『동서춘추』 제1권 제8호, 희망출판사, 1967.
「단군신화의 한 연구」, 황패강, 『백산학보』 제3호-원봉유봉영선생고희기념사학논총, 백산학회, 1967.
「배달민족의 고유한 종교와 철학에 관한 연구」, 안호상, 『학술지』 제8집, 건국대학교 학술연구원, 1967.
「자아탐구의 관점-단군신화의 해석을 예시로」, 전완길, 『정경연구』 제3권 제8호, 한국정경연구소, 1967.
「揆園史話에 대하여」, 신학균, 『도서관』 통권 제130호, 국립중앙도서관, 1968.
「단군신화의 동·식물 상징고」, 김무조, 『이상헌선생회갑기념논문집』, 형설출판사,

1968.
「단군신화의 민속학적 고찰」, 성순택, 『공산성』 제4집, 공주교육대학교 학생회, 1968.
「단군신화의 연구」, 김봉영, 『어문학논총』 8, 조선대학교 국어국문학연구회, 1968.
「무속상으로 본 단군신화-단군신화의 형성을 중심으로」, 김태곤, 『국어국문학』 제41호, 국어국문학회, 1968.
「수정되어야 할 단군신화」, 김태곤, 『현대교육』 10·11 합병호, 현대교육사, 1968.
「고조선(단군·기자)에 대한 일해석-주로 정치사적 관점에서」, 이종항, 규당최해태박사 화갑기념 학술논총 『사회과학』 제1집, 영남대학교부설 사회과학연구소, 1969.
「단군설화와 역사성과 비역사성」, 김정학, 『세대』 제7권 제10호, 세대사, 1969.
「배달민족의 얼 백두산」, 이우형, 『山水』 2호, 산수사, 1969.

북한 자료

『고조선연구』, 리지린 저, 과학원출판사, 1963.
『고조선에 관한 토론론문집』, 사회과학원 고고학연구소, 과학원출판사, 1963.
『고조선문제연구』, 리순진·장주협 편, 사회과학출판사, 1973
『고조선문제연구론문집』, 사회과학원 고고학연구소, 사회과학출판사, 1977.
『조선유적유물도감 2-고조선 부여 진국편』, 동광출판사, 1990.
『민족의 원시조 단군』, 평양출판사, 1994.
『단군과 고조선에 관한 연구논문집』, 역사편집실 편, 사회과학출판사, 1994.
『단군릉』, 문화보존사, 1995.
『우리나라 건국시조 단군전설』, 김정설 저, 금성청출판사, 1995.
『조선출판문화사 고대~중세』, 리철화 저, 사회과학출판사, 1995.
『조선민족의 원시조 단군』, 김병룡 박승정 공저, 학우서방, 1996.
『조선력사 설화집 고조선·삼국편』, 박현균 편집, 문학예술종합출판사, 1999.
『고조선력사개관』, 박득준 편집, 사회과학출판사, 1999.
『조선민족의 발상지 평양』, 장우진 저, 사회과학출판사, 2000.
『그림으로 본 조선력사(고조선편1-4권)』, 최홍식 저, 조선출판물수출입사, 2001.
『아사달장수-조선력사인물이야기 그림책 단군(1-5권)』, 리규춘 원작, 금성청년출판사, 2002.
『조선민족의 력사적 뿌리』, 장우진 저, 사회과학출판사, 2002.
『고조선의 마지막밤-조선력사인물이야기 그림책 성기(2)』, 신구현·리규춘 원작, 금성청년출판사, 2002.
『우리민족의 원시조 단군』, 단군민족통일협의회, 단군민족통일협의회, 2003.

『장편사화 단군』, 리규춘 저, 평양출판사, 2003.
『조선의 력대국호』, 공명성 저, 사회과학출판사, 2003.
『고조선의 마지막밤』, 신구현·리규춘 원작, 박성령 편집, 금성청년출판사, 2004.
『단군릉의 발굴과정과 유골감정』, 장우진 편, 백산자료원, 2008.

단군 논문

「고조선의 위치에 대한 일고찰-문제의 제기로서」, 정세호, 『력사제문제』 16, 조선력사편찬위원회, 1950.
「자료: 사기를 중심한 고조선의 위치에 관하여」, 정세호, 『력사과학』 2호, 사회과학출판사, 1956.
「조선에서의 첫 국가 형성은 삼국의 형성으로부터 시작된 것이 아니다」, 정희영, 『력사론문집』 제1집, 과학원, 1957.
「고조선의 위치와 그 성격에 관한 몇가지 문제」, 정찬영, 『문화유산』 3호, 과학원 고고학 및 민속학연구소, 1960.
「학계소식: 고고학상으로 본 고조선에 대한 과학 토론회」, 『문화유산 편집부, 문화유산』 3호, 과학원 고고학 및 민속학 연구소, 1960.
「고조선에 관한 약간의 고찰」, 도유호, 『문화유산』 4호, 과학원 고고하 및 민속학 연구소, 1960.
「고조선 국가형성에 관한 한 측면의 고찰(상)=한'자 사용의 시기에 대하여」, 리지린, 『력사과학』 2호, 사회과학출판사, 1960.
「고조선 국가형성에 관한 한 측면의 고찰(하)=한'자 사용의 시기에 대하여」, 리지린, 『력사과학』 4호, 사회과학출판사, 1960.
「학술 토론회: 고조선 연구에서 제기되는 몇가지 문제」, 문화유산 편집부, 『문화유산』 4호, 과학원 고고학 및 민속학 연구소, 1961.
「학계소식: 고조선에 관한 과학 토론회」, 문화유산 편집부, 『문화유산』 5호, 과학원 고고학 및 민속학 연구소, 1961.
「토론: 고조선 문화에 대하여」, 도유호, 『력사과학』 5호, 사회과학출판사, 1961.
「학계소식: 고조선 연구에서 제기되는 몇 가지 문제에 대한 학술 토론회」, 력사과학편집부(리병선), 『력사과학』 5호, 사회과학출판사, 1961.
「학계소식: 〈고조선의 위치와 령역〉에 대한 학술토론회」, 력사과학편집부(허종호), 『력사과학』 5호, 사회과학출판사, 1961.
「토론: 고조선 문제에 대한 토론 개요」, 력사과학편집부(김기웅), 『력사과학』 6호, 사회과학출판사, 1961.
「진번과 옥저성의 위치-고조선 령역 문제와 관련하여」, 도유호, 『문화유산』 4호, 과학원 고고학 및 민속학 연구소, 1962.

「왕검성의 위치」, 도유호, 『문화유산』 5호, 과학원 고고학 및 민속학 연구소, 1962.
「토론: 단군설화의 역사성(1)」, 리상호, 『력사과학』 3호, 사회과학출판사, 1962.
「토론: 단군설화의 역사성(2)」, 리상호, 『력사과학』 4호, 사회과학출판사, 1962.
「토론: 단군 설화의 년 무렵. 문제」, 리상호, 『력사과학』 5호, 사회과학출판사, 1962.
「고조선문화에 대하여-토광무덤 년 무렵.의 고찰을 중심으로」, 전주농, 『문화유산』 2호, 과학원 고고학 및 민속학연구소, 1962.
「유물소개: 고조선의 공예, 고조선문화에 대하여-토광무덤 년 무렵.의 고찰을 중심으로」, 전주농, 『문화유산』 4호, 과학원 고고학 및 민속학연구소, 1962.
「학계소식: 단군신화에 대한 학술 토론회 진행」, 력사과학편집부, 『력사과학』 5호, 사회과학출판사, 1962.
「학계소식: 단군 건국 신화에 대한 과학 토론회 진행」, 력사과학편집부(장주협), 『력사과학』 6호, 사회과학출판사, 1962.
「고조선과 3한사람들의 해상활동」, 리지린, 『력사과학』 1호, 사회과학출판사, 1962.
「자료: 신창군 하세동리에서 드러난 고조선 유물에 관하여」, 『고고민속』 1호, 사회과학원 고고학 및 민속학연구소, 1963.
「고조선의 종족에 대하여」, 황철산, 『고고민속』 1호, 사회과학원 고고학 및 민속학연구소, 1963.
「학계소식: 고조선 령역에 대한 학술 토론회」, 력사과학편집부(장주협), 『력사과학』 2호, 사회과학출판사, 1963.
「서평 및 서적 해제: 고조선 연구에 대하여」, 력사과학편집부, 『력사과학』 5호, 사회과학출판사, 1963.
「토론:고조선 중심을 평양으로 보는 견해들에 대한 비판(상)」, 리상호, 『력사과학』 2호, 사회과학출판사, 1963.
「토론: 고조선 중심을 평양으로 보는 견해들에 대한 비판(하)」, 리상호, 『력사과학』 3호, 사회과학출판사, 1963.
「기원 전 4세기 이전 고조선의 서단과 중심지에 대하여(하)」, 리상호, 『력사과학』 3호, 사회과학출판사, 1964.
「수필: 단군 신화의 〈본지 수적설〉」, 리상호, 『력사과학』 4호, 사회과학출판사, 1964.
「강좌: 외래 침략을 반대한 고조선 인민들의 투쟁」, 전준현, 『력사과학』 4호, 사회과학출판사, 1965.
「삼국사기를 통해 본 고조서의 위치」, 리지린, 『력사과학』 3호, 사회과학출판사, 1966.
「삼국유사와 제왕운기를 통해 본 고조선의 위치」, 리지린, 『력사과학』 5호, 사회과학 출판사, 1966.
「강좌: 고조선의 무기」, 고고민속자료실, 『고고민속』 4호, 사회과학원 고고학및 민속학연구소, 1967.

「유물과 용어: 락랑구역 정백동에서 나온 고조선유물」, 조선역사박물관, 『고고민속』 2호, 사회과학원 고고학 및 민속학연구소, 1967.
「고조선의 고고학적 연구」, 도유호, 『고고학연구』 제14권 제1호, 고고학연구회, 1967.
「서북조선고대유적의 성격」, 박진욱, 『력사과학』 1호, 사회과학출판사, 1977.
「삼국유사에 실려 있는 고조선과 가락국 건국신화의 불교관계 자료에 대한 고찰」, 최복홍, 『력사과학』 4호, 과학백과사전종합출판사, 1986.
「료서지방 비파형단검문화의 성격」, 황기덕, 『조선고고연구』 제1호, 사회과학원 고고학연구소, 1986.
「우리나라 청동기시대의 사회관계에 대하여」, 황기덕, 『조선고고연구』 제2호, 사회과학원 고고학연구소, 1987.
「단군신화의 형성시기」, 강인숙, 『력사과학』 3호, 과학백과사전종합출판사, 1987.
「단군신화의 근사한 원형」, 강인숙, 『력사과학』 4호, 과학백과사전종합출판사, 1987.
「단군신화, 고대건국신화와 전설」, 강인숙, 교육도서출판사, 1987.
「단군신화와 력사(1)」, 강인숙, 『력사과학』 3호, 과학백과사전출판사, 1988.
「단군신화와 력사(2)」, 강인숙, 『력사과학』 4호, 과학백과사전출판사, 1988.
「개성부근에서 나온 고조선 관계유물」, 왕성수, 『조선고고연구』 제1호, 사회과학원 고고학연구소, 1988.
「강좌: 고조선에서 수공업의 발전」, 박영초, 『력사과학』 2호, 과학백과사전종합출판사, 1989.

외국 문헌

중국

『後漢書』, 范曄 編, 455년 무렵.
『翰苑』, 張楚金 編 雍公叡 註, 660년 무렵.
『鷄林類事』, 孫穆 著, 1200년 무렵.
📷『山海經』, 禹王 著, 吳縣孫谿逸士 埽葉山房, 1884.
「朝鮮賦」, 董越(明) 撰, 王政(明) 校刊, 1488.
📷『漢書』, 班固 撰,
『太平御覽』, 中國 宋 李昉 編, 983.
『東藩紀要』, 薛培榕(淸) 編輯, 古活字本, 1883.
『歷代建元考』, 鍾淵映(淸) 撰, 筆寫本, 1890년 무렵.
『韓國沿革史(上·下)』, 西村豊 著, 王履康 編譯, 大橋德壽, 1902.
📷『韓國訪問記』, 謝君韜 著, 港海通訊社, 中華民國 46.

『朝鮮族檀君神話』, 谷德明, 北京 民族文化, 1986.
『檀君王儉朝』, 張春植, 長白山, 1988.
白衣神女, 중국에 세워진 웅녀상, 2001.

논문

「檀紀和中國古史年」, 董作賓, 『中韓文化論叢1』, 臺北 中華文化出版事業委員會, 1955.
「關于古朝鮮地址問題的討論」, 陳育良, 『歷史硏究』, 1962.
「韓國古代民族考略」, 芮逸夫, 『中韓文化論文集(上)』, 臺北 中華大典編印會, 1966.
「檀君神話在韓國文化社會中之地位」, 陳明崇, 『現代學苑』 10-10, 1973.
「古朝鮮的領域及其中心地」, 李雲鐸 譯, 『朝鮮歷史譯叢』, 1980.
「古朝鮮的社會性質及其形成時期」, 李雲鐸 譯, 『朝鮮歷史譯叢』, 1980.
「古朝鮮的遺址和遺物」, 李雲鐸 譯, 『朝鮮歷史譯叢』, 1980.
「古朝鮮」, 李雲鐸 譯, 『朝鮮歷史譯叢』,1980.
「關于古朝鮮的幾個問題」, 朴眞奭, 『朝鮮史通訊』, 1980.
「關於古朝鮮」, 顧銘學, 『朝鮮史通訊』, 1980.
「古朝鮮的西部邊界」, 顧銘學, 『朝鮮史通訊』, 1980.
「東夷與朝鮮關係」, 桑秀雲, 『政大邊政硏究所年報』14, 1983.
「朝鮮一名由來考略」, 許憲範, 『朝鮮史硏究』 6期, 1985.
「古代朝鮮姓氏考」, 許憲範, 『延邊大學學報』, 延邊大學, 1988.
「燕. 遼東. 古朝鮮」, 劉子敏, 『東疆學刊』 8期, 1991.
「朝鮮名稱由來考」, 許憲範, 『明知史論』 第6號 明知大學校 史學會, 1994.
「檀君神話硏究-以神話形成過程及傳說演變爲中心」, 繆正西, 『韓國學報』13 臺北 中華民國韓國硏究學會, 1995.
「關於 "檀君朝鮮" 的幾個問題」, 李洪甫, 『中韓人文科學硏究』 第1輯 中韓人文科學硏究會, 1996.
「對古朝鮮文化的幾點思考」, 張碧波, 『北方論叢』 147, 1998.
「古朝鮮的西界」, 孫進己, 『中朝邊界硏究文集』, 吉林省社會科學院, 1998.
「古朝鮮硏究中的誤區-東北史評之一」, 張碧波, 『黑龍江民族叢刊』 4期, 1999.
「朝鮮稱名涵義新解」, 周向永, 『北方文物』 4期, 1999.

일본

『朝鮮史』, 林泰輔, 鉛活字本, 1892.
『朝鮮開化史』, 國友重章 閱 恒屋盛服 著, 東亞同文會藏版, 1901.
『鮮滿の 經營』, 細井肇 編, 自由討究社, 1921.
『國民東洋歷史』, 村上秀一 著,富山房, 1927.

『東洋史講義』, 河野元三述 著,日本通信大學法制學會, 1930년 무렵.
『朝鮮古史の 硏究』, 今西龍遺著, 近澤書店, 1937.
『槩觀東洋通史』, 有高巖 著,東京 同文書院,
「三國遺事註及檀君傳說 發展』, 高橋 亨 著, 朝鮮學報 第七輯 拔刷, 1955.
『古代朝鮮』, 井上秀雄 著, 日本放送出版協會, 1974.
『古代朝鮮の 歷史と 文化』, 江上波夫 松本淸張 著, 讀賣新聞社, 1975.
『韓國檀君神話と英彦産開山傳承の謎』, 長野覺 著 朴成壽 譯, 海鳥社, 1996.
『일본인의 단군연구』, 신종원 엮음, 한국학중앙연구원, 2005.

서양

THE STORY OF KOREA, JOSEPH H LONGFORD LONDON, T.FISHER UNWIN, 1911.

Korea Tomorrow, by Kyung cho chung, THE MACMILLAN COMPANY·NEW YORK, 1956

국호와 국가 상징

太祖太宗上尊號玉册文, 上尊號都監 編, 拓本, 1872.
『五洲衍文長箋散稿』, 李圭景 著, 筆寫本, 1800년 무렵.
『新國家의 國號』, 薛義植 著, 새한민보社, 1947.
國號論議, 새한민보 외, 1947.
국호문제에 관한 건, 제1회 국회속기록 제59호, 국회사무처, 1948. 9. 7.
국호문제에 관한 건, 제1회 국회속기록 제60호, 국회사무처, 1948. 9. 8.

단군 영정과 단군상

단군 영정

구월산 삼성사 고본 영정 현존 최고본 단군 영정.
대종교에서 표준영정으로 모시고 있는 모사된 영정 사본.
부여의 장암면 장하리 단군 영정.
개태사에 모셔져 있는 단군 영정.
익산 단군성묘에 모셔져 있는 단군 영정.
강화도 한얼교에 모셔져 있는 단군 영정.

무속신앙의 대상이된 단군 영정.
건들바우박물관에 보관되어 있는 단군 영정.
전남해남 단군전에 모셔져 있는 단군 영정.
채색이 되어 있는 표준영정 형태의 최현호소장본.
무속신앙의 대상으로 제작된 단군 영정, 최현호 소장본.
무속신앙의 대상으로 최근에 제작된 단군 영정, 최현호 소장본.
신앙의 대상으로 모시고 있는 단군 영정.
후광을 화려하게 장식해 놓은 단군 영정, 최현호 소장본.
근대에 유화물감으로 그려진 단군 영정, 최현호 소장본.
근대에 유성물감으로 그려진 단군 영정, 최현호 소장본.
무속신앙의 대상으로 제작된 단군 영정, 최현호 소장본.
화려하게 장식된 무속신앙의 대상으로 제작된 영정, 최현호 소장본.
무속신앙 행사용으로 만들어진 영정, 최현호소장본.
후광을 주황색으로 넣고 섬세하게 제작된 무속신앙용 단군 영정.
구름과 하늘 배경으로 무속신앙용으로 제작된 단군 영정 사본.
백두산을 배경으로 한 단군 영정, 와룡묘 전, 최현호 소장본.
성경팔리에 전하는 단군 영정.
백두산 박달나무를 배경으로 대형으로 제작된 단군 영정, 최현호 소장본.
홀기를 든 모습의 단군 영정, 삼성박물관 소장본.
화려한 의상의 단군 영정, 최현호 소장본.
산삼을 든 산신 등과 네 분이 함께한 단군 영정 사본.
무궁화꽃 화분으로 좌우를 장식한 신문기사에서 발췌한 영정.
왕관을 쓰고 백두산 배경으로 한 영정, 정부표준영정, 현정회.
정부표준영정, 현정회 소장(문공부 심의번호 77-27, 가로 115cm, 세로 170cm).
박달나무와 백두산을 배경으로 유화로 그린 정부표준영정.
내고 박생광 화백이 한국화로 그린 영정.
단순하면서도 의상을 박달나무로 장식한 단군 영정.
일월도를 배경으로 면류관을 쓰고 황금색 봉황포를 입은 증산교의 영정.
붉은색의 박달나무로 장식된 단군 영정.
백두산 폭포를 배경으로 흰옷을 입고 백발머리와 수염을 기른 모습의 단군 영정.
양손과 양발을 노출시킨 작자가 현몽으로 그린 황토색의 의상인 영정.
백두산 천지가 거울에 비춰지는 단군 영정.
표준영정형태이나 허리띠가 화려한 영정.
백의민족으로 표현된 초등학교 교육용 국사괘도의 단군 영정.

뒷배경을 푸른색과 구름으로 장식한 단군 영정.
가슴에 태극문양과 팔괘도를 품고 있는 영정.
붉은 의상에 박달나무를 다양한 색으로 한 영정.
황금관을 쓰고 박달나무 잎을 유난히 크게 그린 영정.
하늘색의 배경에 양발을 넓게 벌린 천에 인쇄된 영정.
건장한 모습으로 표준영정형태의 모본으로 그려진 영정.
구월산 삼성사 영정이라고 전해지는 영정.
검은 수염과 검은 모를 쓴 영정.
역사대요 상부에 그려진 영정.
강도지에 실린 영정.
조선위인지에 실리고 보급용으로 제작된 영정.
짧은 머리와 이마 긴 귀와 수염으로 위인지에 그려진 영정.
붉은색 어깨띠를 두르고 머리를 뒤로 묶어 올린 위인지에 그려진 영정.
백발의 머리와 수염을 길게 기른 모습으로 어린이용 도서 영정.
북한 단군릉 영정.
북한 삼성사 단군 영정.
단군천진봉안회 조선시조단군.
국운만대 가도창성 축원 단군 성상.
조선국민교육회화 정대규 작 단군 존영.
꽃잎 장식과 노란색 의상의 단군 영정.
지팡이를 든 단군 영정.

단군상

황동 단군상, 청동 평면 단군상, 최현호 소장.
구월산서 발견한 단군 성상.
정림동 단묘 석상, 대전대학교.
단군 돌장승, 정태인 소장.
백두성상을 배경으로 한 단군상.
석고 단군상, 석고 입좌상, 일제시대, 최현호 소장.
석고 채색 단군상, 석고 입좌상, 광복 후, 최현호 소장.
동도교 단군상, 청동 상반신, 1960년 무렵, 동도교 소장
목판에 새겨진 단군상
國民敬慕檀君標準像,신상근 제작, 1967, 현정회.
천진사 단군상, 천진사, 서울도봉산.
북배산 단군상, 단군선양회, 1983.

배달성전 단군상, 삼성궁, 1984.
강화 단군상, 단군 석상, 1993, 강화대종교.
한문화 단군상, 이홍수 작, 한문화운동연합, 1998년 무렵.
선불교 단군상, 선불교, 2000.
청옥단군상, 한문화, 2000년 무렵.
백옥 단군상, 단군단, 2000년 무렵.
국학원 단군 입상, 국내 최대 단군 입상, 2008.

2)『단군 자료 집성』 참고 문헌 자료 목록

전통 시기

역사서

李承休(1287),『帝王韻紀』.
金宗瑞·鄭麟趾 等(1421),『高麗史』.
盧思愼·徐居正 等(1476),『三國史節要』.
朴祥(1474~1530),『東國史略』.
柳希齡(1480~1552),『標題音註 東國史略』.
徐居正 等(1484),『東國通鑑』.
吳澐(1614),『東史纂要』.
洪汝河(1621~1678),『彙纂麗史』.
趙挻(1646),『東史補遺』.
洪汝河(1672),『東國通鑑提綱』.
洪萬宗(1705),『東國歷代總目』.
林象德(1711),『東史會綱』.
未詳(1754년 이후),『同文廣考』.
洪敬模(1774~1851),『叢史』.
安鼎福(1778),『東史綱目』.
李萬運(1778),『紀年兒覽』.
洪敬模(1774~1851),『大東掌攷』.
韓致奫(1814),『海東繹史』.
未詳(1829 ?),『大東遺事』.
李源益(1849),『紀年東史約』.
學部 編輯局 編(1899),『東國歷代史略』.
金澤榮(1905),『歷史輯略』.
(1909),『國朝寶鑑』.
安鍾和(1878),『東史節要』.
金澤榮 編, 魚允迪 校(1902),『東史輯略』.
沈大允(조선 후기),『東史』.
未詳(哲宗代),『東史撮要』.

문집류

權擥(1416~1465),『應製詩註』.
李肯翊(1797),『燃藜室記述』.
李宣白(1711~?),『梧溪日誌集』.
未詳,『朝野輯要』(1784년경).
柳光翼(1713~1780),『楓巖輯話』.
吳希文(?~?),『鎖尾錄』(1600년대 초반).
洪萬宗(1643~1725),『旬五志』.
趙汝籍(1550년대),『靑鶴集』.
洪萬宗(1643~1725),『海東異蹟』.
許穆(1595~1682),『記言』.
李煥模(1700년대),『斗室寤言』.
尹鑴(1617~1680),『白湖全書』.
徐居正(1420~1488),『四佳集』.
李種徽(1731~1797),『修山集』.
李萬敷(1664~1732),『息山集』.
南九萬(1629~1711),『藥泉集』.
權近(1352~1409),『陽村集』.
申景濬(1712~1781),『旅菴全書』.
未詳,『東典考』(1862년 이후).
柳義養(1718~?),『春官通考』.
柳馨遠(1622~1673),『磻溪雜藁』.
李瀷(1681~1765),『星湖僿說』.
未詳,『文苑黼黻』(1787 刊).
李圭景(1788~?),『五洲衍文長箋散稿』.
徐居正(1420~1488),『筆苑雜記』.
李裕元(1814~1888),『林下筆記』.

기타 저술

鄭麟趾(1445 刊),『龍飛御天歌』.
權擥(1416~1465),『應製詩註』.
柳義養(1718~?),『春官通考』.
李福休(?~?),『海東樂府』.
朴容大(1908),『增補文獻備考』.

교과서
玄采(1899),『普通教科東國歷史』.
崔景煥·鄭喬 編(1905),『大東歷史』.
國民教育會 刊(1906),『普通教科 大東歷史略』.
元泳義·柳瑾(1906),『新訂 東國歷史』.
헐버트·吳聖根(1908),『대한력〻』.
柳瑾(1910),『新撰 初等歷史』.
學部 編(高宗年間),『朝鮮略史十課』.
學部 編輯局 編(1895),『朝鮮歷代史略』.
學部 編輯局 編(1895),『朝鮮歷史』.
玄采(1906),『中等教科 東國史略』.
李弘基(1708),『纂修東國史』.
朴晶東(1908),『初等 大東歷史』.
조종만 편저(1908),『초등 대한력〻』.
鄭寅琥 纂輯(1908),『初等 大韓歷史』.
興士團編輯部 編(1909),『初等 本國略史』.
柳瑾(1908),『初等 本國歷史』.
安鍾和(1909),『初等 本國歷史』.

외국 문헌류-중국
『朝鮮史畧』(浙江鮑士恭家藏本)
『朝鮮志』
明 董越,「朝鮮賦」『御定歷代賦彙』
明 鄭若曾 撰,『鄭開陽雜著』
清 吳任臣注,『山海經廣注』
清 鍾淵映 撰,『歷代建元考』
清 納蘭揆敘,「奉使朝鮮雜詩五首」『皇清文穎』
『御定駢字類編』
『御定佩文韻府』

외국 문헌류-일본
林泰輔,『朝鮮史』, 東京, 吉川半七發行, 1892.
青柳綱太郎,『朝鮮文化史大全』, 조선연구회, 1924.

현대

원전류

강천봉 편, 『대종경전총람』, 대종교총본사, 1996.
고구려연구재단, 『고조선 단군 부여 자료집』, 상·중·하, 2005.
국사편찬위원회, 『중국정사 역주 조선전』1·2·3·4, 1990.
김교헌 편수, 『三一禮誥』, 大倧教本司, 1912.
김교헌, 『神檀民史』, 대종교총본사, 1923.
金容起, 『檀典要義』, 단전요의발행소, 1925.
김택영, 『韓國歷代小史』, 中國: 翰墨林書局, 1922.(『김택영전집』, 아세아문화사, 1978)
박노철 편, 『檀君禮節教訓聖經八理三百六十六事』, 1965.
北崖子, 『揆園史話』, 국립중앙도서관 소장(도서열람번호: 귀 629/고2105-1).
北崖子 外. 『揆園史話·青鶴集』. 아세아문화사 영인, 1976.
서거정, 『동국통감』, 세종대왕기념사업회, 1986.
이유립, 『桓檀彙記1: 弘益四書』, 檀檀學會, 1971.
이유립, 『환단고기』, 배달의숙, 1983.
이찬구, 『人符經八十一字集註』, 동신출판사, 1993.
일연, 『三國遺事 』, 교토대 출판사, 1921.
全秉薰, 『精神哲學通編 上·下』, 北京: 精神哲學社, 1920.(『精神哲學通編』, 명문당, 1982.)
鄭烈模 編, 『譯解倧經四部合編』, 大倧教總本局, 1938.
鄭鎭洪 編, 『檀君教復興經略』, 啓新堂, 1937.
조준희·유영인 옮김, 『단재정훈모전집』, 아라, 2015.
조병윤 편저, 『桓檀古記』, 광오이해사, 1979.
최국술, 「崔孤雲先生史蹟」, 『최문창후전집』, 1926.(성균관대학교 출판부 영인, 1982.)
『檀君教佈明書』, 古經閣, 1909.
『檀祖事攷』, 대종교협제회, 1911.

단행본_ 원전 번역

강수원 역, 『桓檀古記』, 온누리, 1985.
강희남 역, 『새번역 환단고기』, 법경원, 2008.
고동영 역, 『단기고사』, 한뿌리 , 1986.
고동영 역, 『환단고기』, 한뿌리, 2005.

김경수 역주,『帝王韻紀』도서출판 역락, 1999.
김길환·권영원 역, 허목 저,『동사』, 박영사, 1979.
김동환 역,『단조사고』, 한뿌리, 2006
김은수 역주,『註解 桓檀古記』, 기린원, 1985.
金殷洙 譯解, 朴堤上 著,『符都誌』, 기린원, 1986.
김청도 역,『천부경·삼일신고·참전계경』, 고대원출판사, 1991.
김청도 역,『桓檀古記』, 고대원출판사, 1992.
김해암 역,『檀奇古史』, 문화인쇄사, 1949.
단학회연구부 엮음,『桓檀古記』, 1 역주본 장구본, 2 인명 지명 서목 관련기사, 3, 대배달민족사 연표, 코리언북스, 1998.
박두포 역,『동명왕편/제왕운기』, 을유문화사, 1974.
반재원 주해,『홍사환은』, 한배달, 2013.
신학균 역,『揆園史話』, 大東文化社, 1968.
신학균 역,『揆園史話: 檀君實史』, 明知大學出版部, 1983.
안경전 역주,『桓檀古記: 역주본』, 상생출판, 2012.
유태우·정창모 역,『단기고사』, 음양맥진출판사, 1984.
윤세복 옮김,『檀祖事攷』, 대종교총본사, 1951.
尹昌大 역,『정신철학통편』, 우리출판사, 2004.
윤치원 역,『符都誌』대원출판, 2002.
이민수 역,『삼국유사』, 을유문화사, 1985.
이민수 역,『신단실기』, 한뿌리, 1986.
이병도 역,『삼국사기』, 을유문화사, 1985.
이석호 역,『해동이적』, 을유문화사, 1982
이석호 역주『한국기인전 청학집』, 명문당, 1990,
이종은 역, 李能和 저,『朝鮮道教史』, 보성문화사, 1977.
李鍾殷 역,『海東傳道錄·青鶴集』, 보성문화사, 1986
임승국 번역 주해,『한단고기』, 정신세계사 1986.
임훈 역,『桓檀古記: 大韓民族史』, 배달문화원, 1985.
정재서 역주,『산해경』, 민음사, 1995.
정진헌 역, 柳得恭 저,『渤海考』, 서해문집, 2008,
정창모 번역,『단기고사』, 음양맥진출판사, 1984-1993.
정해백 역,『단기고사』, 上古文化社, 1959.
최동환 역,『366사: 참전계경』, 지혜의 나무, 2007.
최민자 역,『천부경·삼일신고·참전계경』, 모시는사람들, 2006.
최봉렬 역, 박병식 저,『한국상고사』, 교보문고, 1994.

최윤수 편저, 『참전계경』, 단촌글방, 2004.
최호 역해, 『삼국사기』, 홍신문화사, 1994.
황순구 편저, 『해동운기』, 대광인쇄공사, 1970.

단행본_ 연구서

강무학, 『檀君朝鮮의 實存』, 明文堂, 1989.
강수원, 『우리 배달겨레와 대종교역사』, 한민족문화사, 1993.
강수원역음, 『대종교요감』, 대종교총본사, 1987.
姜銓燮 편, 『洪萬宗研究』, 민속원, 1998
강천봉 편, 『대종경전총람』, 대종교총본사, 1996.
고준환, 『하나 되는 한국사』, 한국교육진흥재단, 2002.
국민윤리학회, 『한국의 전통사상』, 형설출판사, 1983.
국학연구소 지음, 『알소리』1 국학편, 한뿌리, 2006.
국학연구소 지음, 『알소리』3 종교편, 한뿌리, 2006.
국학연구소 지음, 『알소리』4 고구려편, 한뿌리, 2007.
국학연구소 지음, 『알소리』5 단군편, 한뿌리, 2007.
국학연구소 지음, 『알소리』7 단군신앙편, 한뿌리, 2008.
권태훈·강수원, 『대종교요감』, 온누리, 1991.
금장태, 『한국 근대사상의 도전』, 전통문화연구회, 1994.
금장태, 『유교개혁사상과 이병헌』, 예문서원, 2003.
김교헌·윤세복 편, 『홍암신형조천기』, 대종교출판사, 2002.
김규승, 『동이 고사연구의 초점』, 범한서적, 1974.
김동춘, 『천부경과 단군사화』, 기린원, 1986.
김병호, 『고구려를 위하여』, 하서출판, 1997.
김상일, 『인류문명의 기원과 한』, 가나출판사, 1987.
김소남, 『진한국마한사』, 개마서원, 1981.
김영주, 『한민족의 뿌리와 단군조선사』, 대원출판사, 2004.
김용간, 『단군과 고조선에 관한 연구 논문집』, 民族文化, 1995.
김원룡 외, 『청동기시대와 그 문화』, 삼성출판사, 1977.
김원용, 『한국 고고학개설』, 일지사, 1973.
김원회, 『단기고사는 말한다』, 전망, 1994.
김은태, 『檀君選民의 歷史』, 도서출판 해인, 1991.
김인, 『聖祖 檀君 : 生涯와 思想』, 明文堂, 1983.
김인규·최영성 편집, 「檀君神話 및 古代思想」1·2, 불함문화사, 1998.
김인배, 『고대로 흐르는 물길』, 세종서적, 1994.

김재원,『檀君神話의 新研究』, 正音社 1947.
김정배,『한국민족문화의 기원』, 고려대출판사, 1980.
김종서,『신시, 단군고조선사연구』, 한국학연구원, 2007.
김종서,『잃어버린 한국의 고유문화』, 한국학연구원, 2007.
김해경,『단군정서』, 우리출판사, 1984.
김형효.『한국정신사의 현재적 인식』. 고려원, 1986.
노길명 외,『한국민족종교운동사』, 민족종교협의회.
노태돈,『단군과 고조선사』, 사계절, 2000.
단군정신선양회,『檀君精神宣揚 學術講演會 자료집』, 제1~5회, 1979~1984.
단군정신선양회,『國祖檀君』, 檀君精神宣揚會, 1981.
대종교종경종사편수위원회,『大倧教重光六十年史』, 대종교총본사, 1971.
대종교,『대종교홍범』, 대종교총본사, 2010.
東國大學校附設 韓國文學研究所 編,『韓國文獻說話全集』6, 民族文化社, 1981.
동북아역사재단,『고조선 단군 부여 연구논저 목록』, 2007.
동북아고대사연구소,『일본인들의 단군 연구』, 한국학중앙연구원, 2005.
李基白 編.『檀君神話論集』, 새문社, 1990.
문재현 역,『바로보인 환단고기』1-3, 바로보인, 2005.
문정창,『한국조선사기연구』, 백문당, 1966.
문정창,『근세일본의 조선침탈사』, 박문당, 1967.
문정창,『일본상고사』, 박문당, 1970.
문정창,『일본신화』, 탐구당, 1980.
민영현.『仙과 훈』, 부산: 세종출판사, 1994.
민영현.『한국, 한국인, 한국학』, 부산: 세종출판사, 1999.
박 현,『한국고대지성사 산책』, 백산서당, 1995.
박병섭,『고조선을 딛고서 포스트 고조선으로』, 창과 거울, 2008.
박성수,『민족사의 맥을 찾아서』, 집현전, 1985.
박성수,『檀君紀行』, 교문사, 1988.
박성수,『단군문화기행』, 서원, 2000.
박시인,『알타이문화기행』, 청노루, 1995.
박영석,『일제하 독립운동사 연구』, 일조각, 1984.
박용숙,『한국의 시원사상』, 문예출판사, 1985.
박용숙.『한국의 미학사상』, 일월서각, 1991.
박용식,『한국설화의 원시종교 사상연구』, 일지사, 1985.
박은식,『한국통사』, 삼성출판사, 1977.
박은식,『백암박은식전집』, 동방미디어, 2002.

박정학 외, 『치우자료집』, 도서출판 한배달, 2000.
박종홍, 『한국사상사』, 서문사, 1977.
박창범, 『하늘에 새긴 우리역사』, 김영사, 2002.
백산 편역, 『천부사상과 환단역사』, 동신문화사, 1989.
복기대, 『요서지역의 청동기시대 문화연구』, 백산자료원, 2002.
사단법인 국학원, 『한국사속에 나타난 단군관 검토』, 국학총서2, 2007.
서영대 편, 『북한 학계의 단군신화연구』, 백산자료원, 1995.
서울대 동아문화연구소 편. 『韓國學』, 현암사, 1972.
서희건, 『잃어버린 역사를 찾아서』 1~3, 고려원, 1986.
釋 智勝, 『符都와 한단 이야기』, 대원출판, 1996.
성삼제, 『고조선 사라진 역사』, 동아일보사, 2005.
성창호, 『해동인물지 乾 坤』, 회상사, 1969.
세계역사문화연구소 편, 『한국사의 단군인식과 단군운동』, 국제평화대학원대학교출판부, 2006.
손경식, 『弘益三經』, 홍익삼경개명원, 2003.
손진태, 『한국민족설화의 연구』, 을유문화사, 1979.
송부웅, 『삼성의 역사: 우리 민족의 얼과 뿌리의 비밀』, 三養, 2001.
송원홍. 『배달전서』, 밀알, 1987.
송찬식, 「위서변」, 『월간중앙』, 1977.
송호수, 『(삼화)개천경:조화경·교화경·치화경』, 개천민족회, 1984.
송호수, 『한민족 뿌리사상』, 기린원, 1989.
송호수, 『단군은 실존 인물이었다』, 한터, 2005.
송호정, 『한국 고대사 속의 고조선사』, 푸른역사, 2003.
송호정, 『단군 만들어진 신화』, 산처럼, 2004.
신규식 저, 민병하 옮김, 『한국혼』, 박영사, 1975.
신승오 역, 『환단제국사』, 바라, 2001.
申正一 編, 『檀君바른님』, 正華社, 1975.
신종원 엮음, 『일본인의 단군연구』, 한국학중앙연구원, 2005.
신채호, 『단재신채호전집』, 형설출판사, 1975.
신채호, 『한국사연구초』, 을유문화사, 1978.
신채호, 『한국의 근대 사상』, 삼성출판사, 1981.
신채호, 『조선상고사』, 일지서적출판, 1988.
심백강, 『檀君古記錄四種』, 民族文化研究院, 2001.
심백강, 『조선왕조실록 중의 단군사료』, 민족문화연구원, 2001.
심백강, 『사고전서 중의 단군사료』, 민족문화연구원, 2002.

안호상.『국학의 기본학』. 배영출판사. 서울 1977.
안호상,『단군과 화랑의 역사와 철학』, 사림원, 1979.
안호상,『한국의 민속·종교사상』, 삼성출판사, 1983.
안호상,『한웅과 단군과 화랑』, 사림원, 1985.
안호상,『배달·동이는 동아문화의 발상지』, 한뿌리, 1987.
안호상.『나라역사 육천년』. 흔뿌리 서울. 1987.
안호상.『민족사상의 정통과 역사』. 흔뿌리. 서울 1992.
알렉산더 고르보프스키 저, 김현철 역,『잃어버린 고대문명』, 자작나무, 1994.
양재덕,『(國民皆學)檀君傳』, 朝鮮文化館出版部, 1949.
양태진,『환단고기』, 예나루, 2009.
오재성,『백제는 중국에 있었다』, 우리민족연구회, 1995.
오재성,『중국에 사로신라가 있었다』, 우리민족사연구회, 1995.
유병덕 편저.『한국민중종교사상론』, 시인사, 1985.
柳承國.『韓國思想과 現代』, 동방학술연구, 1988.
유영인 외,『배달민족의 역사의식과 사상가들』, 한뿌리, 2008.
윤내현,『한국사의 이해 1:고대고고』, 신서원, 1991.
윤내현.『한국고대사신론』. 일지사, 1991.
윤내현,『고조선 연구』, 일지사, 1995.
윤내현,『우리고대사 상상에서 현실로』, 지식산업사, 2003.
윤명철,『단군신화, 또 다른 해석』 백산자료원, 2008.
윤이흠 외,『단군, 그 이해와 자료』, 서울대학교출판부, 2001.
윤희병,『한민족의 상고사』, 백산학회, 1985.
이강오,『韓國의 檀君祠廟: 檀君信仰 各論에서』, 全北大學校 文理科大學, 1970.
이강오,『한국신흥종교총감』, 한국신흥종교연구소, 1992.
李光洙,『檀君陵』, 三千里社, 1936.
이기백 외,『우리의 역사를 어떻게 볼 것인가』, 삼성사, 1981.
이기백,『한국고대사론』, 탐구당, 1983.
이기백,『檀君神話論集』 새문社 1988.
이능화,『조선무속고』, 삼성출판사, 1977.
이능화.『조선도교사』, 보성문화사, 2000.
이도학,『한국 고대사, 그 의문과 진실』, 김영사, 2002.
이병도,『한국사대관』, 삼성문화사, 1964.
이상시,『단군실사에 관한 문헌고증』, 가나출판사, 1987.
이상시,『단군실사에 관한 고증연구』, 고려원, 1990.
이성재,『天書三經大經典』, 천지원리학회, 각세문화사, 1997.

이승헌, 『천지인』, 한문화, 1998.
이승헌, 『한국인에게 고함』, 한문화, 2001.
이승호, 『한국선도와 현대단학』, 국학자료원, 2015.
이어령, 『한국인의 신화』, 서문당, 1996.
李裕岦, 『커발한 文化思想史』, 旺知社, 1976년.
이유립, 『대배달민족사』, 고려가, 1987.
이은봉, 『한국고대종교사상』, 집문당, 1984.
이을호, 『한思相의 苗脈』. 사사연, 1986.
이을호·한기두 외, 『한사상과 민족종교』, 일지사, 1990.
이일봉, 『실증 한단고기』, 정신세계사, 2000.
이재원, 『단군사화』, 보성, 2012.
이종욱, 『고조선사연구』, 일조각, 1997.
이중재, 『상고사의 재발견』, 동신출판사, 1993.
이찬구, 『천부경과 동학: 한울과 수운의 연결고리 찾기』, 모시는사람들, 2007.
이찬구, 『천부경』, 상생출판, 2014.
이형구, 『단군을 찾아서: 단군릉 발굴 학술 보고집』, 살림터 1994.
이형구, 『단군과 고조선』, 살림터, 1999.
임균택. 『한사상과 윤리』. 형설출판사. 서울 1992.
임균택, 『韓 哲學思想史』1-5, 동화출판사, 1995.
임균택, 『韓經大典』1-15, 忠孝禮出版社, 2002.
전해종, 『동이전의 문헌적 연구』, 일조각, 1982.
정경대, 『仙道 한 修行秘書』, 유림, 1993.
정명악, 『新政治思想原論』, 百濟文化社, 1952.
정명악, 『生産論』, 國際語會出版部, 1955.
정명악, 『韓國全史』, 靜友社, 1966.
정명악, 『國史大全』, 光吾理解社, 1978.
정명악, 『歷史哲學』, 讀書行動開發社, 1984.
정수일, 『고대문명교류사』, 사계절, 2002.
정신문화연구원, 『한국인물대사전』, 중앙M&B, 1999.
정연종, 『한글은 단군이 만들었다』, 넥서스, 1996.
정영훈 외, 『홍익인간 이념 연구』, 한국정신문화연구원, 1999.
정인보, 『담원정인보전집』, 연세대학교출판부, 1983.
정재익, 『檀君思想小考』, 제일문화사, 1989.
정호완, 『우리말의 상상력, 1, 우리말 어휘의 기원을 통해 본 겨레의 정서와 의식구조』, 정신세계사, 1991.

정호완, 『우리말로 본 단군신화』, 명문당, 1994.
정호완, 『삼국유사의 종합적 연구』, 박이정, 2002.
조명기 외, 『韓國思想의 深層硏究』, 우석, 1990.
조윤숙, 『略術 檀君新說』, 發行處不明, 1969.
진단학회, 『한국사』, 을유문화사, 1971.
차주환, 『韓國의 道敎思想』, 동화출판공사, 1986.
車柱環, 『韓國道敎思想硏究』, 서울대출판부, 1986.
천관우, 『한국상고사의 쟁점』, 일조각, 1983.
천지원리학회, 『天書三經大經典』, 각세문화사, 1997.
崔南善, 『檀君小考』, 朝鮮總督府, 1930.
崔南善, 『白頭山觀參記』, 漢城圖書株式會社, 1927.
최남선, 『六堂崔南善全集』, 玄岩社, 1973.
최남선, 『단군론』, 景仁文化社, 2013.
최동, 『조선상고민족사』, 인간사, 1988.
최동환, 『366사 참전계경』, 지혜의 나무, 2007
최몽룡, 『인류문화의 발생과 전개』, 동성사, 1985.
최몽룡 외, 『동북아 청동기시대 문화연구』, 주류성, 2004.
최상수, 『한국민족전설의 연구』, 성문각, 1985.
최인철, 「규원사화의 사료적 가치」, 사회과학원-한국학술진흥재단, 2005.
최제우, 『동경대전』, 삼성출판사, 1977.
최종철, 『환웅·단군 9천년 비사』, 미래문화사, 1995.
최태영, 『인간단군을 찾아서』, 학고재, 2000.
최태영, 『한국고대사를 생각한다』, 눈빛, 2002.
한국우리민족사연구회, 『잃어버린 단제』, 청림출판, 1995.
韓國哲學會 編,『韓國哲學史』, 東明社, 1987.
韓圭性, 『(檀君)天符經解論』, 博文出版社, 1968.
한문화원편집부, 『천지인』, 한문화, 2008.
韓永愚, 『朝鮮後期思想史硏究』, 일지사, 1989.
허종호, 『고조선력사 개관』, 도서출판 중심, 2001.
玄鎭健, 『檀君聖跡巡禮』, 東亞日報, 1932.
황선명 외, 『韓國近代民衆宗敎思想』, 학민사, 1983.
황준연, 『한국사상의 이해』, 박영사, 1992.
『자유』, 통권 5~98호, 1976~1980.
『한국학연구: 檀君問題 특집』 第36輯, 韓國學硏究所, 1989.

연구논문

강돈구·고병철, 「대종교의 종교민족주의」, 단군학회, 『단군학연구』 제6호, 2002. 6.
강미리, 「천부경의 한사상으로 시도해본 우리 춤의 새로운 깊이와 넓이」, 『한국무용연구』 17권, 한국무용연구학회, 1999.
강병수, 「조선후기 성호학파의 단군조선 인식」, 『선도문화』 2집, 국제뇌교육종합대학원 국학연구원, 2007.
강승남, 「단군조선 시기 청동 및 가공기술에 대하여」, 『단군과 단군조선』, 살림터, 1995.
권상우, 「다문화시대의 단군연구」, 영남대학교 민족문화연구소, 『민족문화논총』52, 영남대학교 민족문화연구소, 2012.
김교경, 「평양일대의 단군 및 고조선 관계 유적유물에 대한 연대측정 결과에 대하여」, 『단군과 단군조선』, 살림터, 1995.
김기호, 「단군신화의 문학적 연구사 현황과 전망」, 영남대학교 민족문화연구소 학술대회, 영남대학교 민족문화연구소, 2012.
김낙필, 「전병훈의 천부경 이해」, 『선도문화』 1집, 2006.
김동환, 「백포 서일의 철학사상」, 『선도문화』 8집, 2010.
김동환, 「일제하 항일운동 배경으로서의 단군의 위상」, 『선도문화』 10집, 2011.
김동환, 「단군을 배경으로한 독립운동가」, 『선도문화』 11집, 2011.
김동환, 「한국종교사 속에서의 단군 민족주의」, 『선도문화』 15집, 2013.
김동환, 「일제의 종교정책과 대종교: 탄압과 쇠망의 연관성을 중심으로」, 『한국종교』 38집, 2015.
김막순, 「한국민족의 형성에 관한 연구: 『환단고기』를 중심으로」, 국방대학원 석사학위논문, 2002.
김상일, 「인류문명의 기원과 한국」, 『민족지성』 9호, 민족지성, 1986.
김상호, 「고조선 문제를 둘러싼 논쟁과 금후의 과제」, 『창작과 비평』 가을호, 창비, 1988.
김성호, 「문화적 공존을 위한 단군신화의 재해석」, 『글로벌문화콘텐츠』, 2012, 글로벌문화콘텐츠학회, 2012
김성호, 「단군신화의 재해석을 통한 상호문화주의 기반 콘텐츠 기획에 관한 연구」, 한국외국어대학교 대학원 박사학위논문, 2014.
김성환, 「대종교 관련 필사본 『佈明本敎大旨書』에 대하여」, 『단군학연구』 14, 단군학회, 2006.
김성환, 「대종교계 사서의 역사관: 상고사 인식을 중심으로」, 『한민족연구』 2, 한민족학회, 2006.
김성환, 「선가사료 청학집의 자료적 검토」, 『선도문화』 6집, 2009.
김성희, 「민족국가설」, 『夜雷』, 제1권 제2호, 1907

김수진, 「檀君 天符經의 초기주석 연구」, 원광대학교 석사학위논문, 2005.
김영의, 「천부경주해」, 『檀君敎復興經略』, 啓新堂, 1937.
김용상, 「천부경으로 본 한국전통적 관광의 참뜻에 관한 연구」, 『韓國傳統商學硏究』 6, 한국전통상학회, 1993.
김용상, 「천부수리로 본 여가의 구조」, 『선도문화』 9집, 2008.
김용환, 「천부경의 한얼태교」, 『선도문화』 3집, 2007.
김용환, 「神市 이화세계의 공공행복 연구」, 『선도문화』 14집, 2013.
김윤숙, 「구약성서 에덴신화와 징심록 마고신화의 신·인론 비교 연구」, 『선도문화』 19집, 2015.
김은수, 「한국 上代史와 그 문화」, 『符都誌』, 한문화, 2002.
김익수, 「인류의 시원사상인 桓易에 관한 연구-천부경을 중심으로」, 『한국사상과 문화』 65권, 한국사상문화학회, 2012.
김익수, 「『참전계경』에 내재한 인성교육의 근간에 관한 연구」, 『한국사상과 문화』 71집, 2014.
김일권, 「단군론의 역사적 변천 연구: 조선 중기-일제 시대를 중심으로」, 서울대학교 석사학위논문, 1995.
김재범, 「天符經의 종교사회학 및 사회사상사적 의의」, 『사회사상과 문화』 29, 동양사회사상학회, 2014.
김재수, 「김시습의 澄心錄追記고찰」, 『符都誌』, 한문화, 2002.
김재휘, 「조선조정치사상과 한국원형사상(천부경)-退溪를 중심으로」, 『윤리연구』 32권, 한국윤리학회(구 한국국민윤리학회), 1993.
김재휘, 「조선조 정치사상과 한국원형사상(천부경)-磻溪를 중심으로」, 『범한철학』 9권, 범한철학회, 1994.
김재휘, 「조선조 정치사상과 한국원형사상(천부경)-星湖를 中心으로」, 『용봉인문논총』 26, 전남대학교 인문과학연구소, 1997.
김재휘, 「한국의 정치사상과 천부경-한국정치사상사 서설을 중심으로」, 『범한철학』 8권, 범한철학회, 1993.
김정, 「단군 초상화에 관한 연구」, 『조형교육』 20권, 한국조형교육학회, 2002.
김정신, 「단군신앙에 관한 경전 연구」, 『정신문화연구』 32, 한국정신문화연구원, 1987.
김주현, 「단기고사 중간서의 저자문제」, 『어문논총』 48호, 한국문학언어학회(구 경북어문학회), 2008.
김지목, 「천부경의 신학적 이해」, 한신대학교 신학전문대학원 석사학위논문, 2004.
김지하, 「민족미학의 탐색」, 『김지하전집』, 실천문학, 2002.
김지하, 「율려운동의 나아갈 길」, 『김지하전집』, 실천문학, 2002.
김지하, 「한국 전통사상의 현대적 의의와 전망」, 『김지하전집』, 실천문학, 2002.

김창수, 「天符經에 의한 政治倫理分析에 관한 試圖」, 연세대학교 석사학위논문, 1990.
김철수, 「광명문화와 백산 신앙: 고대조선과 일본의 비교를 중심으로」, 『선도문화』 18집, 2015.
김한식, 「홍익인간과 정치사상-환단고기와 규원사화의 상고사 서술과 관련하여」, 『단군학연구』 제2호, 단군학회, 2000.
김한식, 「상고사 연구에 관련되는 문헌비판」, 『교수논총』 36집, 국방대학교, 2004.
나정길, 「신종교와 경전: 대종교와 천부경」, 『신종교연구』 16권, 한국신종교학회, 2007.
노성환, 「일본의 신이 된 조선의 단군」, 『일본사상』 제26권, 한국일본사상사학회, 2014.
노태구, 「손자병법의 정치학-천부경 3數 文化 未來學」, 『청소년과 효문화』9권, 한국청소년효문화학회, 2007.
도현철, 「조선초기 단군 인식과 삼국유사 간행」, 『동방학지』 162권, 연세대학교 국학연구원, 2013.
리철, 「력대 단군화상들의 사료적 가치」, 『단군과 고조선연구』, 평양 사회과학출판사, 1994(한국문화사 영인본).
문창로, 「고대사연구 60년의 동향과 과제」, 『한국고대사연구』 제40권, 한국고대사학회, 2005.
문치웅, 「삼국유사 고조선 기록에 나타나는 환인과 그 연대기」, 『선도문화』 19집, 2015.
문혁, 「환단고기에 대한 사료학적 검토」, 『한민족연구』 제2호, 2006.
민병학, 「한민족의 고유사상의 실상」, 『人文學志』 35집, 忠北大學校人文學硏究所, 2007.
민영현, 「韓民族史와 韓國學의 역사철학적 과제」, 단군학회, 『단군학연구』 제6호, 2002.
민영현, 「소도경전본훈과 천부경의 철학사상」, 『선도문화』 3집, 2007.
민영현, 「天符經의 數理哲學과 그 形而上學」, 『선도문화』 2집, 2007.
민영현, 「한민족의 문화 原型과 단군」, 『단군학연구』 제17호, 단군학회, 2007.
민영현, 「參佺經 해제와 그 문화사상적 의의」, 『선도문화』 6집, 2009.
민영현, 「桓檀古記의 철학적 가치와 그 이해」, 『선도문화』 9집, 2010.
박광용, 「대종교 관련 문헌에 위작 많다 -『규원사화』와 『환단고기』의 성격에 대한 재검토」, 역사비평, 1990.
박광용, 「대종교 관련 문헌에 위작 많다 1」, 『역사비평』, 1990.
박광용, 「대단군 민족주의의 전개와 양면성」, 『역사비평』, 1992.
박광용, 「대종교 관련문헌에 위작 많다 2-『신단실기』와 『단기고사』의 성격에 대한 재검토」, 역사비평, 1992.
박광용, 「단군인식의 역사적 변천」, 『단군』, 서울대학교출판부, 2001.
박대종, 「한국에서 발견된 갑골문자에 관한 연구–농은유집 천부경문을 중심으로」, 『대종언어연구논문1』, 대종언어연구소, 2002.

박미라, 「근대 유교의 단군 국조론」, 『한국사상과 문화』 28집, 한국사상문화학회, 2005.
박미라, 「단기고사 판본과 문제」, 『선도문화』 6집, 국제뇌교육종합대학원출판부, 2009.
박병섭, 「단군과 기자 관련 사료를 통해 본 『한단고기』의 역사성 검토」, 『한국종교사연구』 제11집』, 한국종교사학회, 2003.
박병섭·박병훈, 「단군과 기자관련 사료를 통해 본 환단고기의 역사성 검토」, 『한국종교사연구』 11집, 한국종교사학회, 2003.
박병섭, 「단군의 계보와 고구려 기록들-「호태왕비문」, '안승 책봉문', 『류기』 100권을 중심으로」, 『단군학연구』 제14집, 2006.
박병섭, 「고조선과 스키타이족 문화에 나타난 한국 철학의 시원」, 『단군학연구』 15집, 단군학회, 2006.
박범석, 「단군신화 상징의 종교학적 해석-聖俗 변증법의 관점에서」, 『선도문화』 1집, 2006.
박병섭, 「환웅, 삼조선과 부여.고구려.요.금.원.청의 계보—지식형태사에 입각한 한국과 방계의 역사」, 『단군학연구』 제16집, 2007.
박병섭, 「단군조선 삼조선설 -『사기』, 『조선상고문화사』, 『한단고기』의 연구」, 『단군학연구』 제17집』, 2007.
박병섭, 「세계사와 한국사에서 근대성, 자유주의 그리고 소수자들」, 『범한철학』 제45집, 2007.
박병섭, 「단군조선과 한국고유철학(2): 천부경」, 『고조선단군학』 18, 고조선단군학회, 2008.
박병섭·박병훈, 「환단고기의 역사적 전승」, 사단법인 한배달 2009년 후반기 학술대회 자료집, 2009.
박병섭, 「삼성기전 상하편에 숨겨진 사실들」, 『선도문화』 6집, 2009.
박병섭 , 「삼성기 전 상하편에 숨겨진 사실들, 『선도문화』 6집, 2009.
박병섭, 「계보위축변천과정, 왕호신구 토픽 그리고 환단고기 신 진위검토방법(1) -스키타이족-북부여-졸본부여-고구려의 계보-」, 『선도문화』 9집, 2010.
박병섭, 「계보위축 변천과정 왕호신구 토픽 그리고 환단고기신 진위검토방법(2)」, 『선도문화』 10집, 2011.
박병채, 「천부경의 수용과 철학적 이해」, 국제뇌교육종합대학원 박사학위논문, 2016.
박병훈, 「단군신화의 一考察」, 전주대학교 석사학위논문, 2006.
박성수, 「천부경의 유래와 선도문화」, 국제뇌교육종합대학원 국학연구원학술대회 2권, 2006.
박성수, 「천부경과 문화민족주의」, 국제뇌교육종합대학원 국학연구원학술대회 7권, 2007.
박성수, 「천부경은 위서가 아니다」, 국제뇌교육종합대학원 국학연구원학술대회 6권,

2007.
박성수, 「환단고기의 역사 세계와 고성 이씨 문중」, 『선도문화』 11집, 2011.
박완서·이병화, 「천부경의 역사성과 미래좌표로서의 삼일신고」, 『한국정신과학회 학술대회논문집』 21, 한국정신과학학회, 2004.
박용진, 「한국 창세신화의 특징에 관한 연구」, 『선도문화』18집, 2015.
박인호, 「일본인의 한국인식과 역사왜곡」, 『청계사학』, 청계사학회, 2002.
박재원, 「천부경에 관한 연구-子論과 易理論을 중심으로」, 『한국사상과 문화』 2권, 한국사상문화학회, 1998.
박정학, 「檀君에 관한 歷史學 관련자와 일반인의 認識 比較 硏究」, 강원대학교 대학원 석사학위논문, 1996.
박정학, 「치우의 기록으로 본 『환단고기』의 역사성」, 사단법인 한배달 2009년 후반기 학술대회 자료집, 2009.
박정학, 「한민족의 형성과 얼에 대한 연구」, 강원대학교 대학원 박사학위논문, 2009.
박종혁, 「해학 이기 연구」, 성균관대학교 박사학위논문, 1990.
박진규, 「삼일신고의 수행론」, 『인문학연구』 42집, 조선대인문학연구원, 2011.
박진규, 「환웅신시를 통한 '한'의 고찰」, 『고조선단군학』 33집, 2015.
박창범, 「단군조선 시대천문현상기록의 과학적 검증」, 『한국상고사학보』 14호, 한국상고사학회, 1993.
박창범, 「개천절 일자(日字)와 단군조선 개국년도 문제 고찰과 제언」, 『천문학논총』, 한국과학기술정보연구원(KISTI), 2015.
방건웅, 「參佺戒經 小考」, 『國學硏究』 5집, 국학연구소, 2000.
복기대, 「한국 상고사 연구에 있어서 고고학 응용에 관하여」, 『선도문화』 6집, 2009.
삿사 미츠아키(佐佐充昭), 『한말·일제시대 檀君信仰運動의 전개: 大倧敎·檀君敎의 활동을 중심으로』, 서울대학교 박사학위논문, 2003.
삿사 미츠아키, 「간도지역 대종교의 초기 활동과 백봉집단: 배달민족 사관의 제창」, 『간도와 한인종교』, 한국학중앙연구원 문화와종교연구소, 2010.
서굉일, 「서일의 생애와 민족운동에 관한 자료 검토」, 『선도문화』 8집, 2010.
서영대, 「단군관계 문헌자료 연구」, 『檀君 -그 이해와 자료』, 서울대학교출판부, 1994.
서영대, 「조선후기 선가문헌에 보이는 한국 상고사 인식-단군 문제를 중심으로」, 『한민족연구』 2, 한민족학회, 2006.
서영대, 「근대 동아시아 3국의 신화적 국조 인식」, 『고조선단군학』 23, 고조선단군학회, 2010.
서영대, 「근대 한국의 단군 인식과 민족주의」, 『동북아역사논총』 20권, 동북아역사재단, 2011.
서영대, 「중국학계의 단군 연구와 그 비판」, 『고조선단군학』 27, 고조선단군학회, 2012.

서영대, 「『巫黨來歷』소재 단군 기사의 검토」, 『민족문화논총』 59, 영남대학교 민족문화연구소, 2015.
선미라, 「천부경의 기호학적 의미」, 『선도문화』 3집, 2007.
송찬식, 「僞書辨」, 『月刊中央』, 1977. 9.
송호수, 「韓民族의 固有思想에 關한 硏究: 『天符經』과 三一神誥를 中心으로」, South Baylor University 박사학위논문, 1982.
송호수, 「환단고기의 사료적 가치」, 『단군학회 학술회의 발표집』, 단군학회, 1999.
신용운, 「조선중기의 단군론과 규원사화」, 『한국사의 단군인식과 단군운동』, 국제평화대학원대학교출판부, 2006.
심백강, 「치우는 누구인가」, 『치우연구』 창간호, 한배달 치우학회, 2001.
沈一用, 「천부경의 原理講論에 關한 硏究」, 『論文集』 22, 안성산업대학교, 1990.
안창범, 「桓檀古記 僞書論 批判」, 『한국종교사연구』 10집, 한국종교사학회, 2002.
엄진성, 「단군연구의 철학사적 전개와 전망」, 『민족문화논총』 52, 영남대학교 민족문화연구소, 2012.
오강원, 「전근대시기 단군 세계 인식의 확대 과정과 맥락」, 『진단학보』 제124호, 진단학회, 2015.
오홍국, 「PHYSICS OF CHUNBOOKYUNG(天符經)」, 『한국정신과학회 학술대회 논문집』 No.4, 한국정신과학학회, 2014.
우대석, 「환단고기 판본에 대한 비판적 고찰」, 국제뇌교육종합대학원대학교 석사학위논문, 2010.
우실하, 「천부경 삼일신고의 수리체계와 3수분화의 세계관」, 『선도문화』 1집, 2006.
유영인, 「기독교의 대종교이해」, 『국학연구』 8집, 국학연구소, 2003.
유영인, 「대종교의 생태이론과 실천」, 『국학연구』 9집, 국학연구소, 2004.
유영인, 「홍암 나철의 홍익사상」, 『국학연구』 10집, 2005.
유영인, 「근대 단군신앙과 단군인식」, 『알소리』 5집, 한뿌리, 2007.
유영인, 「대종교의 민족의식과 그 실천」, 『국학연구』 11집, 국학연구소, 2006.
윤경수, 「단군교훈 366事와 『홍부전』과의 연관성 연구-『참전계경』과 『홍부전』의 권선징악을 중심으로」, 『고조선단군학』, 고조선단군학회, 2001.
윤광길, 「洪萬宗의 道家 思想과 歷史 意識: 旬五志를 中心으로」 『논문집』 29-1, 원광대학교, 1995.
윤내현, 「단군학 정립을 위한 몇 가지 전제」, 단군학회, 『단군학연구』 제8호, 2003.
윤명철, 「壇君神話에 對한 構造的 分析」, 성균관대학교 대학원 석사학위논문, 1984.
윤명철, 「桓檀古記의 사회문화적 영향 검토」, 『단군학연구』 2호, 단군학회, 2000.
윤승용, 「신종교의 경전에 대한 개설」, 『신종교연구』 16, 한국신종교학회, 2007.
윤승준, 「역사연구에 있어서의 사료선택과 해석」, 『단군학회 학술회의 발표집』, 단군학회, 1999.
윤혜신, 「단군신화 變化樣相과 그 動因에 관한 연구」, 연세대학교 대학원 석사학위논문, 1992.
이근철, 「'한'의 개념에 관한 연구: 천부경의 '一'을 중심으로」, 『선도문화』 1집, 2006.
이근철, 「천부경의 "三"에 관한 선도적 고찰」, 『선도문화』 3집, 2007.
이근철, 「천부경의 "一"에 관한 우주론적 고찰」, 『선도문화』 2집, 2007.
이근철, 「천부경 의 "天·地·人"에 관한 연구」, 『선도문화』 4집, 2008.
이근철, 「천부경에 대한 철학적 연구」, 대전대학교 대학원 박사학위논문, 2010.
이근철, 「대종교 경전으로 본 桓檀古記 진위 문제」, 『선도문화』 16집, 2014.
이나미, 「한국의 마고 여신에 관한 고찰: 한국 신화의 고태적 상징」, 『심성연구』 Vol. 24, Issue 2, 한국분석심리학회, 2009.
이도학, 「재야사서해제 『환단고기』」, 『민족지성』 통권9호, 1986.
李得熙, 「倫理經營需壓과 開放體制實驗(VI): 建國理念 天符經의 數値實驗解析(Ⅱ)」, 『논문집』 Vol.17, 建國大學校 附設 産業技術硏究所, 1992.
이명화, 「북간도 한인사회와 명동교회」, 『일제하 간도지역의 한인사회와 종교』, 한국학중앙연구원 문화와종교연구소 국제학술대회보, 2009. 11. 20.
이병화, 「민족정신을 통한 새 문명사상: 桓檀古記, 符都誌, 揆圓史話를 중심으로」, 『민족사상연구』 19, 경기대학교 민족문제연구소, 2010.
이숙화, 「일제 강점기의 천부경 연구」, 국제뇌교육종합대학원 석사학위논문, 2007.
이숙화, 「天符經 수용과 근대 지식인들의 이해」, 『남북문화예술연구』 9, 남북문화예술학회, 2011.
이순근, 「고조선위치에 대한 제설의 검토」, 『성심대학보』 5월호, 성심여자대학 학보사, 1987.
이순근, 「古朝群 位置에 대한 諸說의 검토」, 『聖心大學報』, 1987.
이순근, 「고조선은 과연 만주에 있었는가」, 『역사비평』 겨울호, 역사비평사, 1988.
이승호, 「한국선도경전 천부경의 전승과정에 대한 연구」, 『고조선단군학』 19, 고조선단군학회, 2008.
이승호, 「한국 선도문헌의 연구사 소고」, 『선도문화』 6집, 2009.
이승호, 「한국 선도사상에 관한 연구」, 대전대학교 대학원 박사학위논문, 2010.
이승호, 「한국선도 本體論 연구에 대한 試論-천부경과 『삼일신고』를 중심으로」, 『선도문화』 9집, 2010.
이용범, 「현대 한국의 단군 인식과 민족주의」, 『동북아역사논총』 20권, 동북아역사재단, 2011.
이용태, 「천부경도석주해서」(1957), 『단암이용태선생문고』, 박달재수련원, 1997.
李容兌, 「天符經圖釋註解」(1930), 『단암이용태선생문고』, 박달재수련원, 1997.

이용태, 「천부경의 해설」(1960), 『단암이용태선생문고』, 박달재수련원, 1997.
이이화, 「단군에 대한 이해와 오해」, 『천부사상과 환단역사』, 동신문화사, 1989.
李仁燮, 「글(文字)과 漢文에 대한 小考: 古朝鮮 檀君時代의 文字-天符經을 중심으로」, 『語文硏究』 Vol.26 No.3, 한국어문교육연구회, 1998.
이재걸, 「단군신화연구의 현황과 문제점(I)-역사학적 연구를 중심으로」, 『국제어문』 3권, 국제어문학회(구 국제어문학연구회), 1982.
이재걸, 「단군신화연구의 현황과 문제점(II)-조교적·사상적 연구를 중심으로」, 『국제어문』 6~7권, 국제어문학회(구 국제어문학연구회), 1986.
이재원, 「북한의 단군신화 인식에 대한 연구」, 『단군학연구』 제13호, 2005.
이정배, 「天符經을 통해서 본 東學과 多夕의 기독교 이해: 기독교의 토착화/세계화를 위한 水雲과 多夕의 한 접점 모색」, 『神學思想』 Vol.143, 한국신학연구소, 2008.
이정훈, 「계연수와 이유립을 찾아서」, 『신동아』 9월호, 신동아사, 2007.
이중수, 「풍물 굿 장단에서 박의 리듬구조와 수리체계: 천부경의 삼재사상과 연관 지워」, 『민족미학』 10(2), 민족미학회, 2011.
이찬구, 「易學과 東學의 관점에서 본 天符經사상」, 『신종교연구』 Vol.8, 한국신종교학회, 2003.
이찬구, 「단군신화의 재해석: '無-天地人'의 천부경 원리에 의한 웅녀의 이해」, 『고조선단군학』 17, 고조선단군학회, 2007.
이찬구, 「삼일신고의 하늘과 하느님의 관계」, 『선도문화』 3집, 2007.
이찬구, 「천부경의 無와 과정철학」, 『선도문화』 2집, 2007.
이찬구, 「천부경 "大三合六에 관한 고찰」, 『선도문화』 5집, 2008.
이천효, 「천부경의 본의해석」, 『도서관학논집』(한국도서관정보학회) 25권, 한국과학기술정보연구원(KISTI), 1996.
이형래, 「천부경 연구사 小考」, 『선도문화』 2집, 2007.
李煥壽, 「天符經의 변화하는 생활로 보는 생활경제의 변화 」, 『韓國傳統商學』, 한국전통상학회, 2008
임재해, 「단군신화로 본 고조선 문화의 기원 재인식」, 『고조선단군학』 19, 고조선단군학회, 2008.
임채우, 「전병훈의 천부경 주석이 갖는 선도수련의 의미」, 『선도문화』 5집, 2008.
임채우, 「선도사서 규원사화 해제」, 『선도문화』 6집, 2009.
임채우, 「환단고기에 나타난 곰과 범의 철학적 의미」, 『선도문화』 9집, 2010.
임채우, 「대종교 단군 영정의 기원과 전수 문제」, 『선도문화』 11집, 2011.
임채우, 「중국철학에 대비되는 천부경의 특수성과 연구방법론에 대해: 「천부경에 나타난 도가 도교 사상」을 읽고」, 『선도문화』 13집, 2012
임채우, 「해방후 단군인식의 변화와 문제」, 『선도문화』 12집, 2012.

임태현, 「중국의 천부경연구에 대한 小論-鞠曦 교수의 천부경론을 중심으로」, 『선도문화』 5집, 2008.
임태현, 「천부경의 생명사상」, 『인문학연구』 Vol.36 No.1, 충남대학교 인문과학연구소, 2009.
임형진, 「한국 정치사 속에서의 단군민족주의」, 『고조선단군학』 28, 고조선단군학회, 2013.
전승문, 「천부경에 나타난 삼재사상과 RAIMON PANIKKAR의 해석학의 비교연구」, 감리교신학대학교 석사학위논문, 1997.
전택부, 『토박이신앙산맥 2』, 대한기독교출판사, 1982.
정경희, 「韓國仙道의 수행법과 祭天儀禮」, 『도교문화연구』 21, 한국도교문화학회, 2004.
정경희, 「천부경, 『삼일신고』를 통해 본 한국선도의 "一·三·九論"」, 『범한철학』 44권, 범한철학회, 2007.
정경희, 「천부경의 "삼원조화론"- 『부도지』의 "天符" 개념을 중심으로」, 『학술대회』 7권, 2007.
정경희, 「천부경의 圖象化-천부경에 의한 伏羲八卦·河圖의 해석」, 『선도문화』 3집, 2007.
정경희, 「여말 학계와 천부경」, 『선도문화』 6집, 2009.
정경희, 「한국선도와 징심록」, 『선도문화』 14집, 2013.
井上滿郎, 「한일 천손문화론」, 『선도문화』 10집, 2011.
정수근, 「天符經의 硏究」, 원광대학교 동양학대학원 석사학위논문, 2013.
정연규, 「한겨레 정신문화의 뿌리-인류문화의 근원, 천부경」, 『국학연구논총』 5권, 국학연구원, 2010.
정영훈, 「揆園史話에 나타난 民族意識」, 『정신문화연구』 Vol.13 No.2, 한국학중앙연구원, 1990.
정영훈, 「단군과 근대 민족운동」 『한국의 정치와 경제』 9, 한국정신문화연구원, 1995.
정영훈, 「홍암 나철의 사상과 현대적 의의」, 『국학연구』 6, 국학연구소, 2001.
정영훈, 「남과 북의 단군인식과 단군숭앙」, 『단군과 고조선 연구』, 지식산업사, 2005.
정욱재, 「華史 李觀求의 『新大學』 연구」, 『한국사학사학보』 10, 한국사학사학회, 2004.
정재서, 「환단고기의 신화, 도교적 상상력-專有의 민족서사」, 『중국어문학지』 Vol.45, 중국어문학회, 2013.
정호완, 「고마의 형태와 변이」, 『나랏말쌈』, Volume 2, 1987.
정호완, 「단군왕검의 형태론적 풀이」, 『한글』 219집, 1993.
정호완, 「濊와 단군의 형태」, 『선도문화』 7집, 2009.
정호완, 「"고맙다"의 문화기호론」, 『선도문화』 8집, 2010.

조남호, 「홍익인간사상의 삼원론적 고찰」, 『홍익문화 통일 강연 시리즈 3~4호』(통권20호), 홍익문화통일협회, 2003.
조남호, 「천부경 연구의 몇 가지 문제점」, 『선도문화』 1집, 2006.
조남호, 「金澤榮의 천부경 주석 연구」, 『동서철학연구』 45권, 한국동서철학회, 2007.
조남호, 「천부경의 연구사 정리-기독교와 불교적 해석」, 『선도문화』 2집, 2007.
조남호, 「천부경의 철학과 역사적 재해석: 천부경 연구사 정리(3)-천부경과 주역」, 『학술대회』 6권, 2007.
조남호, 「북한의 천부경 연구」, 『선도문화』 4집, 2008.
조남호, 「천부경과 하도낙서」, 『도교문화연구』 29, 한국도교문화학회, 2008.
조남호, 「한국도교사상사의 특징: 천부경과 하도낙서」, 『도교문화연구』 29권, 한국도교문화학회, 2008.
조남호, 「홍익인간사상에서의 신인합일론 소고」, 『선도문화』 6집, 2009.
조남호, 「환단고기와 삼일신고」, 『선도문화』 9집, 2010.
조남호, 「권덕규의 단군 천부경 연구」, 『선도문화』 13집, 2012.
조법종, 「단군 연구사 검토 및 역사적 의미」, 『민족문화논총』 52, 영남대학교 민족문화연구소, 2012.
조인성, 「규원사화론침보」, 『경대사론』 3집, 1987.
조인성, 「現傳 揆園史話의 史料的 性格에 대한 一檢討」, 『李丙燾九旬紀念韓國史學論叢』, 1987.
조인성, 「한말 단군관계사서의 재검토-신단실기·단기고사·환단고기를 중심으로」, 『한국사논총』 3집, 1989.
조인성, 「규원사화와 『환단고기』」, 『한국사시민강좌』, 일조각, 1988.
조인성, 「환단고기에 대한 몇 가지 의문」, 『단군학회 학술회의 발표집』, 1999.
조인성, 「단군에 관한 여러 성격의 기록」, 『한국사시민강좌』 27, 일조각, 2000.
조인성, 「재야사서 위서론-『단기고사』·『규원사화』를 중심으로」, 『단군과 고조선사』, 사계절, 2000.
조인성, 「『桓檀古記』의 『檀君世紀』와 『檀奇古史』·『揆園史話』」, 『단군학연구』 제2호, 단군학회, 2000.
조정옥, 「근본 생태주의의 눈으로 본 단군신화와 마고신화」, 『선도문화』 2집, 2007.
조준희, 「白峯神師의 도통전수에 관한 연구」, 『선도문화』 1집, 2006.
조준희, 「단군 영정」, 『알소리』 5호, 한뿌리, 2007.
조준희, 「삼일신고 독경 연구」, 『선도문화』 7집, 2009.
조준희, 「한국고대사의 시공간적 문헌적 범위」, 『대종교 경전의 서지적 검토』, 한국학중앙연구원 한민족공동체연구소, 2012.
차남희·이지은, 「최남선의 "조선 민족"과 단군」, 『담론201』 17권 4호, 한국사회역사학회, 2014.
최국태, 「천부경으로 본 역사 고전의 수 상징 해석」, 『전통문화논총』 Vol.14, 한국전통문화대학교 한국전통문화연구소, 2014.
최몽룡, 「단군릉 발굴에 대한 몇 가지 이견」, 『한국상고사학보』 15호, 한국상고사학회, 1994.
최삼룡, 「仙人說話로 본 韓國 固有의 仙家에 대한 硏究」, 『道敎와 韓國思想』 1, 한국도교사상연구회, 1987.
최삼룡, 「黃胤錫 文學의 道敎的 側面에 대하여」, 『韓國 道敎文化의 位相』, 아세아문화사, 1993.
崔碩基, 「天符經과 檀奇兩朝의 고찰」, 『白山學報』 37, 백산학회, 1990.
최윤수, 「三一神誥와 參佺戒經에서의 三一 원리」, 『國學硏究』 4집, 국학연구소, 1998.
최윤수, 「삼일신고와 참전계경의 구성 비교」, 『한국정신과학학회지』, 1999.
최창록, 「청학집의 분석 연구」 『대구어문논총』 12, 대구어문학회, 1994.
최현호, 「檀君天眞 小考: 책에 인용된 자료를 중심으로」, 『비블리오필리』 4, 책을 좋아하는 사람들, 1993.
한별, 「천부경 81자」, 『啓明』, 계명구락부, 1921.
한석태, 「玄默子 洪萬宗의 思想에 관한 一考察: 『旬五志』를 中心으로」, 『論文集』 12, 경남대학교, 1985.
한영우, 「17세기후반~18세기초 洪萬宗의 會通思想과 歷史意識」, 『한국문화』 12, 서울대학교 한국문화연구소, 1991.
한영우, 「고려-조선전기의 기자인식」, 『한국문화』 3, 규장각한국학연구소, 1982.
한영우, 「재야사서 해제 「규원사화」」, 『민족지성』 11월호, 1986.
한영우, 「단군신앙과 민족의식의 성장」, 『한국의 문화전통』, 을유문화사, 1988.
허창무, 『한국 고유사상.문화론의 전개와 의의』, 한국정신문화원, 2004.
홍성렬, 「天符經 數理部의 數學的 解釋」, 『산업개발연구』 Vol.6, 공주대학교 산업개발연구소, 1998.
황경선, 「하이데거와 천부경에서 一者의 문제」, 『동서철학연구』 72권, 한국동서철학회, 2014.
황광욱, 「천부경의 전래에 관한 일고찰」, 『한국철학논집』 2권, 한국철학사연구회, 1992.

정기간행물

『자유』, 『한배달』, 『국학연구』, 『알소리』, 『단군학연구』, 『고조선단군』

외국류- 중국 (연구서)

谷德明, 『朝鮮族檀君神話』, 北京 民族文化, 1986.

董越(明), 「朝鮮賦」, 1488.
謝君韜, 『韓國訪問記』, 港海通訊社, 中華民國 46.
西村豊, 王履康 編譯, 『韓國沿革史 (上·下)』, 大橋德壽, 1902.
薛培榕(淸) 編輯, 『東藩紀要』, 古活字本, 1883.
孫穆, 『鷄林類事』, 1200년 무렵.
禹王, 吳縣孫谿逸士, 『山海經』, 埽葉山房, 1884.
張楚金 編, 雍公叡 註, 『翰苑』, 660년 무렵.
張春植, 『檀君王儉朝』, 長白山, 1988.
鍾淵映(淸) 撰, 『歷代建元考』, 필사본, 1890년 무렵.

외국류- 중국 (연구논문)

强昱, 「简论天符经的思想内涵」, 『선도문화』 13집, 2012.
顧銘學, 「古朝鮮的西部邊界」, 『朝鮮史通訊』, 1980.
鞠曦, 「天符经的思想 与现代意义」, 『선도문화』 4집, 2008.
董作賓, 「檀紀和中國古史年」, 『中韓文化論叢1』, 臺北 中華文化出版事業委員會, 1955.
劉子敏, 「燕·遼東·古朝鮮」, 『東疆學刊』 8期, 1991.
刘仲宇, 「天符经与道教宇宙论的 比较研究」, 『선도문화』 4집, 2008.
李雲鐸 譯, 「古朝鮮」, 『朝鮮歷史譯叢』, 1980.
李雲鐸 譯, 「古朝鮮的領域及其中心地」, 『朝鮮歷史譯叢』, 1980.
李雲鐸 譯, 「古朝鮮的社會性質及其形成時期」, 『朝鮮歷史譯叢』, 1980.
李洪甫, 「關於"檀君朝鮮"的幾個問題」, 『中韓人文科學硏究』 1輯, 中韓人文科學硏究會, 1996.
繆正西, 「檀君神話硏究-以神話形成過程及傳說演變爲中心」, 『韓國學報』 13, 臺北 中華民國韓國硏究學會, 1995.
朴眞奭, 「關于古朝鮮的幾個問題」, 『朝鮮史通訊』, 1980.
桑秀雲, 「東夷與朝鮮關係」, 『政大邊政硏究所年報』 14, 1983.
蕭登福, 「天符經中所見道家道教思想」, 『선도문화』 13집, 2012.
孫進己, 「古朝鮮的西界」, 『中朝邊界硏究文集』, 吉林省社會科學院, 1998.
芮逸夫, 「韓國古代民族考略」, 『中韓文化論文集(上)』, 臺北 中華大典編印會, 1966.
張碧波, 「古朝鮮硏究中的誤區-東北史評之一」, 『黑龍江民族叢刊』 4期, 1999.
張碧波, 「對古朝鮮文化的幾點思考」, 『北方論叢』 147, 1998.
朱越利, 「天符'词义之诠释」, 『선도문화』 4집, 2008.
周向永, 「朝鮮稱名涵義新解」, 『北方文物』 4期, 1999.
陳明崇, 「檀君神話在韓國文化社會中之地位」, 『現代學苑』 10-10, 1973.
陳育良, 「關于古朝鮮地址問題的討論」, 『歷史硏究』, 1962.

許憲範, 「古代朝鮮姓氏考」, 『延邊大學學報』, 延邊大學, 1988.
許憲範, 「朝鮮名稱由來考」, 『明知史論』 第6號, 明知大學校 史學會, 1994.
許憲範, 「朝鮮一名由來考略」, 『朝鮮史研究』 6期, 1985.

외국류-일본 (연구서)

江上波夫 松本清張, 『古代朝鮮の歴史と文化』, 讀賣新聞社, 1975.
國友重章 閱 恒屋盛服, 『朝鮮開化史』, 東亞同文會藏版, 1901.
今西龍 著, 『檀君考』, 京城, 近澤印刷部 印刷, 1929.
今西龍 遺著, 『朝鮮古史の研究』, 近澤書店, 1937.
鹿島 昇 訳, 『桓檀古記』, 東京, 新國民社, 1982.
林泰輔, 『朝鮮史』, 東京, 吉川半七發行, 1892.
細井肇 編, 『鮮滿の經營』, 自由討究社, 1921.
要項號, 『朝鮮史講座』, 朝鮮史學會, 1923.
有高巖, 『槩觀東洋通史』, 東京, 同文書院, 1937.
長野覺 著, 朴成壽 譯, 『韓國檀君神話と英彦産開山傳承の謎』, 海鳥社, 1996.
井上秀雄, 『古代朝鮮』, 日本放送出版協會, 1974.
青柳綱太郎, 『朝鮮四千年史』, 朝鮮研究會, 1917.
青柳綱太郎, 『朝鮮文化史大全』, 조선연구회, 1924.
村山智順, 『朝鮮の類似宗教』, 京城, 朝鮮總督部, 1935.
村上秀一, 『國民東洋歷史』, 富山房, 1927.
坂本太郎 校注, 『日本書紀』, 岩波書店, 2003.

외국류- 중국 (연구논문)

高橋亨, 「三国遺事の註及檀君伝説の発展」, 『朝鮮学会』(7), 1955.
高橋庸一郎, 「檀君神話成立時期の周辺」, 『阪南論集』 人文·自然科学編40(2), 阪南大学学会, 2005.
金英珠, 「偽書と檀君神話: 『揆園史話』を中心に」, 『アジア遊学』(161), 勉誠出版, 2013.
都珖淳, 「檀君神話の歴史性に関する研究--檀君神話形成の歴史性を中心に」, 『二松学舎大学東洋学研究所集刊』(15), 二松学舎大学東洋学研究所, 1984.
朴正義, 「一つの民族を語らない『三国遺事』壇君」, 『日本文化學報』 第 38輯, 한국일본문화학회, 2008.
桑野栄治, 「李朝初期の祀典を通してみた檀君祭祀」, 『朝鮮学会』(135), 1990.
松原孝俊, 「朝鮮神話研究の最前線--檀君神話を中心にして(特集 世界の神話をどう読むか)」, Eureka 29(2),青土社, 1997.
野崎充彦, 「檀君の位相--固有と外来の相克」, 『朝鮮史研究会論文集』(35), 朝鮮史研究会, 1997.
野崎充彦, 「檀君神話と朝鮮の民族文化」, 『文字』(3), 京都精華大学文字文明研究所, 2004.
野崎充彦, 「道教の朝鮮化につこて」, 『アシア遊學』16號, 2005.
野平俊水, 「韓国メディアウオッチング(9)檀君像の首切り事件発生」, 『現代コリア』(399), 現代コリア研究所, 2000.
熊谷治, 「三國遺事にみえる神仙思想」, 『朝鮮學報』125號, 天理大學. 1987.
原田一良, 「『本紀』檀君即位年の復元」, 『朝鮮學會』184, 2002.
全成坤, 「崔南善における檀君神話の発見と親日派の再解釈--植民地朝鮮における「同化政策」をめぐって」, The Journal of Japanese studies (21), 大阪大学文学部日本学研究室, 2002.
佐々充昭, 「植民地期朝鮮における檀君教の沿革と活動」, 『朝鮮史研究会論文集』(41), 朝鮮史研究会, 2003.
佐々充昭, 「総督府朝鮮史編纂における檀君論争と李能和の朝鮮神教論」, 『季刊日本思想史』(76), ぺりかん社, 2010.

3) 본서 참고 자료

본서의 참고 문헌 중 앞의 참고 문헌들과 중복되는 것을 제외하고 수록했다.

원전

『崧嶽集』

『藥山漫稿』

『圓嶠集選』

『明隱集』

日神韓宮奉敬會建築所 編, 『神宮建築誌』, 1910.

정훈모, 『천을선학경』, 단군교본부, 1935.

정훈모, 『신교총화』, 필사본.

정렬모, 「譯解倧經 四部合編全」, 대종교총본사, 1949.

역사 철학

장도빈, 『조선십대위인전』, 동양서원, 1923

안순환, 「家庭整理錄」, 조선유교회, 1936.

권덕규, 『朝鮮留記』, 尙文館, 1924.

고유상, 『五千年朝鮮歷史』, 滙東書館, 1930.

최남선, 『고사통』, 삼중당, 소화19년(1944).

최남선, 『국민조선역사』, 동명사, 1949.

이병도, 『국사대관』, 동지사, 1949.

이병도, 『신수 국사대관』, 보문각, 1956.

京城大學 朝鮮史硏究會, 『朝鮮史概說』, 弘文書館 1949.

서울대학교국사연구회, 『국사개설』, 홍문서관, 1950.

최남선, 『우리나라역사』, 동국문화사, 1955.

장도빈, 『대한역사』, 國史院, 1959.

정명악, 『生産論』, 國際語會出版部, 1955.

정명악, 『韓國全史』, 靜友社, 1966.

정명악, 『國史大全』, 光吾理解社, 1978.

문정창, 『이병도저 한국고대사연구평』, 백문당, 1976.

문정창, 『古朝鮮史硏究』, 柏文當, 1969.

이달, 『井困義』, 1952. 프린트본

이달, 『也山先生文集』, 여강출판사, 1989.

송옥근, 『祖經集』, 1953. 비매품. 필경.

송옥근,『천부경강술』, 1953. 비매품. 필경
서재홍,『동서위인약전』 제1집, 문영공사, 1953.
김정학,『檀君奉安錄』, 檀君奉安會, 1953.
문기홍,『국조단군지』, 檀君時報社, 1953.
정교,『대한계년사』 하, 국사편찬위원회, 1957.
단군전건립위원회 편,『檀君史記抄要』, 해남인쇄소, 1959.
이용태,『수진비록』, 1960.
한규성,『천부경해론』, 박문출판사, 1968.
韓一大 崔庸 공저,『古今觀我丹心典』, 1968.
『인생필지강륜결』, 대한노인회 대전소재분회, 1973.
이강오,『한국신흥종교총감』, 한국신흥종교연구소, 1992.
국조봉안회,『단군신화와 역사』, 동신출판사, 1992.
안호상,『인생과 철학과 교육』, 어문각, 1964.
안호상,『민족의 주체성과 화랑얼』, 배달문화연구원, 1967.
안호상,『민족중흥의 원리와 방법』, 재건국민운동 중앙회, 1970.
안호상,『배달·동이겨레의 한옛역사』, 배달문화연구원, 1972.
안호상, The Ancient History of The Korea-Don-I Race, 대한교과서, 1974.
안호상,『단군과 화랑의 역사와 철학』, 사림원, 1979.
안호상,『한웅과 단군과 화랑』, 사림원, 1985.
안호상,『배달·동이는 동이겨레와 동아문화의 발상지』, 한뿌리, 1987.
안호상.『나라역사 육천년』. 흔뿌리 서울. 1987.
안호상,『겨레역사 6천년』, 배영출판사, 1989.
안호상,『단군사상과 정통종교의 연구』, 민족문화출판사 1996.
문재현,『천부경』, 바로보인, 1997.
오태환,『단군의 뿌리』, 돌다리, 2000.
임균택,『한경대전』 1-9, 충효예출판사, 2002.
나홍찬,『檀君聖殿誌 檀君聖典』, 단군성전보존회, 1999.(전북 고창 소재)
최동환 역,『366사: 참전계경』, 지혜의 나무, 2007.
김석진,『대산의 천부경』, 동방의빛, 2009.
대선출판부,『대선천부경』 제1권~5권, 도서출판대선, 2009.
각성,『단제천부경』, 현음사, 2009.
『한국민족종교의 원류와 미래』, 사단법인한국민족종교협의회, 2011.
전관수,『단군신화는 천문학이다: 단군신화 5000년의 비밀을 푼다』, 한국문화사, 2016.
유영인·이근철·조준희 지음,『근대 단군 운동의 재발견: 단재 정훈모의 업적과 환단고기 진위 문제』, 아라, 2016.

조준희·유영인 편, 『백봉 전집(대종교원전자료집)』, 역사공간, 2017.
이암 찬, 정희철 편역, 『譯註 檀君世記』, 명진, 2017.
양태진, 『사료로 본 단군론』, 백산출판사, 2017.

종교

「특집/단군상 무엇이 문제인가」, 『월간목회』 2001. 10.
김해경, 『주역 사탄의 왕관을 벗었나이다』, 홍성사, 1993.
최동환, 『단군과 예수의 대화』, 지혜의 나무, 2010.
김영혁 편, 『단군전 건립운동 비판과 오늘의 기도운동』, 한국복음주의협의회, 1987.
이근철, 『그리스도인이 본 단군신』, 수필춘추사, 2001.
「공공장소 단군상 이대로 둘것인가」, 경북기독교총연합회, 2001.
『대종교경전』, 대종교종경종사편찬위원회 편, 대종교총본사, 1969.
『단군마니소경전과 진해』, 단군마니숭조회, 1978
신정일, 『한얼교 민족성전』, 정화사, 1978.
신정일, 『한주의 온얼사상론』, 정화사, 1986.
한얼교중앙회 간, 『한얼말씀』, 정화사, 1988.
이동재, 『신사상』, 영광출판사, 1992.
이두해, 『배달경』 하늘길 사람길, 배달회, 1987.
김해경, 『신단정서』, 우리출판사, 4323.
안호상, 『대종교 한얼글』, 대종교출판사, 1992.
대산, 『대산종사 수필법문집』 제3권, 원불교 상사원, 1994.
리두해, 『배달경』 중권 하늘길 사람길 배달길 생명길, 배달경편찬실, 2007.
리두해, 『배달경』 하권 하늘길 사람길 배달길 생명길, 배달경편찬실, 2009.
정근철, 『일신경』, 삼신사, 4328.
선불교출판경전팀, 『흔법』, 도서출판 선, 4342.

문학

이장수, 『단군의 연인』, 한누리, 1989.
안천, 『단군할머니론』, 민족문화사, 1995.
문성철, 『단군할아버지의 슬픔과 분노』, 대종교출판사, 1995.
조성석, 『소설 三一神誥』, 세손, 1992.

외국

張哲俊, 『韓國 壇君神話 硏究』, 中國 北京大學出版社, 2013.
吉田東伍, 『日韓古史斷』, 東京: 富山房, 1895.

久保得二,『朝鮮史』, 博文館, 明治43(1910).
今西龍,『檀君の說話に就きて』, 日本歷史地理學會, 1910.
朝鮮史學會,『朝鮮史要』, 朝鮮史學會, 昭和4(1929).
朝鮮總督府 編,『朝鮮史のしるべ』, 朝鮮總督府, 昭和11(1936).
金澤莊三郎,『日鮮同祖論』, 汎東洋社, 昭和18(1943).
鹿島昇 譯,『桓檀古記』, 新國民社, 1982.
鹿島昇 譯,『桓檀古記 シルクロ ード興亡史』, 新國民社, 1982.
鹿島昇 著,『符都志要義』, 新國民社, 1987.
鹿島昇 著,『桓檀古記要義 日韓民族共通の古代史』, 新国民社, 1990.

연구논문

이정빈, 「북한의 고조선 교육과 '김일성민족'의 단군」,『한국사학사학보』 제32권, 한국사학사학회, 2015. 12.
「단군성주교 경선문 원본」,『한국종교』 Vol.39, 원광대학교 종교문제연구소, 2016.
김기화, 「홍산문화로 재해석된 단군신화, 춤극 신시」,『공연과 리뷰』 Vol.22 No.4, 2016.
김남중, 「箕子 전승의 형성과 단군 신화에의 편입 과정」,『韓國史學報』 제65호, 고려사학회, 2016.11.
김상일, 「승랑의 이체합령론과 천부경」,『한철학연구』16, 1987.
김성환, 「남파(南坡) 박찬익(朴贊翊) 집안 소장 단군 영정」,『정신문화연구』 Vol.41 No.2, 한국학중앙연구원, 2018.
김성환, 「단군 인식의 확장과 단군자손의식」,『민족문화논총』 제61집, 영남대학교 민족문화연구소, 2015.12.
김영주, 「에도시대 출판물 속 단군신화」,『외국문학연구』 Vol. No.63 한국외국어대학교 외국문학연구소, 2016.
김익수, 「홍익인간사상을 바탕으로 한 단군왕검 인간366사와 겨레의 효사상」,『韓國의 青少年文化』 Vol.31, 한국청소년효문화학회, 2018.
김재희, 「유라시아 곰 신앙과 단군신화의 쑥과 마늘을 통해 본 웅녀의 재해석」,『韓國民俗學』 Vol.67, 한국민속학회, 2018.
민영현, 「남북한 민족동질성 회복에 있어 단군학의 의미와 그 역할-부(附). 단군교포명서와 三一哲學의 이해를 중심으로」,『탐라문화』, Vol.58, 제주대학교 탐라문화연구원, 2018.
박광수, 「제주도 단군성주교(檀君聖主敎) 현장조사 연구」,『한국종교』 Vol.39, 원광대학교 종교문제연구소, 2016.
박성혜, 「근대 계몽기 단군신화 연구」, 서울대학교 석사학위논문, 2016.

박재민, 「단군신화의 역사적 부각 시기에 대한 소고」, 『한국어와 문화』, 숙명여자대학교 한국어문화연구소, 2016.
박종천, 「웰빙시대 단군 문화콘텐츠의 현황과 전망」, 『신종교연구』 39, 2018.10.
반재원, 「단군의 호적등본」, 『한국정신과학회 학술대회논문집』 Vol.2017, 한국정신과학학회, 2017.
방석종, 「성서적 관점에서 본 단군사화 이해」, 『고조선단군학』 No.36, 단군학회, 2017.
백정기, 「대종교 수행에 관한 연구」, 원광대학교 대학원 박사학위논문, 2016.
사쿠라자와아이, 「근대 일본에서의 단군론의 성립」, 『인문학연구』 Vol.31, 경희대학교 인문학연구원, 2016.
서영대, 「中國 黑龍江省 群力 바위그림과 단군신화」, 『고조선단군학』 34, 단군학회, 2016.
신용철, 「단군이 하늘에 제사 지냈던 명산 '마니산'」, 『한국방재학회지』 Vol.16 No.3, 2016.
오대양·조원진, 「2000년대 북한학계의 단군·고조선연구 현황 검토」, 『先史와 古代』, Vol.54, 한국고대학회, 2017.
왕희범, 「단군조선 형성의 신화적 반영 연구」, 전남대학교 석사학위논문, 2016.
윤성찬, 「단군신화의 제석과 불교의 제석천의 연관성 연구」, 『고조선단군학』 No.34, 단군학회, 2016.
이경섭, 「백남운의 단군신화 인식」, 『동국사학』 Vol.63, 동국역사문화연구소(구 동국사학회), 2017.
이덕일, 「桓檀古記의 歷史性과 史學史的 意義」, 『세계환단학회지』, Vol.3 No.2, 2016.
李道學, 「檀君朝鮮, 神話에서 歷史로의 進入過程」, 『고조선단군학』 No.38, 단군학회, 2018.
이상현, 「근대전환기 한국주재 외국인의 단군 담론 연구-다카하시 도루와 한국개신교 선교사의 단군 담론을 중심으로」, 『문화교류연구』 제6권 제3호, 한국국제문화교류학회, 2017.8.
이상현, 「조선후기 단군담론의 전승과 변용-한국 개신교선교사의 단군이해와 근대 초기 학술사의 일면」, 『泮矯語文硏究』 Vol.48, 반교어문학회, 2018.
이승호, 「단군: 역사와 신화, 그리고 민족」, 『역사비평』 No.117, 역사비평사, 2016.
이은자, 「한국어교육을 위한 〈단군신화〉의 교육 방향」, 『문화와 융합』 Vol.39 No.4 한국문화융합학회, 2017.
이장희, 「'단군' 인식을 통해 본 오리엔탈리즘」, 『선도문화』 제20권, 국제뇌교육종합대학원대학교 국학연구원, 2016.2.
이천효, 「천부경의 본의해석」, 한국도서관정보학회지, 1996.
임찬경, 「근대 독립운동과 역사연구 출발점으로서의 단군인식 검토」, 『선도문화』

Vol.23, 국제뇌교육종합대학원 국학연구원, 2017.
장지화, 「광복 이후 초·중등 국사교과서의 '단군조선사(檀君朝鮮史)' 분야 개정 과정 연구」, 『선도문화』 Vol.25, 국제뇌교육종합대학원 국학연구원, 2018.
정영훈, 「조소앙의 단군민족주의와 삼균사상」, 『고조선단군학』 No.38, 단군학회, 2018.
정욱재, 「단군 인식의 계보와 대종교」, 『역사문제연구』 No.39, 역사문제연구소, 2018.
정종현, 「단군, 조선학 그리고 과학- 식민지 지식인의 보편을 향한 열망의 기호들」, 『한국학연구』 제28집, 인하대학교 한국학연구소, 2012.12.
조경철, 「단군신화 속 홍익인간의 유래와 그 의미」, 『정신문화연구』 Vol.40 No.3, 한국학중앙연구원, 2017.
조경철, 「단군신화의 환인·환국 논쟁에 대한 판본 검토」, 『한국고대사탐구』 Vol.23, 한국고대사탐구학회, 2016.
조남호, 「고교형의 단군 인식과 대종교 계열학자들의 비판」, 『대동철학』 80, 대동철학회, 2017.9.
조법종 ,「2000년대 이후 중국학계의 고조선연구-단군, 기자조선 연구를 중심으로」, 『선사와 고대』 54권, 한국고대학회, 2017.12.
조성환, 「단군신화에 나타난 한국철학의 정체성」, 『한국교육철학회 학술발표회논문집』 Vol.2017 No.1, 한국교육철학회, 2017.
조준희, 「대종교 중광성지 東京 蓋平館과 北村 翠雲亭에 대한 종교지리학적 고찰」, 『국학연구』 8, 2003.
조현설, 「조선 초기의 단군신화와 의례의 관계-『세종장헌대왕실록·지리지』 소재 단군신화를 중심으로」, 『구비문학연구』 Vol.45, 한국구비문학회, 2017.
채정균, 「단군 민족주의적 관점에서 본 이인성의 작품연구」, 경북대학교 박사학위논문, 2016.
최봉준, 「이승휴의 단군 중심의 역사관과 다원문화론」, 『한국사상사학』 52권, 한국사상사학회, 2016.4.
최성욱, 「단군신화의 교육학적 재해석」, 『教員教育』 Vol.33 No.1, 한국교원대학교 교육연구원, 2017.
홍기돈, 「국조 단군의 기원과 고구려·신라 담론의 형성 과정 고찰」, 『근대서지』 No.13 근대서지학회, 2016.

그림동화·극화·만화

김모세 글, 고낙준 그림, 『우리나라역사 단군조선』, 민서출판사, 1993.
김병규 글, 박찬복 그림, 『단군·동명성왕』, 한국도서출판중앙회, 1994.
김산호, 『단군조선』, 다물넷, 2005.
김산호, 『대쥬신제국사』 1-3, 동아출판사, 1994.

김산호, 『치우천황』, 다물넷, 2005.
김영수 외 글, 이한중 외 그림, 『위인365일』 28, 국민서관, 1993.
김용환 그림, 『그림한국사1 고대사회』, 계몽사, 1988.
김평 글, 김은정 그림, 『일연스님의 단군이야기』, 한국노벨, 2006.
민족문화추진회 편, 『단군할아버지』, 중앙교육연구원, 1996.
민족문화추진회, 『단군할아버지』, 민족문화추진회, 1992.
박기당 글·그림, 『처음 나라를 세우다 – 단군왕검』, 글동산, 1980.
박정수 각색, 『만화로 배우는 삼국유사』, 아동교육문화연구소, 1992.
서영수 그림, 『단군조선과 삼국시대』, 지경사, 1990.
송길성 외, 『한민족의 형성』 최신유리리카학습만화 한국역사1, 학원출판공사, 1990.
송길성 외, 『한민족 첫 고대국가』 최신유리리카학습만화 한국역사2, 학원출판공사, 1990.
양혜정 글, 최현묵 그림, 『단군이야기』, 씽크하우스, 2007.
오찬식 글, 홍성찬 그림, 『단군』, 아이템풀, 1994.
윤일숙 글, 김광배 그림, 『단군할아버지 TanGun, the Founder of Korea』, 금성출판사, 1985.
이범기 글 그림, 『한국의 역사 1』, 문공사, 1995.
이영호 글, 박찬복 그림, 『단군』 어린이그림국사1, 신진출판사, 1990.
이항녕, 『우리의 조상』, 계몽사, 1980.
이형구 글·홍성찬 그림, 『단군신화』, 보림, 2002.
장청화 엮음, 이한중 그림, 『단군신화』, 효리원, 2002.
정우상, 『꼬마단군』 1·2, 도서출판산하, 1995.
한결 글 그림, 『고조선을 세운 단군』, 은하수미디어, 2008.
한은선 글, 한재홍 그림, 『우리민족의 시조 단군』, 한국삐아제, 2003.
한재규 글·그림, 『만화 한단고기』 1·2·3, 북캠프, 2003.

보고서·자료집·카탈로그

『천부경연구』, 한배달, 1994.
『한국신종교 조사연구 보고서』, 한국종교연구회, 1996.
『단기연호 병기사용 추진을 위한 학술회의자료집』, 국학원, 2011.
『단군 문헌』, 강화군, 2014.
『근·현대 문화유산 종교(민족종교)분야 목록화 조사연구 보고서』, 문화재청, 2016.
『단재 정훈모 전집 출판기념회 및 학술강연회 발표자료집』, 단재정훈모기념사업회, 2015. 6. 5.
『2017한민족뿌리문화학술회의 발표문』, 강화군, 2017. 11. 10.

『단군의 힘 통일의 그날까지』, 전시회도록, 2002. 8. 22.
『개천절, 남북이 하나되다』, 2014 평양의 사람들 화보집, 단국민족평화통일협의회 개천절민족(남북·해외)공동행사준비위원회, 2014.
허호익 교수의 한국신학마당, http://theologia.kr/board_tangun

3. 단군 사묘와 단군 관련 단체 목록

전국 단군 사묘 현황에 대해서는 『한국의 단군 사묘』에서 자세하게 기술했다. 『한국의 단군 사묘』에서 기술된 순서는 사묘의 건립연대 순으로 배열했고, 여기에서는 시도(市道) 단위의 지역별 분류와 종교나 시민사회단체등 건립 주체의 성격에 따라 단체별로 분류해서 알아보기 쉽게 간략하게 도표화했다.

현재 단군 관련 학술연구 단체는 국내에 많이 있으나, 최근에는 인터넷 카페 등의 공간에서 소규모 모임들이 매우 활성화되고 있다. 여기에서는 이런 단체들까지 모두 다 수록하지 못했다. 그 선별기준은 첫째 단군을 위주로 하며, 둘째 현재 관련 학술지나 연구서등을 간행하거나 셋째 정기적으로 규모있는 학술대회 등을 개최하면서 활동하고 있는 단체로 한정했다.

1) 단군 사묘 분류별 목록

지역별

지역	창교주 (설립자)	창립연도	단군사묘명	사묘설립 연도	주소	소장 자료	제일 및 행사 (단군 관련)
서울	나철	1909	서울 대종교 총본사 천궁	1909	서울특별시 서대문구 홍은동 13-78번지	단군영정 단군조상	어천절(음3월15일) 개천절(음10월3일)
	전흥인	1940	서울 천진사 (천진전)	1967	서울특별시 도봉구 도봉동 산29-89	단군상	없음
	이숙봉 이희수 이정봉	1968	서울 현정회 단군성전	1955	서울특별시 종로구 사직동 1-54	단군상 단군영정 단군위패	어천절(양3월15일) 개천절(양10월3일)
강원	국조단군 봉사회	1975	태백 단군성전	1975	강원도 태백시 문곡소도동 221번지	단군영정 삼신위패 단군동상	어천절(양3월15일) 개천절(양10월3일)
	김인배	1985	동해 단군성전	2008	강원도 동해시 만우동 58-8번지	단군영정 단군위패	개천절(양10월3일)
경기	유정자 최재형	1968	부천 향림사 단군성전	1971	경기도 부천시 원미동 177-215번지	단군상 단군영정 단군위패	어천절(음3월15일) 개천절(음10월3일)
	김춘자	1983	가평 단군성전	1988	경기도 가평군 북면 목동리 161-1번지	단군상 단군영정	어천절(음3월15일) 개천절(음10월3일)
	박찬수	1989	한얼울 늘집	2009	경기도 여주시 강천면 이호리 395-2번지	환인목상 환웅목상 단군목상2	없음
경남	김상학	1952	밀양 천진궁	1953	경상남도 밀양시 내일동 40번지	단군영정 단군위패	어천절(양3월15일) 개천절(양10월3일)
	강민주	1983	하동 삼성궁 건국전	1995	경상남도 하동군 청암면 묵계리 1561-5번지	단군영정 환인영정 환웅영정 단군상	3월15일 삼신제 가을 개천대제
경북	조용승	1951	칠곡 국조전	1961	경상북도 칠곡군 왜관읍 석전리 산1-2번지	단군 영정 단군위패	어천절(양3월15일) 개천절(양10월3일)
	허귀숙	1981	청도 태천궁	2011	경북 청도군 각남면 사리 194번지	환인상 환웅상 단군상 웅녀상 단군벽화	어천절(음3월15일) 개천절(양10월3일)

지역	창교주 (설립자)	창립연도	단군사묘명	사묘설립 연도	주소	소장 자료	제일 및 행사 (단군 관련)
광주	송호림	2007	광주 단성전	1972	광주광역시 서구 쌍촌동 1268번지	단군 영정 단군위패	개천절(양10월3일)
대구	정운일 최향묵	1946	대구 단군성전	1956	대구 수성구 두산동 산13-7번지	단군상	어천절(음3월15일) 개천절(음10월3일)
대전	남지훈 조병호	1984	대전단묘	1964	대전광역시 서구 정림동 52번지	단군영정 단군상 단군위패 환인석상 환웅석상 단군석상	어천절(음3월15일) 개천절(음10월3일)
울산	최동원	2012	울산 천부보전	2012	울산광역시 울주군 청량면 상보 두현길 53-2	단군 영정 단군벽화	없음
인천	이유립	1966	인천 단단학회 개천각	1969	인천광역시 강화군 화도면 상방리 산52번지	환웅상 단군 영정	한맞이(음3월16일) 개천절(음10월3일)
	신정일	1965	인천 한얼교 머리궁	1979	인천광역시 강화군 화도면 상방리 890-1	단군 영정	없음
전남	진도 향교	1922	진도 단군전	1923	전라남도 진도군 진도읍 진도향교길 68-5번지	단군 영정 단군위패 단군상	어천절(양3월15일) 개천절(양10월3일)
	신태윤	1914	곡성 단군성전	1914	전라남도 곡성군 곡성읍 학정리 99-2번지	단군 영정 단군위패 단군상	어천절(양3월15일) 개천절(양10월3일)
	해남 단군성조 영모회	1965	해남 단군전	1923	전라남도 해남군 해남읍 구교 346번지	단군 영정 단군위패	어천절(음3월15일) 개천절(양10월3일)
	강동원	1989	화순 국조전	1989	전라남도 화순군 화순읍 이십곡리 612번지	단군 영정 단군위패 북한자수단군 영정	어천절(양3월15일) 개천절(양10월3일)
	수성사	1538	영암 수성사 단군성전	2011	전라남도 영암군 영암읍 남풍리 224-1번지	단군 영정 단군위패	개천절(양10월3일)

지역	창교주 (설립자)	창립연도	단군사묘명	사묘설립 연도	주소	소장 자료	제일 및 행사 (단군 관련)
충남	김광영 (중건)	936	논산 개태사 창운각	1947	충청남도 논산시 연산면 천호리 400-2번지	군 영정	없음
	이상주	2004	금산 참나도원 대웅전	2006	충청남도 금산군 복수면 곡남리 397-2번지	북한 단군 영정	어천절(음3월15일) 개천절(음10월3일)
	이백임	1945	논산 대종교 청동시교당 천궁	1960	충청남도 논산시 연산면 청동리 225-2번지	단군 영정	어천절(음3월15일) 개천절(음10월3일)
	김용갑	1913	서산 와우리 단군전	1913	충청남도 서산시 운산면 와우리 697-8번지	단군 영정	어천절(음3월15일) 개천절(음10월3일)
	강진구	1949	부여 천조궁	1949	강진구	단군 영정	개천절(양10월3일)
	단군봉안회	1957	서산 단군전	1964	충청남도 서산시 읍내동 산 2-2번지	단군 영정 단군위패	어천절(양3월15일) 개천절(양10월3일)
	박윤교	1964	공주 단군성전	2001	충청남도 공주시 반죽동 75번지	단군 영정 단군위패	개천절(양10월3일)
충북	손정은	1994	영동 선교 국조전	2006	충청북도 영동군 양산면 봉곡리 581-4	단군상2 웅녀영정	봉안일(양3월19일) 단군탄신일 (음5월2일) 개천절(양10월3일)
	동봉 (중건)	643	괴산 흥천사 단군전	1992	충청북도 괴산군 연풍면 원풍리 48번지	단군 영정	국운천도제 (양10월 25일)
	원용선	1948	충주 숭령전	1947	충청북도 충주시 주덕읍 삼청리산 24-1번지	단군 영정2 단군위패 단군상 천제단 표석	어천절(양3월15일) 개천절(양10월3일)
	김기석	1948	증평 단군전	1948	충청북도 증평군 단군전길 13번지	단군 영정 단군위패 단군상	어천절(음3월15일) 개천절(양10월3일)
	김재형	1936	청원 단군성전	1968	충청북도 청원군 강내면 저산리 산7번지	단군 영정2 단군위패 단군상 단군묘	어천절(양3월15일) 개천절(양10월3일)
일본	미야마 지역 조선도공	1605	玉山宮에서 玉山神社로 개명		日本 九州 鹿兒島縣 日置市 東市來町 美山 788番地	玉山宮由來記 (심수관전세품 박물관 소장)	음8월15일

지역	창교주 (설립자)	창립연도	단군사묘명	사묘설립 연도	주소	소장 자료	제일 및 행사 (단군 관련)
전북	강순임	1937	김제 증산법종교 태평전	1953	전라북도 김제시 금산면 금산리 434-2번지	단군상 단군위패	없음
	고창향교 흥덕향교 무장향교	1977	고창 단군성전	1978	전라북도 고창읍 교촌리 222번지	단군 영정 단군위패	개천절(양10월3일)
	정읍향교 고부향교 태인향교	1995	정읍 단군성전	2000	전라북도 정읍시 하모동 329-1번지	단군 영정 단군위패	개천절(양10월3일)
	이규현	1920	진안 은수사 태극전	1987	전라북도 진안군 마령면 동촌리 5번지	단군 영정	없음
	옥구 향교	1403	군산 옥구향교 단군성묘	1972	전라북도 군산시 옥구읍 상평리 626번지	단군상	개천절(양10월3일)
	김현승	1951	익산 천진전	1951	전라북도 익산시 동산동 353-3번지	단군 영정 단군위패	어천절(양3월15일) 개천절(양10월3일)
	단군성전 건립추진 준비위원회	1961	순창 단성전	1961	전라북도 순창군 순창읍 교성리 80-1번지	단군석상 환인석상 환웅석상 삼신위패 단군 영정 단군상	개천절(양10월3일)
	남원시 단군성전 건립추진 위원회	1992	남원 단군성전	1992	전라북도 남원 식정동 359-2번지	단군 영정 단군위패	개천절(양10월3일)
	채법선 최일선	1959	진안 양명마을 단군전	1965	전라북도 진안군 진천면 운봉리	단군 영정 단군위패	어천절(양3월15일)
	송원홍	1984	무주 신불사 대천궁	1984	전라북도 무주군 설천면 내북길 272-21번지	한웅상 단군상 웅녀상 한웅영정	어천절(음3월15일) 개천절(음10월3일)

단체별

분류	단체명 (소속종단)	창립연도	창립자	단군사묘명	현 대표자 (직책)	사묘설립 연도	단군사묘 설립자
민간	와우리 단군전봉안회	1913	김용갑	서산 와우리 단군전	최병기 (회장)	1913	와우리 단군전봉안회
	국조단군곡성 숭모회	1914	신태윤	곡성 단군성전	김학근 (대표)	1914	신태윤
	단군성조영모회	1965	이종철	해남 단군전	박봉두 (회장)	1923	이종철
	단군봉찬회	1948	김기석	증평 단군전	주철응 (회장)	1948	김기석
	천진전 보존위원회, 장하리	1949	강진구	부여 천조궁	장하리 이장 천진전보존위원장	1949	강진구
	익산 단군성조봉성회	1951	김현승	익산 천진전	김제선 (회장)	1951	김현승
	단군숭령회	1952	김상학	밀양 천진궁	박용환 (회장)	1953	단군숭령회
	현정회	1968	이희승 이희수 김상기 박관수	서울 현정회 단군성전	이건봉 (이사장)	1955	이정봉 이숙봉 이희수
	숭모회	1946	정운일 최향묵	대구 단군성전	김숙자 (시봉)	1956	단군성조봉성회
	위성 경로당	1953	위성 경로당	함양 단군전	노재용	1960	서정두 회장외 2
	단민회	1951	조용승	칠곡 국조전	이성기 (회장)	1961	단민회
	순창 단군성조숭모회	1961	단군성전 건립추진 준비위원회	순창 단성전	유양희 (회장)	1961	신학우
	단군 봉안회	1957	단군봉안회	서산 단군전	문훈모 (회장)	1964	단군봉안회
	국조단군청주 봉찬회	1936	김재형	청원 단군성전	김영교 (회장)	1968	김재형
	단단학회	1966	이유립	인천 단단학회 개천각	김환희 (당주)	1969	이유립
	국조 숭모회	2007	국조 숭모회	광주 단성전	이종일 (회장)	1972	송호림
	국조단군봉사회	1975	국조단군봉사회	태백 단군성전	김창한 (회장)	1975	국조단군 봉사회

분류	단체명 (소속종단)	창립연도	창립자	단군사묘명	현 대표자 (직책)	사묘설립 연도	단군사묘 설립자
민간	단군정신선양회 가평지부	1983	김춘자	가평 단군성전	조영순 (지부장)	1988	김춘자
	화순국조숭모회	1989	강동원	화순 국조전	정환담 (회장)	1989	강동원
	남원 단군성전	1992	남원시 단군성전건립 추진위원회	남원 단군성전	김진구 (회장)	1992	남원시 단군성전건립 추진위원회
	삼성궁	1983	강민주	하동 삼성궁 건국전	강민주 (선사)	1995	강민주
	단군성전봉안회	1964	박윤교	공주 단군성전	윤석조 (회장)	2001	단군성전봉안회
	단군정신선양회 동해시지부	1985	김인배	동해 단군성전	김선균 (지부장)	2008	단군정신 선양회 동해시지부
	수성사	1538	수성사	영암 수성사 단군성전	신태균 (공사원)	2011	수성사
	천부경 연구원	2012	최동원	울산 천부보전	최동원 (원장)	2012	최동원
지자체	양명마을	1959	채법선 최일선	진안 양명마을 단군전	고광종 (이장)	1965	양명마을
학교법인	대전 대학교	1964	남지훈	대전 단묘	조금상	1964	남지훈 조병호
박물관	목아박물관	1989	박찬수	한얼울 늘집	박찬수 (관장)	2009	박찬수
개인	신불사	1984	송원홍	무주 신불사 대천궁	송원홍 (대사)	1984	송원홍

분류	단체명 (소속종단)	창립연도	창립자	단군사묘명	현 대표자 (직책)	사묘설립 연도	단군사묘 설립자
민족 종교	대종교총본사	1909	나철	서울 대종교 총본사 천궁	홍수철 (총전교)	1909	대종교 총본사
	증산법종교	1937	강순임	김제 증산법종교 태평전	우유작 (법종사)	1953	증산법종교
	대종교 청동시교당	1945	이백임	논산 대종교청동시교당 천궁	김영례 (선생)	1960	김영례
	선교	1994	손정은	영동 선교 국조전	손정은 (도전)	2006	손정은
	대종교 청도시교당	2018	허귀숙	청도 태천궁	허귀숙 (전무)	2016	허귀숙(전무)
	한얼교	1965	신정일	인천 한얼교 머리궁	신세한 (법동)	1979	신정일
유교	단군전 숭모회	1922	진도향교	진도 단군전	박종문 (회장)	1923	진도향교
	성균관 유도회 주덕지회	1948	원용선	충주 숭령전	이종상 (회장)	1947	원용선
	옥구향교	1403	옥구향교	군산 옥구향교 단군성묘	김조현 (전교)	1972	옥구향교
	고창군 단군성전 건립위원회	1977	고창군 단군성전 보존위원회	고창 단군성전	신휘관 (회장)	1978	고창향교 무장향교 흥덕향교
	단군성전 보존회	1995	단군성전 보존회	정읍 단군성전	이진근 (회장)	2000	정읍향교 고부향교 태인향교
불교	개태사	936	고려 태조	논산 개태사 창운각	양산 (주지)	1947	김광영
	천진사	1940년대	전흥인	서울 천진사 (천진전)	능인 (주지)	1967	단군성상 건립위원회

2) 단군 학술연구단체 목록(창립연도 순)

No	단체명	창립연도	초대 대표자 (직책)	현 대표자 (직책)	학회지 및 학술연구	학회지 창간 연도
1	개천학회 (민족문화연구소)	1963년	안호상 (총재)	송호수 (회장)	개천학보 발간	
2	단단학회	1966년	이유립		커발한 발간	1965년
3	우리문화선양회 (단군정신선양회)	1964년	조영원 (회장)	원영진 (회장)	국조단군 발간	1983년
4	홍익인간 학회	1978년	박태학 (회장)	신성수 (회장)	홍익인간이념연구 발간	1978년
5	한배달	1986년	이태형 (회장)	박정학 (회장)	한배달 발간	1987년
6	국학연구소	1987년	이영재 (이사장)	박성신 (이사장)	국학연구 발간	1987년
7	다물민족연구소	1987년	박광순	강기준	학회지 · 관련서적 발행 및 평생교육원 운영	
8	단군학회	1997년	김정배 (회장)	정영훈 (회장)	단군학연구 발간	1999년
9	국학원	2002년	이승헌 (설립자)	권은미 (원장)	매년 학술대회 및 매월 국민강좌개최	
10	겨레얼살리기 국민운동본부	2003년	한양원 (대표)	강기홍 (대표)	단군연구 학술대회 개최 및 연구총서 발행	
11	국제뇌교육 종합대학원 국학연구원	2004년	박성수 (원장)	조남호 (원장)	정기학술대회 개최 및 선도문화 발간	2006년
12	세계환단학회	2014년	박성수 (회장)	홍윤기 (회장)	세계환단학회지 발간	2014년

• 이 책의 도판은 (사)한국민족종교협의회와 도서출판 덕주가 협약하여 『단군사묘·유적·유물 집성』((사)한국민족종교협의회, 2017)에 실린 것을 바탕으로 추가, 보완하였다.

• 다음 도판들은 연락처를 파악할 수 없어서 저작권자를 확인할 수 없었다. 이후에 확인이 되는 대로 사용 허락을 받겠다. 조선역사도설, 한사요람, 역대건국왕 위인 명현 초상, 대한사 위인 충렬보, 역사 대요, 세계역사적인물존영, 역대중요인물, 표준동양삼국홍망도표, 단군 괘도, 정수회보 기사, 커발한 기사, 개천문 기념 사진, 단군국조전추모제 포스터, 개천절 포스터, 단군성조봉헌국민대회 포스터, 임자년 달력, 개천절 화보.